하나님의 계시인 예수 그리스도가 온 세상에 기쁜 소식을 가지고 오신 분이라면, 신학은 초월을 향한 인간의 갈망을 일상에서 '창조세계의 번영'이라는 개념을 통해 현실화하는 학문이다. 미로슬라브 볼프와 매슈 크로스문에 따르면, 현대 문명과 기독교 신학은 번영하는 삶에 관심을 적절히 기울이지 못했기 때문에 얼핏 다른 듯하면서도 실제로는 비슷한 위기를 겪고 있다. 두 저자는 '전능하신 하나님' 혹은 '구원자 하나님과 죄인인 인간'이란 전통적인 신학의 주제를 '하나님과 그분의 집인 온 세상'으로 급격히 확장하는 상상력의 도발을 시도한다. 이로써 그리스도인은 온 창조의 번영이라는 복음의 꿈을 꾸는 사람이라는 오랫동안 잊혔던 진리가 복원된다. 각기 다른 배경, 문화, 언어를 가진 사람들이 폭력과 갈등과 오해로 점철된 세계 속에서 참된 번영을 더불어 추구하도록 초청하는 이 책을 통해, 세상에 차이를 만들어 내는 신학의 근원적 사명과 능력을 새롭게 발견하기를 기대한다.

김진혁 횃불트리니티신학대학원대학교 조직신학 부교수

인간의 번영에 대한 규범적 비전을 위해 봉사하는 서술적 연구로서 신학은 무엇을 위한 학문이며 신학이 궁극적으로 추구하는 것은 어떠해야 하는지를 알고 싶은 사람이라면 이 책을 꼭 읽어 보기를 권한다. 더욱이 신학 전통을 소중히 생각하면서도 그 전통을 비판적으로 성찰하는 가운데 긍정적 비전을 품을 수 있는 균형 있는 시각을 견지하고 싶은 사람이라면 말이다. 이러한 창조적 긴장 관계 속에서 번영하는 삶을 위한 신학의 자리를 찾고자 부단히 노력하는 저자들의 삶의 여정과 고뇌를 이 책에서 마음껏 느껴 볼 수 있다. 전 세계적으로 번영신학(prosperity-gospel)이 교회와 사회를 지배하고 있는 현실에서, 온전히 '번영하는 삶'(flourishing life)을 위한 신학을 추구하자는 저자들의 조용한 외침에 귀 기울여 보라.

정미현 연세대학교 연합신학대학원 교수

교회가 '빅 미'(big me)로 행세하던 시절에 푸른 잔디가 깔린 고풍스런 목사관에서 자랐지만 청소년 시기에 신학의 정원 밖으로 나갈 수밖에 없었던 헤세나 니체와는 달리, 교회가 '리틀 미'(little me)로 신음하던 시절에 가난한 목사의 아들로 자란 볼프는 흙먼지 날리는 허름한 사택 작은 방에 마련된 신학의 정원으로 들어갔다. 복음서가 마구간에서, 서신서가 지하 감옥에서 태어났다면, 이 책은 1970년대 초반 동유럽의 조그마한 청소년 소그룹에 소소하게 뿌려진 씨앗이 2010년대 후반 북미 신학의 요람 예일 신앙과문화연구소 팀의 노고로 화려하게 맺힌 결실이다. 저자들은 이 책이 학술 논문이 아니라 선언문이라고 겸허하게 규정하지만, 이 선언문은 루터와 바울이 21세기에 살았다면 곧바로 써서 우리에게 건넬 법한, 잉크가 채 마르지 않은 두루마리에 가까울 것이다. 어떻게 하면 '하나님의 집'에 걸린 과녁을 소홀히 하다 자기 자리마저 잃어버린 기독교 신학의 활을 다시 '번영하는 삶'에 정조준할 수 있을까? 하루 종일 물감과 붓을 쓰다듬고 이젤과 캔버스를 만지작거리지만 정작 "참된 삶, 좋은 삶, 살 가치가 있는 삶"이 담긴 풍경화는 그리지 않는 화가를 빼닮은 신학자와 그리스도인 모두를 위한 긴급 처방전이 여기 있다. 두 저자는 신학자란 예수 그리스도 안에서 드러난 하나님의 자기 계시에 뿌리를 둔 번영하는 삶의 통합된 비전 본연의 음조와 실제 일상의 선율이 종말론적 긴장 가운데서 어우러지게 하는 즉흥 연주자임을 치밀하게 논증하며, 신학을 자칫 녹음테이프나 땅 속에 묻은 보화로 대하기 쉬운 신학교 교정에서 신명나게 라이브 공연을 펼친다. 세상을 사물로 보는 렌즈는 빼고 선물로 보는 렌즈로 갈아 끼우고, 자아가 선호하는 삶 너머의 참된 삶을 과장하거나 축소하지 않고 제대로 보여 주는 교정술이 어찌 이리도 탁월할까! 특별히 신학자는 지식과 하나님과 세상만이 아니라 대화 상대자와 심지어 지적 원수까지도 사랑할 줄 알아야 한다는 저자들의 고언은 초갈등사회인 오늘날을 살아가는 신학도라면 반드시 삼켜 내야 한다. 이 책은 우리가 오래도록 잃어버리고 있었던 사랑, 평화, 기쁨을 어둠과 시련 속에서도 소망 가운데 끝내 찾아내는 신학을 연주하게 할 것이다.

송용원 장로회신학대학교 조직신학 객원교수, 『칼뱅과 공동선』 저자

25년간의 신학 교수 생활을 마치며 많은 회한이 들었다. 신학의 본질과 중심성을 잃은 채 표류하며 서구 신학을 답습하다가 사변화, 파편화, 주변화, 직업화, 리그화, 상업화에 매몰된 신학 교육의 처참한 몰골 때문이었다. 무엇을 위한 신학이며 누구를 위한 신학 교육인가? "수술은 성공했는데 사람은 죽었다"는 자조 섞인 의료계 문구가 떠올랐다. 기독교 신학이 본래 사명에 충실하면서도 세상을 향한 보편성을 가질 수 있을까? 이 고뇌에 찬 현실적 질문을 던지며 긍정적 대안을 제시하는 책이 나왔다. 동유럽 크로아티아 출신의 신학자이며 예일 신앙과문화연구소 책임자로 있는 미로슬라브 볼프와 그의 동료 매슈 크로스문이 저술한 책이다. 얇은 책이지만 그 비전은 우주적이다. 그들은 서구 신학의 현주소를 정밀하게 분석하고 그 대안으로 광대한 성경-신학적 청사진을 그린다. 그들에 따르면 신학과 신학자의 사명은, 창조와 새 창조 사이에서 엉망진창이 된 세상 안에 들어와 자신의 집(세상)을 새롭게 세움으로써 '번영하는 삶'(샬롬)으로 충만케 하시려는 하나님의 위대한 행위를 선명한 비전으로 제시하는 것이다. 간결하지만 분명하고, 함축적이지만 풍부하며, 비판적이지만 대안적이고, 건조한 정보를 나열하기보다 신학적 상상력을 자극한다. 그들과 함께 나도 신학은 궁극적으로 세상에 풍성한 삶을 주는 신학, 생명을 향한 신학, 세상을 살리는 신학, 살림 신학을 목적으로 삼아야 하지 않겠느냐고 말하고 싶다. 신학교 운영자들, 신학 교수들, 목회자들, 신학생들이 곱씹어 정독하기를 요청한다.

류호준 백석대학교 신학대학원 은퇴교수

기발한 신학적 기획, 곧 두 개의 단순한 주춧돌—번영하는 인간의 삶과 세상 속 하나님의 집—과 그 사이에 놓인 인간 예수 그리스도 안에서 일어난 하나님의 거하심과 성육신에 관한 성경 이야기다. 이는 생명을 사랑하는 모든 사람이 관심을 두며, 인문 과학과 연결된 학문 세계에 적합한 생명의 신학이다. 이 책에서는 현대 세계에서 제기하는 복합적인 문제들을 다루면서 하나님의 미래의 지평, 곧 세상 속 하나님의 집으로 우리의 관심을 이끈다.

위르겐 몰트만 튀빙겐 대학교 조직신학 명예교수

시의적절하고 매력적인 이 책에서 볼프와 크로스문은 폭넓게 신학자로 이해되는 이들을 향해, 인간으로서 우리가 예수 그리스도의 삶, 죽음, 부활에서 계시된 형태의 번영하는 삶을 어떻게 일구어 갈 수 있는지에 초점을 맞춘 신학을 진술하고 삶으로 살아 내라고 요청한다. 이 책은 신학을 하나의 삶의 방식으로 보는 고대의 비전을 회복하는 한편, 지금 시대의 문맥에서 신학이 복음을 선포하려 한다면 반드시 다루어야 할 내적이고 외적인 도전에도 관심을 기울인다.

루크 브레서튼 듀크 대학교 신학대학원 도덕신학, 정치신학 교수, 케넌 윤리학 연구소 선임 연구원

이 책은 다양한 스펙트럼의 신학자들이 씨름해야 할 시의적절한 작품이며, 이에 대한 논쟁도 일부 있을 것이다. 볼프와 크로스문은 세상에 관여하는 신학을 제공하는 일에 소홀한 동시대 신학자들을 꾸짖기 위해 완곡한 언어를 사용하지 않는다. 저자들은 기독교 신학이 정말로 변화를 가져올 수 있다는 신념에 근거해 행동하기를 요청한다. 그들은 신학자들에게 수행할—'서서히 스며드는 무의미함'으로 점철된 문화적 시기에 의미를 부여할 수 있는 번영하는 삶에 대해 설명하기를 권하는—부르심이 있음을 우리가 납득하기 원하며, 신학자들이 이 부르심을 수행하기 시작하는 것을 보기 원한다. 그와 동시에, 동시대 서구 문화의 조건들이 우리의 삶, 대학, 교회, 그리고 의미를 찾는 우리의 능력 자체에 어떻게 영향을 끼치는지에 관한 날카로운 분석을 제공한다. 내가 처음 신학을 발견하던 시절, 신학이 어떤 것일 수 있는지에 대한 나의 상상력을 확장시켜 줄 이런 책이 있었다면 정말 좋았으리라는 생각이 든다. 지금이라도 그런 책이 나와서 감사하다.

크리스틴 존슨 웨스턴 신학교 교무처장, 신학과 그리스도인 형성 교수

볼프와 크로스문은 진정한 신학의 긴급성과 무게를 놀라울 정도로 명료하게 진술한다. 초월의 실재에 대한 우리 세계의 회의론은 신학 연구의 명망이 줄어들 때조차도 그 중요성을 더욱 부각시킨다. 놓쳐서는 안 될 책이다.

존 오트버그 멘로 교회 담임 목사, 『존 오트버그의 관계 훈련』 저자

『세상에 생명을 주는 신학』은 기독교 신학에는 어떤 유익도 없다고 말하는 리처드 도킨스 같은 비판자들과 하나님께만 초점을 맞추고 세상은 소홀히 하는 신학자들 양쪽 모두에 대한 완벽한 대응이다. 볼프와 크로스문은 신학이 인간의 번영에 관한 것이라는 바로 그 이유 때문에 신학이 변화를 가져온다고 주장한다. 이 책은 인간 존재에 관한 근본 질문, 곧 하나님의 집인 이 세상에서 다른 이들과 더불어 어떻게 번영하는 삶을 살 것인가라는 신학의 원래 관심사를 회복함으로써 신학의 역할과 적실성을 다시 생각하라는 용감하고 통쾌한 제안이다.

케빈 밴후저 트리니티 복음주의 신학교 조직신학 교수

더 이상 신학자들이 하는 말에 귀 기울이는 사람이 있는가? 신학은 교회 안팎으로 줄어드는 청중과 적실성이 부족하다는 평판과 더불어 위기라고 할 만한 상황을 겪고 있다. 그러나 교회는(그리고 아마 세상조차도) 신학 없이 오래 버티지 못할 것이다. 이 책에서 볼프와 크로스문은 신학의 임무가 번영하는 삶의 기독교적 비전을 진술하는 데 초점을 맞추도록 그 방향을 재설정해야 한다고 대담하고 매력적으로 제안한다. 교회와 세상을 위한 신학의 미래에 관심 있고 헌신된 모든 이에게 필수적으로 중요한 책이다.

그레이엄 탐린 켄싱턴 주교, 세인트멜리투스 칼리지 총장

여기에 제시된 신학의 비전은 단순하지만 쉽지 않다. 볼프와 크로스문은 신학자로서 우리의 임무가 단지 학계나 교회의 번영에 관한 것이 아니라 모든 사람의 번영에 관한 것이어야 한다고 생각한다. 그들의 연구가 시험받는 곳은 교수의 강의실과 교회 개척자의 거실이라는 딱딱한 실험실이다. 나는 당신에게 이 책을 읽으라고, 그리고 인류의 유익을 위해 하나님을 묵상하는 우리의 임무에 대해 격려 받고 깨닫고 새로워진 채로 떠나지 말라고 도전한다. 신학으로 통하던 많은 것이 학교 안의 밥그릇 싸움과 인신공격으로 죽어 간다. 이 책은 그보다 훨씬 더 긴급하고 더 위험하며 더 생명을 주는 임무로 우리를 부른다.

제이슨 바이아시 밴쿠버 신학교, *Psalms 101-150* 저자

이 매혹적인 '선언문'은 신학이 정말로 중요한 것에 관여할 때에만 중요하다는 사실을 일깨워 준다. 신학자들을 향해 쓰였지만, 인간의 삶에서 아주 근본적인 질문을 아주 평범하고 명징한 언어로 묻는 이 책은 신학자와 전혀 무관한 많은 이도 사로잡을 것이다. 물론, 바로 그것이 그들의 요지다. 매우 추천한다.

찰스 매슈스 버지니아 대학교 종교학 캐롤린 M. 바버 교수

세상에 생명을 주는 신학

IVP(InterVarsity Press)는
캠퍼스와 세상 속의 하나님 나라 운동을 지향하는
IVF(InterVarsity Christian Fellowship)의 출판부로
생각하는 그리스도인을 위한 문서 운동을 실천합니다.

ⓒ 2019 by Miroslav Volf and Matthew Croasmun
Originally published in English under the title
For the Life of the World by Brazos Press,
a division of Baker Publishing Group
P. O. Box 6287, Grand Rapids, MI 49516, U. S. A.
All rights reserved.

Used and translated by the permission of Baker Publishing Group
through rMaeng2, Seoul, Republic of Korea.

This Korean edition ⓒ 2020 by Korea InterVarsity Press
156-10 Donggyo-ro, Mapo-gu, Seoul 04031, Republic of Korea.

이 한국어판의 저작권은 알맹2를 통하여
Baker Publishing Group과 독점 계약한 IVP에 있습니다.
신 저작권법에 의하여 한국 내에서 보호받는 저작물이므로
무단 전재와 무단 복제를 금합니다.

For
the Life
of the
World

세상에
생명을 주는
——
신학

매슈 크로스문
미로슬라브 볼프
백지윤 옮김

기독교는
정말 세상을
살 만하게
하는가

Ivp

세상의 생명을 위한 신학

예수 그리스도는 인간 가운데 거하시고자, "세상의 생명을 위해"(요 6:51) 존재하시고 말씀하시고 행동하시고자 오신 하나님이시다. 하나님의 성품과 선교로부터 그 권한을 부여받는 기독교 신학의 임무는, 예수 그리스도 안에서 드러난 하나님의 자기 계시에 비추어 번영하는 삶(flourishing life)의 비전을 분별하고 명확히 진술하며 권하는 것이다. "세상의 생명을 위한 신학" 시리즈는 바로 이러한 과제를 수행하는 글을 소개한다.

인간의 삶은 다양하고 다면적이기에, 이 시리즈의 책들 역시 그러하다. 삶의 특정한 한 측면에 초점을 맞추는 책이 있는가 하면, 인간의 인격이나 사회생활이나 세상과 하나님의 관계에 대한 광범위한 비전을 상세하게 설명하는 책도 있을 것이다. 이 시리즈의 모든 책은, 다양한 상황에서 참된 삶의 특징을 탐구하고 우리가 그러한 방향으로 나아가도록 하는 데 신학이 필수라는 신념을 공유한다. 우리 각자가 그리고 우리 모두가 함께 하나님이 창조하신 만물의 번영을 분별하고 추구하는 것보다 더 큰 과제는 없다. 이 책들은 바로 그러한 과제에 기여하도록 의도되었다.

우리의 딸,

미라 프랜시스와 유니아 루스를 위해

차례

서론: 신학이 왜 중요한가—우리 이야기   15
1장   인간 탐구   27
2장   신학의 위기   57
3장   신학의 갱신   85
4장   보편성의 도전   113
5장   신학자의 삶—저스틴 크리스프 공저   147
6장   번영하는 삶의 비전   187

감사의 글   231
찾아보기   239

서론: 신학이 왜 중요한가—우리 이야기

이 책은 초청 형식의 글이지만 일종의 선언문이다. 책을 시작하기 전, 우리 두 사람은 각자의 목소리로 신학이 우리에게 왜 그리고 어떻게 중요해졌는지 말하고자 한다. 그런 뒤, 두 사람이 함께 책의 핵심 논지를 개략적으로 제시할 것이다. 우리의 핵심 논지는, 학문적 신학은 가장 중요한 것에 관한 것, 즉 하나님의 임재 안에 있는 참된 삶에 관한 것이어야 하는데 오늘날에는 대체로 그렇지 않다는 것이다. 신학이 그 목적을 수행하지 못하는 것은 교회의 손실이자 세상의 손실이다. 신학은 가장 중요한 것을 탐구할 수 있는 특별한 자질을 갖추고 있기 때문이다. 이는 신학의 손실이기도 하다. 신학이 가장 중요한 것에 다시금 초점을 맞추지 않는다면 신학 자체의 중요성이 점차 사라질 것이기 때문이다.

볼프: 나는 아는 것도 별로 없는 10대들의 소그룹이 신학을 하는 것보다 지적으로 더 중요한 일은 있을 수 없다고 생각하던 때와 장소에서 자랐다. 때는 1970년대 초였다. 장소는 티토 치하의 유고슬라비아, 더 구체적으로는 노비사드의 흙먼지 날리는 길 끝에 있던 집이었다. 사실 그 집이란 게, 원래 제과업자였다가 오순절교회 목사가 되신 아버지가 마당에 직접

지으신 작은 방 두 개에 불과했다. 창문 너머로는, 체리나무의 낮게 달린 가지 사이로 습지 가장자리의 변전소가 아주 잘 보였다.

습지에 사는 태평한 왕두꺼비들이 내가 쏜 새총에 맞아 배가 터지고 뒤집히는 소리를 죄책감과 함께 즐기는 일을 그만두고 나서 몇 년이 지난 뒤, 나는 이 허름한 두 방 중 하나에 틀어박혀 밤낮으로 성경, C. S. 루이스(Lewis), 플라톤(Plato), 버트런드 러셀(Bertrand Russell)—맞다, 나도 이해가 안 간다!—을 읽기 시작했고, 나중에는 칼 바르트(Karl Barth), 루돌프 불트만(Rudolf Bultmann), 볼프하르트 판넨베르크(Wolfhart Pannenberg), 시몬 베유(Simone Weil), 요제프 라칭거(Joseph Ratzinger)를 읽었는데, 그러는 동안 영어와 헬라어를 독학했다. 나는 조무래기 신학 열성분자들의 소그룹에 속해 있었다. 신앙 여정을 시작한 첫해에 성경 전체를 처음부터 끝까지 열세 번이나 통독한, 이 그룹에서 가장 나이 많고 가장 열성적이던 한 명만 빼면 우리는 모두 고등학생이었다.

우리에게 신학은 인간의 초월적 갈망과 일상의 분투 사이의 끊을 수 없는 연관성에 관한 것, 군인, 이데올로그, 관료, 비밀 요원의 권력과 절대로 조화를 이룰 수 없을 만큼 대조되는 하나님의 말씀이자 하나님의 어린양인 예수 그리스도에 관한 것이었다. 그것은 바짝 긴장한 양철 병정들처럼 실패하고 있는 개혁의 북소리에 발맞추어 그저 행진을 계속하기보다는, 사람들이 자신의 개인적이고 사회적인 삶의 모습과 방향을 결정할 권리—물론 **우리 자신의** 권리이기도 하다—에 관한 것이었다. 신학은 하나님으로부터 오며 하나님의 방식으로 움직이는 새로운 세상에 관한 것이었고, 우리 모국의 질서처럼 그 창조와 존속을 위해 수천수만 명의 죽음을—나의 아버지도 그들 중 한 명이 될 뻔했다—필요로 하지 않는 새로운 질서에 관한 것이었다. 요컨대, 신학은 의와 평화와 기쁨의 세상 안에 있는 인간 존재의 진리와 아름다움에 관한 것이었다. 우리에게 훌륭한 신학을 하는 것보다 더 중요한 일은 없었다. 개인적으로는 미국산 리바이스 나팔 청바지, 이탈리아산 통굽 구두, 몸에 딱 맞는 인도산 짧은 면 쫄티를 갖는 것도 이와 비슷한 정도로 중요하기는 했지만 말이다.

밤낮으로(그렇다, 아주 긴 밤들의 연속이었다) 읽으며 신학적으로 중요한 문제를 두고 논쟁을 벌이던 그때, 우리는 모두가 그토록 공부하러 가고 싶었던 서구의 광범위한 학문 세계에서는 신학이 심각한 위기에 빠져 있다는 사실을 전혀 몰랐다.

볼프와 크로스문: 오래전 퇴락한 왕조의 길 잃고 빈곤해진 후예들처럼, 우리 중 일부 신학자는 선조가 누렸던 영광과 힘에 대한 향수와 미래에 대한 절망감을 함께 가지고 비운과 허무감의 먹구름 아래 살고 있다. 신학의 시대가 있었지만 이제는 지나갔다. 다들 이 시대와 어울리지 않는 일은 오래전 그만두고 보다 인기 있는 학문이나 좀 더 유용한 활동에 에너지를 쏟았더라면 좋았겠다고 생각한다.

우리 중 어떤 이는 가난하지만 자부심이 있는 귀족처럼, 비록 옷을 허름하고 집은 삐걱거려도 스스로 중요한 사람이라는 기풍 당당한 의식을 가지고 살기도 한다. 우리는 신학자들이 언제나 해 온 것—신학자들이 언제나 해 왔다고 우리가 **느끼는** 것—을 계속해 가지만 늘 불만에 차 있다. 제발 다른 학자들이나 일반 대중이 우리의 위대함을 인식하고 우리의 지혜, 고대의 지혜, 하나님의 지혜가 가져오는 열매에 관심을 기울인다면! 제발 부유한 상속녀가 우리와 사랑에 빠져 우리의 옷과 집에 빛나는 광택을 되돌려 준다면!

아마도 우리 대다수의 경우일 또 다른 부류의 신학자들은 민주적 감수성을 획득했고, 세계 시장에서 경쟁하는 기관에서 일자리를 잡은 '지식 생산자'로서의 일상 안에 정착했다. 우리는 수업을 하고 서평을, 학술 논문을, 가끔은 책을 쓴다. 우리는 종신 교수직을 받기 위해 열심히 일한다(그리고 그 과정 내내 초조하게 손톱을 물어뜯는다). 우리에게는 할 일이 있고, 그것을 잘 해내고 싶어 한다. 즉, 광대한 지식의 메트로폴리스에 모래알 같은 우리의 지적 연구를 추가하고, 학생들에게 정말로 아직 살아 있는지 확신할 수 없는 전통에 대해 가르친다.

이 경우든 저 경우든, 신학자들은 신학적 '**에로스**', 즉 인간 실존과 세계의 운명에 관한 궁극적인 질문들과 씨름하도록 하나님께 부름받았다는 의식은 잃어버린 것처럼 보인다.

볼프: 지금까지 나는 45년 동안 신학의 학생이었고, 그중 35년은 선생이기도 했다. 어떤 의미에서 나는 한때 내가 10대의 신학자로서 가지고 있던 꿈에 대한 믿음을 계속 유지할 이유를 부여하기 위해 스스로에게 이 책을 썼다. 그렇다고 나의 관심이 일차적으로 자서전적 진실성에 있는 것은 아니다. 결국, 통굽 구두나 그와 맞먹는 요즘의 유행품은 이전만큼 나에게 중요하지 않다. 내 관심은 더 넓은 문화에서 일어나고 있는 자원 획득과 여흥에 대한 집착에 대해, 특히 현대의(modern) 대학에서 과학이 우위를 차지한 상황에 대해 신학자들이 스스로를 주변화하고 스스로 패배감에 빠지는 식으로 반응하는 현실이다. 다른 인문학 분야의 학자들과 마찬가지로 우리 신학자들은 위대한 과학의 체계 안에서 정당한 자리를 획득할 수 있도록 우리의 학문을 재구성하고자 했지만, 오히려 "[스스로] 무덤을 팠고, 그 바닥으로 기어들어 갔다."¹ 지식의 창고에 최선의 경우 하찮

---

1 Anthony Kronman, *Education's End: Why Our Colleges and Universities Have Given Up on the Meaning of Life* (New Haven: Yale University Press, 2007), p. 139. 『교육의 종말』(모티프북).

은 것이라도 추가할 수 있는 권리를 위해 우리가 치른 대가는, 과학으로서는 그 방법론의 성격상 답을 내놓기는커녕 손도 댈 수 없는 인간 실존에 대한 가장 심오하고 중요한 질문들을 다룰 수 있는 능력을 상실하게 된 것이다. 나는 거짓된 삶 한가운데서 참된 삶을 궁구하기 위해 신학의 학생이 되었다. 지금도 나는 동일한 이유로 신학자의 길을 걷고 있다. 이 책은 그 이유를 설명하고 다른 이들도 이 길에 동참하라고 초청한다.

크로스문: 내가 했던 가장 신학적인 일은 교회 개척이었다. 이 교회 공동체 안에서 성서학자, 윤리학자, 철학자, 그리고 맞다, 길을 잃은 이 특정한 '신학자'는 신학적으로 **살아감**으로써 신학을 **했다**. 이 교회는 그래픽 디자이너, 시인, 음악가, 사회학자, 심지어 변호사와 의사들조차 '우발적 신학자들'(accidental theologians)이 되는 공동체였다. 모든 것은 거의 알아차릴 수 없이, 그리고 상당히 우연히 시작되었다. 우리는 저녁마다 집 뒤편 베란다에 모여, 친구가—어떠한 역설적 자의식도 없이 뒷마당 나무 그루터기 위에 걸터앉아 있는 그리스도인 니체 학자가—더 큰 안락함을 끝없이 쫓아가는 것 이상의 삶을 살아야 한다고 큰소리로 말하는 것을 들었다. 그때 우리는 신학적인 무언가가 일어나고 있음을 알아채지 못했다. 나는 그 친구와 마을을 통과해 기차역까지 5킬로미터를 걸어가기 위해 새벽 3시 반에 일어났던 것을 기억한다. 단지 걷는 것이 운전하는 것보다 더 생명을 가져오는 일이었고, 길을 걸으면서 나누는 대화는 그런 수고를 할 만한 가치가 충분한 일이었기 때문이다. 우리는 칼 바르트, 쇠렌 키르케고르(Søren Kierkegaard), C. S. 루이스, 콰메 베디아코(Kwame Bediako), 메릴린 로빈슨(Marilynne Robinson), 그리고 맞다, 니체(Nietzsche)를 열심히 읽으며 그 여름밤 나날을 보냈고, 우리의 삶이 그 책들에 나오는 말에 달려 있음을 본능적으로 느꼈다.

삶의 문제들은 신학적인데, 신학이 삶의 문제이기 때문이다. 어디서—그리고 누구와—살 것인지는 신학적 문제였다. 우리는 함께 집을 샀고, 차를 공유했다. 어떻게 소유할지, 그리고 소유할지 말지가 그 자체로 신학적 문제였다. 일과 휴식의 리듬은 심오한 신학적 성찰 문제였다. 예술과 아름다움은 아마도 모든 것 중에서 가장 신학적인 문제였을 것이다. 신학은 우리가 **함께** 살았던 그 삶의 본질에 관한 문제였다. 공동체가 집단으로서 하나님의 음성을 어떻게 분별할 수 있는지 궁금해할 때 우리는 고린도전서를 마치 우리를 위해 쓰인 것처럼 읽었다. 예수님의 삶과 가르침 안에서 하나님 나라의 초월적 본성은 우리의 작은 복음주의 교회가 종교적 경계를 넘어 무슬림과 세속적 인본주의자를 포함하는 우리의 이웃을 통해 우리에게 말씀하시는—우리를 **가르치시는**—하나님의 음성을 분별하도록 우리를 이끌었다. 갈라디아서는 우리가 언제나 되고 싶어 했던 다인종 공동체가 실제로 된다는 것이 무엇을 의미하는지에 대해 씨름할 때 다름의 문제를 들여다보는 현장 지침서가 되었다. 우리 교회 백인 지도자들이 하나님이 우리들의 목사로 부르신 것이 분명한 흑인 친구에게 담임 목사 자리를 넘겨주었을 때, 사무엘상에서 요나단이 "나는 네 다음이 될 것"이라고 했던 말은 우리 백인 지도자들이 경험하고 있던 것을 설명해 주었고(삼상 23:17), 우리는 그렇게 되는 축복을 누렸다. 신학은 중요했다.

우리가 매일 하고 있던 **학문**이 동일한 방식으로 중요한지는 덜 분명했다. 당시 박사 과정 학생이던 우리들은 지혜를 찾는 사람보다는 지식 종사자가 되도록 훈련받고 있었다. 생명을 주는 신학은 오직 주변부에서 속삭임으로만 들려왔다. 학계에서의 참된 삶은 그릇된 방향까지는 아니어도 적어도 **우회**를 요구하는 것처럼 보였고, 우리 대부분이 (성서학이나 역사, 철학을 통해) 오직 간접적으로만 신학을 추구하고 있다는 사실은 이미 우리가 교훈을 얻었음을 암시했다. 이러한 다른 분야들은, 참된 삶보다는 분명 더 믿을 만한 직업적 자산인 진짜 지식을 가져다줄 기회를 약속했다. 존경받을 만한 신학은 참된 삶과 상당히 동떨어진 어떤 것이었다. 사실은 참된 삶을 불가능하게 만들 수도 있다. 박사 과정 초기에 나는 학위 과정 동안 나에게 일어나리라 예상되는 일들에 관해 들었다. 2년간 수업을 들은 뒤 시험 보고 가르치고 논문 제안서를 쓰다 보면, 기혼자의 경우 보통 그다음에 **이혼**이 따라온다고 했다. 기분 나쁜, 그렇지만 분명 뼈가 있는 농담이었다.

이 책은 전문직 삶의 초년생으로서 내가 이제 막 발을 들여놓은 길드가 아름답고 풍성하며 초월적이고 화해를 이루는 **삶**을 일구는 신학에 시선을 고정해야 한다는 주장을 펼칠 수 있는 기회다. 길드 신학이 순진하게 교회 신학이 되어야 한다는 것은 아니다. 그러나 아마도 길드 신학이 교회 신학의 지향점(telos)에 의해 견인되는 것은 유익할 것이다. 그리고 더더욱 나의 '존경받을 만한 신학'(성서학)이 나에게 현대의 다원주의적 대학의 인문학을 사랑하도록 일깨워 주었음을 고려할 때, 이 책의 행간에 담긴 나의 소망은 길드 신학이 대학으로 하여금 중요하고 지속적인 차이를 넘어 우리가 함께 좋은 삶 분별하기를 배우는 장소가 되도록 요청하는 것이다.

볼프와 크로스문: 지적 작업으로서 신학이 중요한 것은, 신학이 인간의 삶에서 가장 중요한 것에 관한 문제이기 때문이다. 그 이름에 걸맞은 신학이란 우리가 우리 자신과 세상을 위해 다른 무엇보다 더욱 욕망해야 하는 것에 관한 신학이며, 우리가 욕망하는 모든 것 안에서(그것이 효과적인 경제 체제나 정의로운 정치 질서든, 살기 좋은 도시와 깊은 우정이든, 소유나 무소유든, 건강한 몸과 기쁨을 주는 자녀든, 심지어 나팔바지와 인도산 쫄티든) 우리가 욕망해야 하는 것에 관한 신학이다. 신학은 중요하다. 세상의 참된 생명에 관한

것이기 때문이다.

히브리 성경의 처음 두 책에서는 세상의 창조에서 시작하여, 자멸적인 죄의 깊은 구렁에 빠진 세상, 이집트에서 당했던 이스라엘의 강제 노동을 지나, 하나님의 언약 수립과 '왕 같은 제사장'이 되도록 부름받은 백성 가운데 하나님이 자신의 거처를 세우시는 일에 이르는 하나의 호를 그린다. 신약성경에서는 처음부터 끝까지 그 호를 다시 그리고, 그 끝에 온전한 인류와 세상을 포함시킨다. 즉, 다윗의 자손이며 아브라함의 씨인 예수 그리스도의 탄생과 함께 하나님은 '모든 것을 새롭게' 하시고 온 세상을 하나님의 집이자 우리의 집으로 만드시기 위해 인간 가운데 거하시려고 오셨다(계 21:3, 5). 이 책에서는 자신을 신학자로—학문적 신학자, 교회 신학자, 평신도 신학자, 우발적 신학자, 어떤 종류의 신학자든—여기는 우리를 향해, 감히 '하나님의 집'이 인간이 분투하는 궁극적 목표이자 인간이 기뻐하는 궁극적 목적임을 믿고, 그에 따라 하나님의 집과 그것을 향해 가는 세상의 여정을 우리의 가장 엄밀한 사유와 정직한 진리 탐구의 주된 초점으로 삼으라고 요청한다.

오늘날 인류는 많은 도전에 직면해 있다. 전례 없는 기술 발전의 속도가 초래하는 위험, 회복 불가능한 것처럼 보이는 생태계 훼손, 개인들 및 세상 민족 사이에서 나타나는 부와 지식과 권력의 엄청난 불균형, 주어진 다양한 차이 안에서 평화롭게 사는 능력의 부재, 그 밖에도 많다. 우리가 이 책을 집필하는 동안, 「원자 과학자 회보」(Bulletin of the Atomic Scientists)의 상징적인 지구종말시계(Doomsday Clock)는 자정 2분 전으로 옮겨졌다. 그러나 건강한 생태, 경제, 정치를 향한 첫걸음은 회심, 곧 인간의 목적을 재확인 혹은 재발견하고 그것을 향한 여정에 오르는 것이다. 디스토피아 문학과 몇몇 과학적 예측이 암시하듯 인류가 스스로 만든 마른 뼈의 골짜기—황량한 풍경, 파괴된 도시, 기본 자원을 두고 전쟁을 벌이는 사람들—로 들어가고 있다는 것이 설령 참이라고 해도, 우리가 누구이며 우리의 목적이 무엇인지만 알고 있다면 우리는 그 골짜기에서도 존엄성을 지키며 살아갈 수 있을 것이다. 그리고 그 골짜기에서 벗어나기 위해서는 그와 동일한 지식을 우리 영혼의 품성 안에 새겨 넣어야 할 것이다.

우리는 논문을 집필하는 데—심지어 여러 두꺼운 학술서의 긴 논문들이라 해도—전혀 반감이 없지만, 이 책은 학술 논문이 아니다. 이 책은 선언문이다. 이 선언문을 쓰면서 우리는 단순히 "듣고 읽어라"라고 암묵적으로 요청하지 않는다. 그 대신 우리는 "무언가를 하라"고, 즉 신학을 하는 방법을 바꾸고 다른 이들도 그렇게 하도록 도우라고 부탁한다. 물론, 우리는 여러분이 이 책을 읽기를, 그것도 신중하게 읽기를 바란다. 우리는 여러분이 책 내용을 두고 논쟁하기를, 그것도 열띠게 논쟁하기를 바란다. 그러나 그렇게 할 때, 이 책이 큰 지적 여백을 남겨 두면서 큰 보폭으로 진행하는 방식으로 쓰인 선언문임을 기억하라. 이 책의 모든 문장은, 모든 구문조차도, 한 페이지 분량으로 쓸 수 있고 동일한 길이의 주석도 달 수 있다. 동의하든 반대하든 단서를 달든, 혹은 셋 다 조금씩 하든, 계속 읽어 나가라. 책 말미에 이를 때쯤, 우리는 여러분이 세상의 생명을 위한 신학을 하는 데 헌신되어 있음을 보게 되기를 바란다. 전문화된 직업으로 하는 신학은 중요하며 심지어 없어서는 안 될 수단이지만, 그럼에도 수단이다. 신학을 하는 것이 각 인간과 세상 전체를 하나님의 집이자 또한 우리의 진정한 집으로 만들고자 하시는 하나님의 거대한 목표에 어떻게 연결되는지에 대한 진지한 토론을 이 책이 불러일으킨다면 우리는 목표를 달성한 것이다.

이 책의 구조는 자명하다. 우리는 참된 삶, 좋은 삶, 혹은 번영하는 삶이, 오늘날 소홀히 여겨지고 있지만 그 어느 때보다 긴급한 인간의 근본 질문이라고 주장하면서 시작한다(1장). 그런 뒤, 수 세기 동안 번영하는 삶의 문제를 중심적으로 다루는 학문이었던 신학의 현재 위기는 대체로, 특히 최근 수십 년 동안 자신 있게 이 문제와 씨름하지 못한 데서 기인한다고 주장한다(2장). 이 책의 핵심인 3장에서는 신학자들을 향해, '인간 가운데 있는 하나님의 집'이라는 이미지로 집약되는 참된 삶의 이야기를 분별하고 명확히 진술하며 권하는 것을 신학의 주된 목적으로 삼으라고 요청한다. 4장에서는 모든 인간에게 참되다고 주장하는 번영하는 삶의 신학이 다원주의 사회에서 사회적 갈등을 악화시키거나 개인의 특수성을 억압하지 않으려면 어떻게 해야 하는지 보여 준다. 5장에서는 그러한 신학을 잘하기 위해서 신학자들은 그들 자신의 삶을 그들이 분별하고 명확히 진술하며 권하는 형태의 삶의 기본 비전에 부합시킬 필요가 있다고 주장한다. 그러고는 최초의 기독교 신학자인 사도 바울의 글에서 취한 번영 이야기를 개괄하면서 책이 끝난다(6장).

우리가 제안하는 종류의 신학은 그에 상응하는 교육법을 필요하게 만든다. 기독교 교육법을 설명하기 위해서는 또 다른 책 한 권이 필요할 것이다. 이 책은 그러한 교육법의 목표가 갖는 비전의 윤곽을 제시함으로써 그러한 책을 위한 길을 닦는다. 신학 교육은 초등학생 주일학교와 공과에서부터 기독교 중고등학교와 대학의 기독교 수업, 학문적 신학자를 양성하는 박사와 박사 후 과정을 포함하는 모든 다양한 신학교 훈련에 이르는 많은 형태로 이루어진다. 우리가 생각하듯, 공통의 목표가 이러한 다양한 형태의 신학 교육을 하나로 연결해 준다. 신학 교육은 기독교 교육의 한 차원이며, 따라서 그 목표를 공유한다. 그 목표란 그리스도의 본을 따라 인격을 형성하는 것이며, 그리하여 각 개인과 공동체가 피조 세계 전체와 함께 하나님의 집이 되기를 기대하는 가운데 시간의 흐름 안에서 그리스도의 길을 즉흥 연주할 수 있게 만드는 것이다.

1장

인간 탐구

기독교 신학은 길을 잃었다. 그 목적을 소홀히 했기 때문이다. 우리는 신학의 목적이 예수 그리스도 안에서 드러난 하나님의 자기 계시에 비추어 번영하는 삶의 비전을 분별하고 명확히 진술하며 권하는 것이라고 믿는다. 하나님의 임재 안에서 인간과 하나님의 모든 피조물이 번영하는 것은 창조세계를 향한 하나님의 최우선적 관심이며, 따라서 신학의 중심 목적이어야 한다. 이 선언문과 함께 세운 우리의 목표는, 신학이 그 본연으로 돌아가 기독교 신앙 공동체를 더 잘 섬길 뿐더러 모두를 위한 번영하는 삶에 관하여 진리를 추구하는 문화적 대화에 참여할 수 있게 만드는 것이다.

길을 잃은 것은 무엇보다 전문적·학문적 신학이며, 이는 전체 기독교 신학의 일부분일 뿐이다. 중요한 의미에서, 모든 그리스도인은 신학자다. 그리스도인으로서 우리는 신앙의 실천을 일관성 있게 만들기 위하여, 우리 자신과 세상의 온전함에 이르기까지 그리스도와 함께하는 우리의 여정에 관하여 설득력 있게 생각하고 말하기를 추구한다.[1] 이를 '일상 신학'

---

1   Rowan Williams, *On Christian Theology* (Oxford: Blackwell, 2000), p. xii를 보라.

이라 부르자.² 그러나 처음부터 가장 초기의 기독교 공동체에서 신학을 하는 것은 일반적인 활동일 뿐 아니라 특별한 부르심이기도 했다. 사도들과 교사들은 최초의 신학자였다. 이를 '교회 신학'이라 부르자. 기독교 역사를 거치며 신학자는 점점 교사와 구별되었고, 최근 몇 세기 동안 신학은 학문이 되었으며, 심지어 ('신학자'가 성서학자, 교회사가, 혹은 윤리학자와 구별됨에 따라) 학문적 세부 전공이 되기도 했다. 그러한 전문화된 활동에 관여하는(engage) 사람들이 '전문적', 보다 좁게는 '학문적' 신학자다. 이 책에서 우리가 우선적으로 관심을 두는 것은 바로 이 학문적 신학자와 그들의 활동이며, 이 책의 두 저자 모두 바로 이런 의미의 신학자인 까닭에 그것은 우리 자신과 우리가 하는 활동이기도 하다. 우리는 '신학'이라는 용어를 일차적으로 신앙의 실천을 이해하기 위한 바로 이 특별한 부르심을 가리키기 위해 사용한다.³

2장에서는 이 시대의 신학의 위기를 설명한다. 3장을 시작하면서는 번

---

2 기독교 신학이 본질적으로 신앙의 실천과 연결되어 있다고 주장하는 것은, 종교학, 철학, 역사학, 인류학 등을 연구하는 학자나 때로는 기독교 신학교의 교수진이기도 한 비그리스도인들이 기독교 신학에 기여한 바를 폄하하는 것이 아니다. 그들의 연구는 기독교와 세계를 보다 넓게 이해하는 데 결정적이며, 모든 훌륭한 대화 상대자가 그런 것처럼 기독교 신학자들의 서술적이고 규범적인 주장에 지적 영향을 끼친다. 우리는 다원주의 세계에서 살고 있고, 우리가 주장하듯 기독교 신학은 번영하는 삶의 비전을 명확하게 설명하고 제안하는 일련의 여러 경쟁하는 목소리 중 하나다. 다른 비전을 옹호하고 기독교의 비전을 비판하거나 우호적인 태도로 그 비전을 수정하기를 제안하는 이들은 **참된 생명**의 본질에 대한 이 주장에서 생산적인 역할을 한다.
3 신학자라 불리는 이들—교회 신학자와 학문적 신학자—은 일반적으로 스스로를 신학자라고 지칭하지 않는 기독교 지성들 사이에서 행해지는 신학 연구에 특별히 관심을 가져야 한다. 어떤 그리스도인들은 아주 특별한 사상가들—철학자, 역사가, 작가, 초학제적 지식인, 과학자 등—이며, 그들의 사유는 종종 기독교적 삶의 방식과 연결된다. 엘리자베스 드레이어(Elizabeth Dreyer)의 작품[*Accidental Theologian: Four Women Who Shaped Christianity* (Cincinnati: Franciscan Media, 2014)]에 의거해, 크리스천 위먼(Christian Wiman)은 이러한 그리스도인들을 "우발적 신학자들"이라 부르고, 표도르 도스토옙스키(Fyodor Dostoevsky), 시몬 베유, 빈센트 반 고흐(Vincent van Gogh) 같은 인물을 거기에 포함시킨다. 위먼 자신도 이례적으로 훌륭한 우발적 신학자다! 특히 *My Bright Abyss: Meditation of a Modern Believer* (New York: Farrar, Straus and Giroux, 2013)를 보라.

영하는 삶의 비전을 분별하고 명확히 진술하며 권하는 것을 목적으로 삼는 종류의 신학을 옹호하면서 신학의 갱신을 제안할 것이다. 이번 장에서는 '번영하는 삶'이 무엇을 의미하는지 개략적이고 형식적으로 설명하고 오늘날 번영하는 삶의 문제가 왜, 그리고 어떻게 중요한지 살펴볼 것이다. 이것은 기독교 신학의 미래에 관한 책이지만, 기독교 신학은 근본적으로 모든 인간과 관련된 사안에 관한 것이다.

왜 '번영하는 삶'인가?

이 책에서 말하는 '번영하는 삶'(flourishing life)이란 인간이 얻기 위해 마땅히 분투해야 하는 선(good)을 의미한다. 이는 우리가 욕망하는 수많은 것을 명명하기보다는, 참으로 욕망할 만한 것이 무엇인지를 결정하는 가치에 따라 우리가 이르기 위해 분투하는 궁극적 목표를 규명한다. '번영하는 삶'은 대체로 '참된 삶'(true life), '좋은 삶'(good life), '살 가치가 있는 삶'(life worth living), '인간의 충만함'(human fullness), '정말로 삶다운 삶'(life that truly is life) 등의 표현으로 바꿔서 사용할 수도 있다. '좋은 삶'은 고전 철학 및 고전 철학과 대화하면서 발전한 기독교 신학에서 사용하는 서술적 용어지만 우리는 '번영하는 삶'이라는 표현을 더 선호하는데, 이는 그것이 범위 면에서 더 보편적이고, 인간의 좋은 삶을 하나님의 모든 피조물의 좋은 삶과 묶어 주며, '좋은 삶'에 내포된 대중적 함의 곧 사치스러운 소비 이미지를 불러일으키는 함의를 피할 수 있기 때문이다.[4] 물론 '번

---

4   우리가 말할 수 있는 한에서, 여기서 사용하는 것과 유사한 의미를 갖는 '인간의 번영'이라는 용어는 엘리자베스 앤스콤(Elizabeth Anscombe)이 그녀의 획기적 에세이 "Modern Moral Philosophy", *Philosophy* 33, no. 124 (January 1958): pp. 1-19에서 처음 사용하였다. 40년 후, 메리 그레이(Mary Grey)는 "Survive or Thrive? A Theology of Flourishing

영'은 어려움이나 억압과 동떨어진 삶의 비전을 연상시킬 수도 있다. 따라서 우리는 최상의 인간 삶은 하나님의 새 창조의 완전한 실현이 지니는 이러한 측면과 죄의 상태 아래에서 때로 고역의 형태를 취해야 할 수도 있다는 여지를 남겨 놓기 위해 가끔 '참된 삶'이라는 표현도 사용할 것이다. 이러한 각각의 용어는 인간의 본성, 운명, 세상에서의 위치에 관해 고찰하는 광범위한 전통 안에서 그 자체의 지적 어원을 갖는다. 우리에게는, 번영하는 삶의 특징을 결정적으로 형성하는 것은 용어의 지적 어원이 아니라 기독교 신앙이다.

때로 번영의 비전은 우리가 볼 수 있고 묘사할 수 있는 선명한 이미지 같지만, 더 자주는 렌즈 같다. 즉, 우리는 그것을 통해 모든 것을 본다. 찰스 테일러(Charles Taylor)가 표현한 것처럼, 그것은 우리가 살아가는 삶의 암묵적 '배경'이다.[5] 그 비전이 암시적으로만 있다면, 우리는 이를 끌어내 명시적으로 드러내야 한다. 어떤 경우든, 번영의 비전이 갖는 역할, 기원, 내용, 실존적이고 지적인 적합성을 고찰하는 것은 우리 인간에게 주어진 책임이다. 바로 그 비전이 우리의 세상과 우리 자신을 규정하기 때문이다. 한 비전에서 다른 비전으로의 전환은 가능하지만, 그러한 전환이 단지 상상 속이 아닌 현실에서 일어나면 우리는 '새 사람'이 된다. 즉, 우리는 우리

---

for the Next Millennium", *Studies: An Irish Quarterly Review* 88, no. 352 (Winter 1999): pp. 396-407에서 "다음 천년을 위한 번영의 신학"(a theology of flourishing for the next millennium)을 제안했다. 이 에세이는 에코페미니즘 전통 안에서 쓰였으며, 이 전통에는 크리스 쿠오모(Chris J. Cuomo)의 철학적 연구 *Feminism and Ecological Communities: An Ethic of Flourishing* (New York: Routledge, 1998)과 그레이스 잔첸(Grace M. Jantzen)의 신학적 연구 "Feminism and Flourishing: Gender and Metaphor in Feminist Theology", *Feminist Theology* 4, no. 10 (September 1, 1995): pp. 81-101가 포함되어 있다.

5 찰스 테일러는 비트겐슈타인(Wittgenstein), 하이데거(Heidegger), 폴라니(Polanyi)의 언어를 가져온다. Charles Taylor, *A Secular Age* (Cambridge, MA: Belknap, 2007), pp. 13-14.

자신과 세상을 다른 방식으로 경험하고, 우리의 삶은 새로운 전기를 맞이하게 된다.

수 세기 동안의 관심사

인류 역사의 초반, 인간은 오랫동안 자연적 형태의 안녕, 즉 건강, 부, 다산, 장수를 궁극적 선으로 보았다. 어떤 철학자와 사회학자들이 "축의 변화"(axial transformation)라고 묘사한 일이 일어나는 동안, 인간의 번영에 관한 그러한 자연적 해석이 부적절하다는 인식이 굳어졌다.[6] 오늘날의 세계 종교들은 이러한 변화에 기인하여 출현했다. 각 종교는 궁극적 선이 자연적 안녕의 형태로 이루어진다는 생각에 대한 대안의 위치에 있다. 이들 종교는 저마다의 방식으로 세속과 초월의 영역을 구분하고, 인간의 궁극적 선은 자아(그리고 어떤 전통에서는 세계)를 초월적 질서에 맞추는 것이라고 주장한다. 위대한 세계 종교들의 중심에는 참된 삶, 좋은 삶, 진정으로 번영하는 삶의 문제에 대한 답이 놓여 있다.

세계 종교들은 인간의 번영에 대해 가장 오랫동안 지속되어 왔고 가장 널리 퍼져 있는, 그리고 아마도 여전히 가장 강력하다고 볼 수 있는 비전을 제공한다. 그러나 종교가 그러한 비전의 유일한 원천은 아니다. 좋은 삶을 규명하는 것은 수많은 위대한 철학자의 주된 관심사였고, 그들의 철

---

[6] 카를 야스퍼스(Karl Jaspers)는 *Vom Ursprung und Ziel der Geschichte* (Zürich: Artemis, 1949)에서 "축의 시대"(axial age)라는 용어를 사용함으로써 제2차 세계대전 이후 대중적 논의에 주축(axiality) 개념을 소개했다. 우리는 축의 시대에 대한 야스퍼스의 역사적 주장을 함축하지 않은 채, 전축(preaxial)과 후축(postaxial) 사회 간의 체험적 구분을 따르고 있음을 지시하고자 [논집 *The Axial Age and Its Consequences*, ed. Robert N. Bellah and Hans Joas (Cambridge, MA: Harvard University Press, 2012)의 저자들과 마찬가지로] '축의 변화'라는 언어를 선호한다. 우리가 이 언어를 사용하는 방식은 찰스 테일러(*Secular Age*, p. 792n9)와 가깝다. 야스퍼스의 영역본은 Karl Jaspers, *The Origin and Goal of History*, trans. Michael Bullock (New Haven: Yale University Press, 1953)을 보라.

학은 이를 중심으로 전개되거나 이를 필수불가결한 주제로 다루었다.[7] 예를 들면, 소크라테스(Socrates), 플라톤, 아리스토텔레스(Aristotle), 스피노자(Spinoza), 흄(Hume), 칸트(Kant), 헤겔(Hegel), 키르케고르, 마르크스(Marx), 밀(Mill), 니체, 머독(Murdoch), 베유의 경우가 그랬다. 최근 몇 세기 동안, 어떤 철학자들은 인간의 선에 대한 고찰에서 건강, 부, 다산, 장수에 초점을 맞추는 전축적(preaxial) 해석의 현대적 세속 버전을 옹호하게 되었다.[8] 그들 중 니체가 가장 급진적인데, 그는 감각 세계와 초감각 세계 간의 구분이든(예를 들면 플라톤과 유일신 종교처럼) 감각 세계 내부에서의 구분이든(예를 들면 카를 마르크스와 세속 인문주의의 일부 형태처럼) 모든 형태의 세속과 초월 영역 간의 구분을 반대하기 때문이다.[9] 그러나 그런 니체에게도 '사육되는' 것을 보기 원했던 인간 유형에 대한 비전이 있었다.[10]

세계의 여러 종교와 철학자들은 번영하는 삶의 다양한 비전을 제시하지만, 우리는 이러한 비전들이 세 가지 형식적 특징을 공유한다고 생각한

---

7   많은 훌륭한 작가 역시 각자의 방식으로 동일한 기획을 추구했다. 데이비드 포스터 월리스(David Foster Wallace)는 도스토옙스키, 그리고 간접적으로 자기 자신을 가리켜 "그의 관심은 언제나 인간이 된다는 것이 무엇을 의미하는가에 있었다"고 썼다. David Foster Wallace, "Joseph Frank's Dostoevsky" in *Consider the Lobster, and Other Essays* (New York: Little, Brown, 2006), pp. 255-274, 해당 문장은 p. 265. 월리스와 좋은 삶의 문제에 대해서는 Nathan Ballantyne and Justin Tosi, "David Foster Wallace on the Good Life", *Freedom and the Self: Essays on the Philosophy of David Foster Wallace*, ed. Steven M. Cahn and Maureen Eckert (New York: Columbia University Press, 2015), pp. 133-164를 보라.
8   의미 있는 삶의 문제에 대한 영감을 전축적 사고 유형에서 찾는 최근의 예는 Hubert Dreyfus and Sean Dorrance Kelly, *All Things Shining: Reading the Western Classics to Find Meaning in a Secular Age* (New York: Free Press, 2011), pp. 58-87, 190-223를 보라. 『모든 것은 빛난다』(사월의책).
9   '두 세계'에 대한 니체의 거부는 Friedrich Nietzsche, *The Will to Power*, trans. Walter Kaufmann and R. J. Hollingdale (New York: Random House, 1968), p. 507를 보라. 『권력에의 의지』(청하).
10 Friedrich Nietzsche, *The Anti-Christ*, in *"The Anti-Christ", "Ecce Homo", "Twilight of the Idols", and Other Writings*, ed. Aaron Ridley and Judith Norman, trans. Judish Norman (Cambridge: Cambridge University Press, 2005), §3, p. 4. 『안티크리스트』(아카넷).

다. 즉, 번영하는 삶은 삼중 구조로 이루어져 있다.[11] 각 세계 종교나 철학은 형통한 삶(life going well), 선하게 인도되는 삶(life led well), 마땅하다고 느끼는 삶(life feeling as it should)에 대한 설명을 제공한다. 형통한 삶이란 번영하는 삶의 '환경적' 차원, 즉 (비옥하고 오염되지 않은 땅같이) 자연적이거나 (정당한 정치 질서나 좋은 평판같이) 사회적이거나 (건강과 장수같이) 개인적으로 바람직한 삶의 환경을 가리킨다. 선하게 인도되는 삶이란 번영하는 삶의 '행위적' 차원, 즉 내면의 바른 생각 및 바른 행동부터 바른 습관과 덕에 이르기까지 삶의 훌륭한 행실을 말한다. 마땅하다고 느끼는 삶은 번영하는 삶의 '정서적' 차원, 즉 '행복'(만족, 기쁨)의 상태와 공감에 관한 것이다. 이러한 세 가지 특징은 각각 그 자체로 완결성을 지니지만, 그렇다고 '좋은 삶 의자'의 무게를 지탱하는 독립적인 세 다리처럼 작동하지는 않는다. 그 대신, 이 셋은 각기 서로 영향을 주고받으며 긴밀하게 연결되어 있다.

그렇다면 우리가 말하는 번영하는 삶의 비전이 의미하는 것은 바로 이것, 즉 우리의 삶이 선하게 인도되고, 우리의 삶이 형통하며, 그 삶이 옳다고 느끼는 것이 무엇을 의미하는지에 관한 암묵적이거나 명시적인 일련의 신념, 우리의 모든 욕망과 의지를 안내하는—혹은 안내해야 하는—신념이다. 예수 그리스도 안에서 육신을 입은 하나님의 말씀, 참 생명이요 세상의 빛인 그 말씀에 초점을 맞추는 기독교 신앙은 바로 그러한 하나의 비전이다. 더 정확히 말하면, 그러한 비전들이 이루고 있는, 크고 종종 다툼을 일으키는 가족이다. 기독교 신학은 무엇보다 이 비전을 비판적으로 분별하고 명확히 진술하며 권하는 것에 관한 것이어야 한다. 이러한 목표

---

11   번영하는 삶의 삼중 구조에 관한 기독교적 설명 중 하나는—이는 사도 바울의 것이다—6장을 보라.

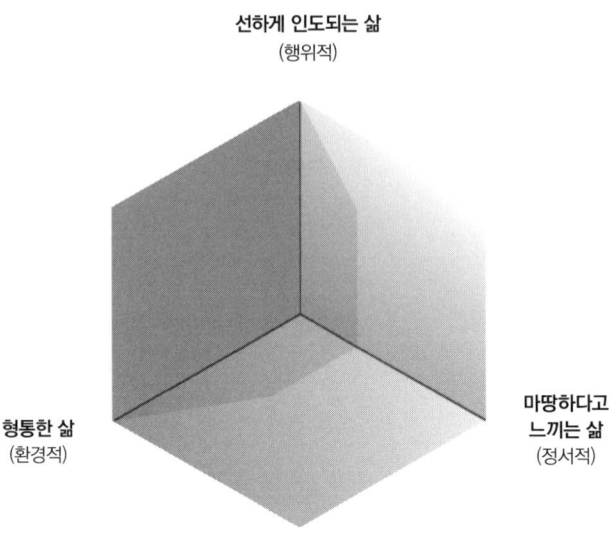

그림 1.1 번영하는 삶의 삼중 형식적 구조

를 가진 신학자들은 가장 중요한 인간의 질문, 즉 참되고 번영하는 삶이란 무엇이며 우리는 어떻게 그러한 삶을 살 수 있는가에 대해 수 세기 동안 전 지구적으로 씨름해 온 종교, 비종교 사상가들의 대화 안으로 들어가야 한다.

하지만 왜 그래야 하는가? 우리는 모든 거대한 문제 중에서도 가장 거대한 이 문제보다는, 다양한 형태의 배제나 착취처럼 더 긴급할 뿐만 아니라 어쩌면 더 접근하기 쉬운 다른 사안에 관심을 기울여야 하지 않을까? 혹은 그냥 번영에 대한 기독교의 비전은 주어진 것으로 가정하고 그것을 살아 내기 위한 노력만 계속하면 되지 않을까?

값비싼 진주

어떤 사람들은 좋은 삶에 대한 탐구를 사치로 일축해 버린다. 정 하고 싶다면 먹을 것, 살 곳, 안전 같은 삶의 필수 요소들을 완벽하게 확보한 후에나 덤으로 쌓을 수 있는 '추가 점수' 같은 문제라는 것이다. 그러나 기본적 필요의 충족을 삶의 의미와 선함과 분리시킬 수 있다고 생각하는 것은 실수다. 기본적 필요는 명확하게 규정하기 어렵기로 유명하다. 유기적 생물체로서 필요한 자원을 뛰어넘어, 인간의 기본적 필요를 구성하는 것이 무엇인지 결정하는 것 자체는 단지 그 사람의 사회적 위치만이 아니라 바랄 만한 가치가 있다고 생각하는 삶의 종류에 결정적으로 달려 있다.[12] 더욱이, 빈곤과 억압에 대한 문화적·경제적·정치적 투쟁은 번영하는 삶에 대한 긍정적 비전의 안내를 받지 않으면 실패로 돌아갈 것이다. 바로 그것이 복음서에 따르면 예수님이 단지 가난한 자들을 먹이고 병든 자들을 치유하는 일만 하시지 않은 이유다. 물론 그분이 그런 일을 하셨고 바로 그것을 위해 오셨다고 분명하게 밝히셨지만 말이다. 보다 중요하게, 그분은 하나님과 하나님의 의를 구하는 것을 중심으로 그들의 삶 전체의 방향을 재조정하시기 위해 그들을 부르셨다.[13]

---

[12] 사회적 범주로서 "필수적인 것"에 관해 애덤 스미스(Adam Smith)는 다음과 같이 말한다. "내가 이해하기로 필수적인 것이란 단지 생명을 유지하기 위해 없어서는 안 되는 생필품뿐 아니라, 그 나라의 관습상, 가장 낮은 계급이라도 신용할 만한 사람에게 그것이 없다면 부적절하게 되는 모든 것을 포함한다. 예를 들어, 엄격하게 말해 린넨 셔츠는 삶에서 필수품이 아니다. 그리스인과 로마인은 린넨 없이도 아주 잘 살았을 것이다. 그러나 현재 시대에, 유럽의 많은 지역에서 신용할 만한 일용직 근로자들이 만약 공적 장소에 린넨 셔츠를 입지 않은 채 나타난다면 수치스럽게 느낄 것이며, 그 결핍은 극심한 악운이 아니라면 겪지 않을 수치로 여길 정도의 가난을 의미한다고 여겨질 것이다." Adam Smith, *An Inquiry into the Nature and Causes of the Wealth of Nations* 5.2.2.4, ed. Edwin Cannan (New York: Random House, 1994), pp. 938-939. 『국부론』(비봉출판사).

현대의 접근은 Martha C. Nussbaum, *Creating Capabilities: The Human Development Approach* (Cambridge, MA: Harvard University Press, 2011)를 보라. 『역량의 창조』(돌베개).

[13] 참조. 마태복음 6:33. 수년 전, 마르크스주의 전통 내에서 연구하는 파울루 프레이리는 인간의 충만함에 대한 긍정적 비전이 해방을 위해 필수불가결하다는 설득력 있는 주장을 펼쳤다. '새로운 인간' 혹은 '더 충만한 인간성'의 비전에 대한 이해가 없다면, 억압받다가 해방된 이들은 '하위 억압자'(sub-oppressors)가 되기 쉽다는 것이다. "그들의 이상은 인간이 되는 것이다. 그러나 그들에게 인간이 된다는 것은 억압자가 되는 것이다. 이것이 그들의 인간성

고통당하고 있는 이들에게 삶의 기본적 성격이나 방향에 관심을 갖는 것은 그들의 손 너머의 영역이라고 말한다면, 즉 기본적 필요의 서열―음식, 거처, 안전에서 공동체로, 그리고 자존감으로 이어지는―에서 진전을 이루어야만 비로소 참된 삶의 의미를 고찰하고 그 형태를 헤아릴 수 있는 단계에 이를 수 있다고 말한다면 우리는 그들의 인간성을 모독하고 있는 것이다. (미로슬라브의 어머니가 어렸을 때 그랬듯) 등교 전 소떼에 풀을 뜯기러 가기 위해 새벽부터 일어나야 하는 여덟 살 소녀도 (맷의 아버지처럼) 산업계에서 존경받는 과학자 못지않게 질문을 던질 수 있다. 질병, 압제의 굴레 아래에서 당하는 고난, 혹은 내일의 양식에 대한 걱정으로 고통받는 이들 역시, 적어도 건강하고 어떤 압제도 받지 않으며 양식이 풍족한 사람들과 똑같이, 때로는 그들보다 더욱 인간의 충만함에 대한 비전이 필요하며 종종 그러한 비전이 필요하다고 **느낀다**.[14] 인간의 번영에 관한 고대의 위대한 비전을 창시한 이들과 수 세기 동안 그러한 비전들을 받아들인 많은 이는, 오늘날 경제적으로 발전한 국가의 사람들 대다수가 비참하다고 묘사할 만한 환경에서 살았다. 이런저런 종류의 고통과 그것에 수반되는 굴욕은 인간에게 진정으로 합당한 가치가 있는 삶의 비전을 탐구하는 것과 그러한 비전을 현실화하기 위한 개인적이고 사회적인 투쟁 모두의 주된 동력으로, 역사적으로 그래 왔고 지금도 마찬가지다.

번영하는 삶에 대한 강력한 비전은 이미 부엌, 욕실, 거실, 여러 개의 침실을 가진 중산층 가정에게나 허락되는 안락한 독서 공간 같은 사치가 아니다. 그것은 빵만으로는 살지 않고 살 수도 없는 존재의 기본적 필요다.

모델이다." Paulo Freire, *Pedagogy of the Oppressed* (London: Bloomsbury, 2014), pp. 45-47. 『페다고지』(그린비).
14 Grey, "Survive or Thrive?", pp. 402-403를 보라.

모든 문화의 모든 인간은 그들 각각의 방식으로 그들 자신과 그들이 사랑하는 이들의 진짜 번영을 열망한다. 첫째, 우리는 필연적으로 어떤 선을, 즉 우리가 좋다고 여기는 사물, 상태, 실천, 감정을 지향한다. 둘째, 우리는 성찰하는 도덕적 존재다. 우리는 우리가 이르고자 분투하는 선이 정말로 바랄 만한 것인지 알기 원한다. 마지막으로, 시간 속에 존재하고 있음을 아는 우리는 기억 안에서 과거를, 기대 안에서 미래를 끌어오며, 우리 삶 전체의 선함 혹은 의로움에 대해 확신하고 싶어 한다. 삶의 속도와 소음이 수그러들고 마음이 여흥에 사로잡히지 않은 상태가 될 때, 우리는 때로 과거, 현재, 미래의 우리 삶을 자세히 살펴보고 그것이 총체적으로 '좋다'는 것이 무엇을 의미하는지 질문한다.

진정으로 번영하는 삶은 우리 삶에서 가장 중요한 관심사이며, 그것을 얻기 위해서라면 우리가 가진 모든 것—부나 권력, 명성, 즐거움—을 팔 만한 가치가 있는 진주다(마 13:45-46). 그 진주를 얻는다면, 우리는 그것을 얻기 위해 판 것 중 많은 것을 다시 돌려받되 더 나은 것으로 돌려받는다. 진주를 얻지 못하면 우리 자신이 축소되거나 우리 자신을 잃어버리게 되고, 팔기를 거절한 것 중 그 무엇도 그러한 피해를 메꾸지 못한다. 그러나 예수님의 산상수훈에 나오는 돼지처럼(마 7:6), 평범한 사람, 똑똑한 사람 할 것 없이 우리 중 많은 수가, 특히 부유한 서구의 사람들은 그 안에 어떤 것으로도 채우기 힘든 우리의 허기를 만족시켜 줄 무언가가 있음을 발견하지 못한 채 그 진주를 마구 발로 짓밟는다.

삶의 비전 선택하기

오늘날, 번영하는 삶의 성격은 역사상 어느 시대보다 긴급한 관심사다. 특히, 아마도 우리가 그와 같은 것을 경험하지 못하는 시기이기에 그렇다. 이미 살펴본 것처럼, 이는 아주 오래되고 기본적인 문제이지만, 우리는 이제 새로운 방식으로 질문하고 답한다. 오늘날 일부 전통 문화에서 그런 것처럼 지난 시대에는, 좋은 삶의 비전이 대체적으로 인생의 객관적 상태 안에 새겨져 있었다. 즉, 이미 주어진 우주적이고 사회적인 질서로 지각되는 것 안에, 수용된 종교 의례와 전통 안에, 공동체가 삶의 문화적·경제적·정치적 재생산에 관여하는 방식 안에 담겨 있었다. 심지어 개인의 직업도 대부분 어머니로부터 딸에게, 아버지로부터 아들에게 전해졌다. 특정한 삶을 위한 특별한 형태를 분별할 필요를 느끼는 경우도 종종 있었지만, 대부분의 사람은 그들의 삶에 형태와 중요성을 부여하는 삶의 궁극적 방향과 (프리드리히 니체의 표현을 빌리자면) '가치 목록'이 이미 주어져 있거나, 심지어 어쩌면 '자연 발생적'이라고 믿었다. 이제 세계 인구 중 많은 이는 더 이상 이를 사실로 받아들이지 않으며 그 수는 점점 더 늘고 있다.

자유로운 선택, 강요된 선택

현대성(modernity)에 의해 형성된 문화에서, 우리는 '탈소속화된' 삶을 살게 되었다.[15] 더 이상 자신을 의미 있는 우주의 구성원이자 사회 조직의 일원으로 경험하지 않는 우리 현대적 인간은 무엇보다 개인으로서, 이상적으로는 우리 자신과 우리 행동의 주권자로서 스스로를 상상하고 행동한다. 우리의 사회적이고 우주적인 위치에서는 더 이상 의미를 '읽어 낼' 수 없다. 우리가 먼저 충성하기로 선택하지 않는 한 무엇도 우리의 충성을 요

---

15 Taylor, *Secular Age*, pp. 146-158. 테일러는 축의 변화의 일부로서 일어났던 탈소속화(disembedding)와 어떤 의미에서 탈소속화라는 축의 연장, 특히 그 기독교적 형태로 볼 수 있는 현대의 탈소속화 둘 다를 설명한다.

구할 수 없다. 우리는 수년 전 피터 버거(Peter Berger)가 '이단적 당위성' (heretical imperative)이라고 불렀던 것 아래 살고 있다. 즉, 우리는 단순히 자유롭게 선택하는 게 아니라 그렇게 하도록 강요받는다.[16] 결과적으로, 무엇을 번영하는 삶으로 여길 것인지, 각 사람이 고유한 방식으로 번영한다는 게 무엇을 의미하는지 하는 물음은 의식적으로 숙고하기를 요구한다.[17]

곧 살펴보겠지만, 사람들은 이 문제에 많은 시간을 할애하기보다, 그저 유수풀에서 둥둥 떠다니거나 다른 이들보다 먼저 결승선에 도달하기 위해 바위로 가득한 급류에서 미친 듯이 노를 젓거나 둘 중 하나이기 쉽다.[18] 여전히 우리는 여러 물결과 그것을 거스르는 물결이 섞여 있는 문화의 강 위에 떠 있고 노를 젓는다. 삶에 대해 성찰하게 될 때, 우리는 그러한 다양한 물결과 싸워야 하고, 선택을 하거나 이미 한 선택을 재확인하도록 강요받는다. 우리를 대신해 애초에 번영하는 삶을 규정해 놓은 풍성한 전통 안에서 태어났다고 해도 선택에서 자유롭지는 않다. 단순히 정해진 번영의 비전을 수용하고 살아 내는—어쩌면 그 비전과 씨름하지만 비전대로 살아 내지 못하거나 비전에 부대끼고 쏠리는—대신, 우리는 언제나 실제로 **어떤** 삶이 좋은 삶인지 새롭게 질문하도록 압력을 받는다.

우리가 말하고 있는 선택의 특징을 상기해 보자. 여기서 선택한다는 것

---

16 Peter Berger, *The Heretical Imperative: Contemporary Possibilities of Religious Affirmation* (Garden City, NY: Anchor, 1979, 『이단의 시대』, 문학과지성사). 또한 Charles Taylor, *Secular Age*; Charles Taylor, *Varieties of Religion Today: William James Revisited* (Cambridge, MA: Harvard University Press, 2002, 『현대 종교의 다양성』, 문예출판사)를 보라.
17 '의미', '본질적인 현대의 고충'의 중요성에 대해서는 Charles Taylor, *Sources of the Self: The Making of the Modern Identity* (Cambridge, MA: Harvard University Press, 1989), pp. 10, 16-19를 보라. 『자아의 원천들』(새물결).
18 유수풀 비유는 Zadie Smith, "The Lazy River", *New Yorker*, December 18 and 25, 2017, pp. 94-97, https://www.newyorker.com/magazine/2017/12/18/the-lazy-river에서 가져왔다.

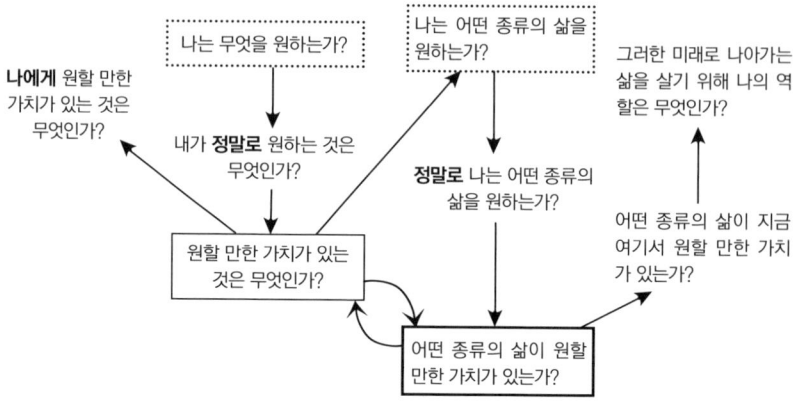

그림 1.2 특정한 욕망에 관해 제시하는 질문들("나는 무엇을 원하는가?")과 총체적 삶의 모습에 대한 욕망("나는 어떤 종류의 삶을 원하는가?")은 결국 좋은 삶에 관한 근본 질문("어떤 종류의 삶이 원할 만한 가치가 있는가?")으로 우리를 이끌어 가며, 우리가 제시하는 질문들의 보다 분명한 버전으로 우리에게 되돌아온다.

은 어느 정도 바람직한 많은 것 가운데서 하나를 고르는 것이라기보다는, 우리의 인생 전체의 방향을 결정하는 것을 말한다. 우리가 이미 걷고 있는 길을 재확인하는 것일 수도 있고―우리는 일상의 무수한 선택 안에서 많은 생각 없이 이를 실행한다―삶의 길을 변경하는 것일 수도 있다. 더 추상적으로 표현하자면, 삶의 성격과 목적의, 그리고 우리의 일상적 선택을 평가하는 가치 목록이나 '성찰 기준'의 여러 후보 가운데서 우리는 결정을 내리고 있다.[19] 어떤 종류의 인간이 존재할 가치가 있으며 어떤 종류의 세상이 거할 가치가 있는지 결정하고 있는 것이다.

약 한 세기 반 동안, 서구의 많은 사람은 번영하는 삶의 비전에 관한 주된 선택이 종교적 신앙의 형식과 세속주의 사이에서 이루어지며 이는 점점 더 세계적인 추세가 되고 있다고 확신했다. 사실 세속주의가 우세한

---

19 Hans Joas, *Do We Need Religion? On the Experience of Self-Transcendence*, trans. Alex Skinner (Boulder, CO: Paradigm, 2008), p. 29.

것처럼 보였다. 그러나 드러난 상황은 이보다 복잡하다. 전 세계적으로 종교, 특히 불교, 기독교, 이슬람교는 절대 수치로나 상대 수치로나 계속 성장하고 있으며, 수십억 사람들의 사적이고 공적인 삶을 형성하면서 세계 구석구석으로 퍼지고 있다.[20] 오늘날 대부분의 사람은 종교적 신앙과 그 결핍 사이에서 선택하지 않는다. 수많은 형태의 종교적 신앙과 비종교적 삶의 철학 가운데서 선택한다. 번영하는 삶에 대한 다수의 비전이—완전히 양립 불가능한 경우가 거의 없음에도 서로 다투면서, 각각 참된 삶을 대표한다고 명시적이거나 암시적으로 주장하면서—모든 사람의 충성을 얻기 위해 다툼을 벌인다. 우리는 세속 이후의 다원주의적인 세상 안에서 선택하고 있다.

선택할 자유가 있는 동시에, 그렇게 해야 할 필요를 떠맡게 된 우리는 또한 의미 있는 삶과 의미를 상실한 삶 사이에서의 선택에 직면해 있다. 스스로 니체가 "신의 죽음"[21]이라고 불렀던 것이 드리운 그림자 안에서 살아간다고 생각하는 많은 이가, 자신들의 기본적 선택에 대해 단순히 선호 외에 더 나은 이유가 없다는 생각을 체념적으로 혹은 용기 있게 받아들인다.[22] 그러나 단지 우리가 그것을 원한다는 이유로 무언가를 선택하는 것

20　Miroslav Volf, *Flourishing: Why We Need Religion in a Globalized World* (New Haven: Yale University Press, 2015), pp. 61-62를 보라. 『인간의 번영』(IVP).
21　Friedrich Nietzsche, *The Gay Science: With a Prelude in Rhymes and an Appendix of Songs*, trans. Walter Kaufmann (New York: Random House, 1974), §§108, 125, 343, pp. 167, 181, 279. 『즐거운 학문, 메시나에서의 전원시, 유고(1881년 봄-1882년 여름)』(책세상). 또한 Friedrich Nietzsche, *Thus Spoke Zarathustra: A Book for All and None*, trans. Walter Kaufmann (New York: Viking, 1966), pp. 200-201를 보라. 『차라투스트라는 이렇게 말했다』(책세상).
22　대부분의 무신론자는 하나님 없는 우리가 무의미한 존재의 공허함에 빠질 수밖에 없는 운명이라고 생각하지 않는다. 예를 들면, 로널드 드워킨은 *Religion without God*에서 존재라는 선물에 대한 감사, 인간 생명의 신성함, 자연의 객관적 아름다움과 선함을 특징으로 하는 '종교적' 형태의 무신론을 발전시킨다. Ronald Dworkin, *Religion without God* (Cambridge, MA: Harvard University Press, 2013). 『신이 사라진 세상』(블루엘리펀트).

은 우리가 하는 선택의 중요성을 공허하게 만든다. 우리는 우리가 부여한 어떤 의미도 제거할 수 있다. 그러면 어떤 선택도 다른 모든 선택만큼 좋아 보인다.[23] 선호가 왕인 종류의 세상에서 비종교적 선택은 종교적 선택만큼 좋은 것이 되고 삶은 자의성(arbitrariness)의 위협에서 구출될 수 없게 된다.[24] 참되고 의미 있는 삶의 여러 비전뿐 아니라 무의미함의 가능성 역시 우리로 하여금 계속 탐색하고 선택하게 만든다.

당신의 꿈을 따라가라!

번영하는 삶에 대한 여러 해석이 각각 허무주의를 떨쳐 내고자 노력하면서도 우리의 충성을 얻어 내고자 경쟁하고 있으며, 이제 번영하는 삶에 대한 질문은 그 어느 때보다 더욱 열려 있고 더욱 긴급하다. 그러나 바로 이 지점에서 진지한 관여가 썰물처럼 빠져 나간다.

한 가지 이유는, 참으로 살 가치가 있는 삶을 분별하라는 도전에 지속적으로 관심을 갖기에는 우리의 삶이 너무 꽉 차 있는 것 같다. 너무 바쁘다고 말할 수도 있겠다. 장시간 노동한 뒤에 오락과 다양한 중독이 나머지 시간의 많은 부분을 잡아먹게만 하지 않는다면 말이다. 데이비드 포스터 월리스는 빠르게 돌아가며 오락으로 가득 차 있는 현대 사회에서 살아가는 사람들이 처해 있는 고충을 훌륭하게 묘사한다. 그는 단지 우리가 어떻게 의미 있는 삶을 살 수 있는지를 모르는 것만이 아니라고 말한다. "우리

---

23   우리의 고충에 대한 이런 식의 해석의 최근 버전과 그것을 어떻게 극복할 것인지에 대한 세속적 제안은 Dreyfus and Kelly, *All Things Shining*을 보라.
24   찰스 테일러가 진정성 윤리(authenticity ethic)의 순진한 '후원자들'의 시각을 반박할 때 그의 관심이 바로 이 자의성이다. 어떠한 의미의 지평도 없이 (진정성에 대한 이 손쉬운 해석에서 유일의 지고한 선인) '선택'은 모든 의미를 비워 내며, 따라서 지고한 선으로 기능하는 데 실패한다. Charles Taylor, *The Ethics of Authenticity* (Cambridge, MA: Harvard University Press, 1992), pp. 31-42. 『불안한 현대사회』(이학사).

는 그 문제에 오랫동안 집중할 수 있을 것 같지도 않습니다."[25]

드물기는 하지만 그런 문제에 집중하는 경우에도, 우리는 우리 자신을 위해 좋은 삶의 비전을 명확하게 설명할 수 있는 지식과 기술의 결핍에 직면한다. 예일대의 "살 만한 가치가 있는 삶"이라는 과목에서 가르쳤던 한 학생은 자신이 처해 있는 고충을 발견하고는 격분하며 이렇게 말했다. "세계의 가장 위대한 전통들이 삼천 년이 넘도록 이 질문에 대답하기 위해 노력해 왔습니다. 그리고 이제 저보고 제 자신의 답을 찾으라고 하네요? 그것도 남는 시간에요!" 가치 있는 삶에 대한 질문과 씨름하기 위해 필요한 기술도 도구도 없는 우리는 소비자로서 선택하는 데서 배운 습관에 기대게 된다. 즉 육감의, 그리고 소비자 보고서와 비슷한 어떤 '인생 기획서'의 도움을 받아 결정을 내린다. 이 결정은 대부분의 경우 잠정적이며 언제나 다른 가능성도 열어 둔다. 우리는 마음에 따라 결정할 때가 너무 많은데, 마음은 단순히 마음이 원하는 것을 원하며, 원하는 것을 얻지 않는 것은 스스로에게 잘못을 저지르는 일이라고 확신한다. 취향이 우리의 유일한 주인인 것처럼 보이는데, 아마도 취향은 진정 우리의 것이겠지만, 우리 주변에 있는 것을 끊임없이 똑같이 비춰 낼 뿐이다.[26]

그러나 우리는 단지 너무 바쁘고 삶의 방향에 대해 책임지는 데 서투르기만 한 것만이 아니다. 현대성의 발전 과정에서, 좋은 삶의 개념은 사적인 것이 되었다. 하르트무트 로자(Hartmut Rosa)는 이렇게 쓴다. "아이가 인생을 어떻게 살아야 하느냐고 물으면 선생님, 친구들, 가족들은 분명 조

---

25 Dreyfus and Kelly, *All Things Shining*, p. 30, 찰리 로즈(Charlie Rose)의 데이비드 포스터 월리스 인터뷰에서 재인용(http://www.youtube.com/watch?v=hm94gUBCih8에서 볼 수 있다).
26 취향에 관해서는 Tom Vanderbilt, *You May Also Like: Taste in an Age of Endless Choice* (New York: Knopf, 2016)를 보라. 『취향의 탄생』(토네이도).

언해 주겠지만, 하나같이 서둘러 이렇게 덧붙일 것이다. '스스로 답을 찾아. 마음에 귀를 기울이고, 너의 재능과 열망을 알아내렴.' 따라서 좋은 삶은 가장 내밀한 사적 문제가 되었다."[27] 조언의 요지는 단순하다. "당신의 꿈을 따라가라!" 우리는 어떻게 살 것인지 스스로 결정해야 한다고 믿는다. 게다가, 우리에게 좋은 삶의 비전은 개인의 고유한 성품 안에 암호처럼 입력되어 있다고, 즉 좋은 삶에 대한 불가침의 기준은 진정으로 우리 자신의 것이라고 믿는다. 그 문제에 대한 우리의 선택이 존중될 만한 가치가 있는 것은 단순히 그것이 우리의 선택이며 우리가 스스로를 어떤 존재로 지각하는지와 공명하기 때문이다.

근래까지도 우리는 살 가치가 있는 삶의 문제를 심오하게 사유하는 종교 창시자나 위대한 철학자를 인간성을 위한 의사이자 영양사로 합당하게 여겼다. 우리는 그들이 우리에게 인간의 온전함이란 무엇이며 그것을 이루기 위해서는 무엇이 좋으며 왜 그러한지 말해 주기를 기대했고, 만약 그들이 말하는 것에 동의하지 않는다면 어느 부분에서 왜 틀렸는지 반박했다. 이제 우리는 그들을 식당 웨이터처럼 대한다. 우리는 그들이 각 요리에 대해 설명해 주기를 기대하지만, 우리가 무엇을 주문하면 좋을지 말해 주기를 기대하지는 않는다. 진정한 건강이란 무엇이며 우리가 주문하려고 하는 식사가 그것과 어떤 관련이 있는지는 고사하고 말이다. 사실 우리가 어떤 선택을 하든지 그들이 칭찬해 주기를 절반쯤은 기대한다. 우리가 그 요리를 좋아하기만 한다면 당연히 모든 선택이 좋은 것이니까! 어떤 종교적 인물이나 철학자나 과학자도 어떤 종류의 삶이 좋은지 알 수 없으며, 우리

---

27 Hartmut Rosa, "Two Versions of the Good Life and Two Forms of Fear: Dynamic Stabilization and Resonance Conception of the Good Life", paper presented at the Yale Center for Faith and Culture conference on Joy, Security, and Fear, New Haven, CT, November 8-9, 2017, p. 6.

에게 어떤 삶이 좋은지는 더더욱 알 수 없다. 나만이 나의 재능과 열망을 어떻게 결합하여 나의 꿈을 탄생시킬지 알 수 있는 진정한 전문가이며, 이것이 나의 분투를 정당화해 준다.

당신의 꿈을 살아 내기 위한 자원

좋은 삶의 본질에 대한 침묵에도 불구하고, 현대 문화는 우리가 각자 좋게 여기는 삶을 위한 전제 조건에 대해서는 아주 명확하며 심지어 단호하기까지 하다. "당신의 꿈을 살아 내기 위해 필요할지 모르는 자원을 (그것이 무엇이든) 확보하라!" 하르트무트 로자는 이를 "모든 것을 이기는 현대성의 합리적 명령"이라고 부른다.[28] 인생을 살아가면서 무엇을 당신의 선으로 선택하게 되든지, 경제적·사회적·문화적·상징적·신체적 자본을 축적해 놓는다면—다른 말로 하면, 당신이 부유하고, 정서적으로 총명하고, 잘 교육받고, 아는 사람이 많고, 외모가 훌륭하다면—훨씬 더 잘 살 수 있을 것이다.[29] 우리는 이러한 자원 확보에 대부분의 시간과 에너지를 투자한다. 그 자원은 단지 오늘뿐만 아니라 우리, 우리의 세상, 우리의 꿈이 오늘과는 아주 다를지 모르는 내일에도 우리가 꿈을 추구할 수 있게 해 준다. 로자는 우리의 상황을 보여 주는 이미지를 제공한다. "어떤 면에서, 우리 현대인들은 물감과 붓, 공기 상태와 빛, 캔버스와 이젤 등 자신의 재료를 향상시키는 것에 영구히 관심을 두면서 정작 정말로 그림 그리기는 시작하지 않는 화가와 닮았다."[30] 수단이 목적이 되어 버린 것이다.

적합한 또 다른 이미지가 있다. 삶의 수단이 삶의 목적이 될 때, 개는

---

28 Rosa, "Two Versions", p. 7.
29 Pierre Bourdieu, *Distinction: A Social Critique of the Judgement of Taste*, trans. Richard Nice (London: Routledge, 1984)를 보라. 『구별짓기』(새물결).
30 Rosa, "Two Versions", p. 7.

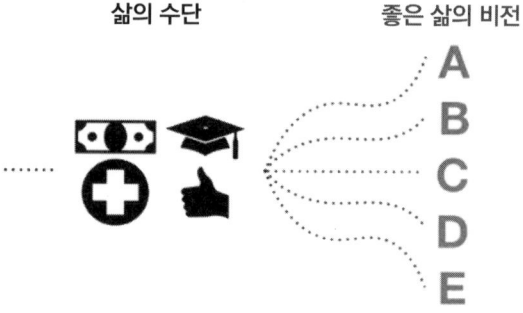

그림 1.3 번영하는 삶의 비전이 무엇이든 우리에게는 그것을 실현하는 데 요구되는 삶의 수단을 삶의 목적으로 삼는 경향이 있다.

자기 꼬리를 쫓기 시작한다.[31] 자기 꼬리를 쫓는 것만으로도 충분히 나쁜데, 다른 누구보다 더 빠르게 쫓아야만 한다는 사실은 우리를 거의 미치게 만든다. 그런데 바로 이것이 우리가 처한 상황인 것 같다. 우리가 좋은 삶을 살기 위해 필요하다고 생각하는 자원은 경쟁적 재화다. 단순히 더 많이 갖는 것이 적게 갖는 것보다 좋다는 얘기가 아니다. 우리는 더 큰 부, 더 나은 교육, 더 높은 명성, 더 훌륭한 외모 등 우리의 경쟁자들보다 더 많이 가져야 한다. 우리는 우월한 도구가 자신을 더 위대한 화가로 만들어주리라고 광적으로 믿기 때문에 다른 어떤 동료보다 더 훌륭한 도구를 갖는 데 집착하는 화가와 같다.

---

31 수단이 목적이 되는 현상에 관해서는 John Stuart Mill, "Utilitarianism", *On Liberty and Other Essays*, ed. John Gray (Oxford: Oxford University Press, 1998), pp. 170-171를 보라. 『공리주의』(책세상). 돈이 수단에서 목적이 되는 것에 관해서는 Karl Marx, "Economic and Philosophical Manuscripts", *Karl Marx: Selected Writings*, ed. David McLellan, 2nd ed. (New York: Oxford University Press, 2000), pp. 109-111. 『경제학-철학 수고』(이론과실천); Karl Marx, "The General Formula for Money", *Das Kapital: A Critique of Political Economy*, vol. 1, trans. Ben Fowkes (New York: Penguin, 1990), pp. 247-257. 『자본』(길). 또한 Thomas Aquinas, *Summa Theologiae* I-II.2.1을 보라. "부는…다른 어떤 것을 위해 구하는 것이기에…결과적으로 사람의 최종 목적이 될 수 없다." 『신학대전』(바오로딸).

현대성의 자연스러운 귀결로, 우리는 우리가 원하는 삶을 살기 위해 필요하다고 생각하는 자원을 확보하는 것을 우리의 주요 목표로(또한 정부, 시장, 과학과 기술, 교육, 심지어 종교까지 포함하는 주요 기관의 주된 목적으로) 삼았다. 자원 확보의 임무는 우리를 끊임없이 바쁘게 한다. 오늘날 우리는 이전의 어느 시기보다도 더 많이 일한다.[32] 물론 일만 하는 것은 아니다. 삶의 즐거움도 누린다. 많은 이에게, 바로 이런 즐거움이야말로 일과 삶 자체의 목적이다. 그러나 즐거움이 우리의 목표가 될 때, 우리는 니체의 "말인"(末人, last men, '초인'으로 번역되는 독일어 Übermensch에 대응하는 Der letzte Mensch―옮긴이), 즉 "우리 자신을 인간성의 척도라 여기면서도, 모든 위대한 분투에는 싫증을 느끼고 안락과 안전에 집착하며, 하찮은 꿈을 꾸고 노골적인 쾌락을 즐기며, 바보가 될 정도로 여흥에 빠져 사는" 존재가 된다.[33] 우리가 안락보다 경쟁에 더 빠져 있다면, 향락마저도 자원으로 취급한다. 즉, 즐거움의 세련됨과 비용 면에서 경쟁하여 대부분의 비교 그룹에서 우위를 차지하면 명성이라는 자산을 늘리는 것이다. 그러나 일에서 그

---

32 온갖 노동 절약 기술이 발전했음에도 증가하는 주간 노동 시간에 관해서는 Benjamin M. Friedman, "Work and Consumption in an Era of Unbalanced Technological Advance", *Journal of Evolutionary Economics* 27, no. 2 (April 2017): pp. 217-237를 보라.

33 이 인용문은 Volf, *Flourishing*, p. 199에서 가져왔다. 거기서 이 문장은 *Thus Spoke Zarathustra*에서 니체가 서구 문명 발전의 마지막 결과가 될까 봐 두려워하는 인간 유형인 "말인"에 대한 다음의 유명한 본문을 요약하는 역할을 한다.

> 지구는 작아졌고, 그 위에서 모든 것을 작게 만드는 말인이 뛰어다닌다.…"우리는 행복을 발명했다." 말인들이 말한다. 그리고 눈을 껌벅인다.…간혹 가다 즐기는, 즐거운 꿈을 가져오는 약간의 독. 그리고 종말에는 즐거운 죽음을 가져오는 엄청난 독. 사람은 여전히 일한다. 일은 여흥의 한 형태이므로. 그러나 그 사람은 여흥이 너무 고된 것이 되지 않도록 조심한다. 그는 더 이상 가난하거나 부유해지지 않는다. 둘 다 너무 많은 노력을 요구한다. 누가 아직도 지배하기 원하는가? 누가 복종하기 원하는가? 둘 다 너무 많은 노력을 요구한다. 목자는 없고 하나의 무리뿐이다! 모든 사람이 똑같은 것을 원하고, 모든 사람이 똑같다.…"이전에는 모든 세상이 미쳐 있었다." 가장 세련된 사람들이 말한다. 그리고 눈을 껌벅인다.…사람에게는 그날 하루를 위한 작은 기쁨과 그날 밤을 위한 작은 기쁨이 있지만, 그는 건강을 염려한다. "우리는 행복을 발명했다." 말인들이 말한다. 그리고 눈을 껌벅인다. (Nietzsche, *Thus Spoke Zarathustra*, pp. 17-18)

모든 성취를 이루고 여가에서 그 모든 즐거움을 누리면서도 우리는 시들어 간다. 이런 식으로 시들어 가느라 바빠서 우리는 압제당하는 이들의 울부짖음에 귀를 닫고 지구 생태계 파괴에 눈을 감는다. 값비싼 진주에 대한 우리의 멸시는 한층 깊어진다.

사적 비용과 공적 비용

취향이 우리 삶의 방향과 삶의 자원 창출의 주된 이유를 담당하면서, 우리는 삶의 자의성이라는 은밀하게 찾아오는 의심에 취약해진다. 활동이 잦아드는 시기나 위기의 순간, 작은 악마가 우리 어깨 뒤로 다가와 일과 즐거움은 전혀 중요하지 않다고 속삭일 때, 우리는 어떻게 그것을 떨쳐 버릴 수 있는지 알지 못한다. 우리가 반드시 삶의 무의미함을 수반하는 신념에 헌신해서가 아니다. 더 나쁜 경우는, 우리가 매력적인 다른 선택지를 알지 못하고 그러한 선택지를 알아볼 수단도, 그중에서 판단할 지적·도덕적 도구도 없는 것이다. 우리가 번영하는 삶과 관련된 선택을 할 때 습관적으로 사용하는 방법은 우리에게서 더 깊은 의미가 빠져나가는 것을 거의 확실히 보장한다. 그것에 걸려 넘어져도, 우리는 어떻게 그것을 알아차리는지도 모른다.

　서서히 스며드는 무의미함은 번영하는 삶의 본질을 단순히 취향의 문제로 만들 때 치르게 되는 사적 비용이다. 공적 비용도 있다. 바로 인간의 삶이 갖는 의미와 그에 상응하는 '가치 목록'에 관한 문화적 '대화'가 결국 케이블 뉴스에서 고함치는 사람처럼 보이게 되는 것이다. 우리는 아주 긴밀하게 서로 연결되어 있고 상호 의존적인 세상의 긴급한 사안인 모든 인류와 모든 피조물을 아우르는 번영하는 삶의 비전을 진술하는 능력은커녕, 이러한 우리 삶의 가장 중요한 기획을 논리적으로 설득할—심지어 이야기할—능력조차 없다. 결과적으로, 많은 이가 공통된 인간성의 진리에 투자하지만 이를 주장하거나 이를 위한 공동의 결속을 구축하는 어떤 책임 있는 수단도 갖지 못하는 삶보다는, 성찰 없이 무른 상대주의(당신의 비전은 당신에게 참되고 나의 비전은 나에게 참되다)에 근거해 삶에서 어디에도 매이지 않는 개인주의를 선호한다.[34]

경시되는 탐구

진정으로 번영하는 삶이란 무엇이며 어떻게 성취되는가는 인간에게 주어진 가장 중요한 질문이다. 수 세기 동안 위대한 종교와 철학의 중심에 이 질문이 있었다. 현대의 삶의 방식은 우리가 보기에 적합한 대로 살도록 우리를 자유롭게 해 주는 동시에, 스스로를 위해 어떤 종류의 삶이 살 만한 가치가 있는지 늘 새롭게 답하도록 압력을 가한다. 그러나 이 동일한 현대의 삶의 방식이 번영하는 삶의 문제를 진지하게 고려하려는 우리의 의욕과 능력을 약화시킨다. 이것이 여기까지 우리가 그려 온 잿빛 그림의 빠른 요약이다. 이 그림을 완성하기 위해서는 두 개의 어두운 선을 첨가해야 한다. 이 질문을 비판적으로 살펴보고 질문에 답할 수 있도록 우리를 교육할, 그러나 더 이상 그것을 심각하게 여기지 않는 것처럼 보이는 두 기관이다.

---

[34] 인류가 집단적으로 처한 곤경에 대한 마사 누스바움의 요약은 우리의 생각과 아주 많이 공명한다. "내가 믿는 것처럼, 만약 문명의 진짜 충돌이 탐욕과 자아도취가 존중과 사랑과 싸우는, 개인의 영혼 내부에서 일어나는 충돌이라면, 모든 현대 사회는 싸움에서 빠르게 패하고 있다. 폭력과 비인간화로 이끄는 세력에게는 영양분이 공급되고, 평등과 존중의 문화로 이끄는 세력에게는 그렇지 않기 때문이다." Martha Nussbaum, *Not for Profit: Why Democracy Needs the Humanities* (Princeton: Princeton University Press, 2012), p. 143. 『학교는 시장이 아니다』(궁리).

대학과 삶의 의미

대학이 우리로서는 어떻게 벗어나야 하는지 모르는 '일과 오락의 순환 고리'의 치명적 영향력에 저항하면서 번영하는 삶의 본질을 냉철하게 탐색할 수 있는 장소일 것이라고 생각할 수 있다. 아마도 인생 초반에 있는 젊은이들은 단지 그들이 어떻게 이런저런 시도를 성공할 뿐 아니라 인생이라는 시도 자체를 '성공'할 수 있는지에 대해 지적이고 비판적으로 생각하는 법을 배울 것이다. 소크라테스까지 거슬러 올라가든 중세의 현대 대학 설립까지 거슬러 올라가든, 그 시작부터 20세기 중엽에 이르는 대부분의 역사 동안, 어쨌든 고등 교육은 의미 있는 삶, 참된 삶이라는 문제에 초점을 두었다. '대학'에 대한 미국적 개념은 거의 정확하게 삶에 관한 중요한 질문들에 대해 묻고 답할 수 있는 공간으로서 창안되었다.[35]

그러나 이 위대한 창안은 그 원래의 목적에서 많은 것을 상실했다. 우리의 대학들은, 고등 교육에 관한 앤서니 크론먼(Anthony Kronman)의 책 『교육의 종말』(*Education's End*)의 부제목에 나온 표현을 쓰자면, 대체로 "삶의 의미를 포기했다."[36] 세상 지식의 점증적 증가와 기술적 노하우 진전이 의미와 목적에 관해 진리를 추구하는 탐구보다 더 가치 있게 여겨진다. 특히 교육이 경제적인 면에서 그 가치를 정당화해야 하는 시대에는, '교육의 가치'를 어떻게 해석하든 그것이 초점을 맞추는 것은 총체적인 인간 삶의 목표와 그것을 이루기 위한 방법이 아니라―인간적이라고 부를 만한 삶의 특징이 아니라―도구적 이성과 전문 기술이다. 심지어 스탠퍼드의 "당신의 삶을 디자인하라"나 예일의 "심리학과 좋은 삶" 같이 삶을 다루

---

35 Andrew Delbanco, *College: What It Was, Is, and Should Be* (Princeton: Princeton University Press, 2014), pp. 1, 34. 『왜 대학에 가는가』(문학동네).
36 Anthony Kronman, *Education's End: Why Our Colleges and Universities Have Given Up on the Meaning of Life* (New Haven: Yale University Press, 2007).

는 과목조차, 원할 만한 가치가 있는 종류의 삶을 분별하는 것보다는 학생들로 하여금 그들이 원하는 종류의 삶을 살도록 돕는 데 관심을 둔다. 요약하면, 우리의 교육 기관은 일차적으로 학생들로 하여금 그들이 살기 원한다고 결정할 가능성이 있는 어떤 종류의 삶을 위해서든 자원을 발생시킬 수 있는 기술을 구비시키는 역할을 한다.

교회와 진정한 삶

번영하는 삶을 살펴보기 위해 더 이상 대학의 도움에 의존할 수 없다면, 교회, 회당, 모스크, 사원 같은 종교 공동체가 이 질문에 초점을 맞추어 활동하고 탐색하리라고 생각할 수 있다. 우리가 기독교 이외의 종교를 말하기란 적합하지 않기에, 우리는 교회 공동체에서 일어나는 일로 논의를 제한할 것이다. 교회는 종종 이 질문을 다룬다. 릭 워렌(Rick Warren)이 쓴 『목적이 이끄는 삶』(The Purpose-Driven Life)의 인기가 이를 증언한다.[37] 그러나 기독교 신앙조차도 주로 교육과 일에서의 성공에 대한 요구와 여가와 오락을 중심으로 형성된 문화적 습관에 의해 방향성이 결정된 삶을 관리하는 일련의 '기술'—자원!—로 사용하는 것이 점점 일반화되고 있다.

개인의 삶에서, 우리는 아침에 커피를 마시고, 약간의 운동과 스트레칭을 하고, 만일 우리가 경건한 사람이라면 성경이나 오스왈드 챔버스(Oswald Chambers)를 읽으며 잠시 경건의 시간을 갖고 난 뒤, 우리가 고백하는 신앙에 비추어서는 한 번도 생각해 보지 않은 번영하는 삶 안에 들어 있는 일들을 하기 위해 자리를 뜬다. 주일 예배는 너무 자주 그러한 에너지 촉진이나 수행력 향상, 건강한 아침 운동의 집단 버전에 지나지 않는

---

[37] 릭 워렌이 쓴 *The Purpose-Driven Life* (Grand Rapids: Zondervan, 2002)는 3천만 부 이상 팔렸고 세계에서 성경 다음으로 가장 많은 언어로 번역된 책이다.

다. 물론 많은 교회가 그것보다 훨씬 더 잘하고 있고, 더 잘하고 있는 정도만큼 그 교회는 번영하는 삶의 중요한 학교다.

번영하는 삶을 지속적으로 고찰하는 이 두 전통적 장소—고등 교육 기관과 예배의 집—에서 인간 실존에 관한 가장 중요한 질문을 탐구하는 것에 대한 관심이 줄어들고 있다. 이는 그 자체로 문화적 위기의 주된 부분을 차지하는데, 어느 정도는 이것이 다른 많은 위기를 뒷받침하거나 더 악화시키기 때문이다. 많은 사람이 그 결과로 나타나는 문화적 진공 상태를 느끼고 그것을 채우기 위해 노력하고 있다. 중요한 철학자들이 '참된 삶'이라는 문제를 다루었고, 때로 그들의 목표는 이 문제를 종교의 포로 상태에서 구출하여 철학으로, 또한 대학의 주요 관심사로 되돌리는 것이었다.[38] 심리학자들, 특히 긍정심리학과 관련된 이들도 똑같은 일을 했는데,[39] 이들은 종종 과학 지식과 도덕 판단 간의 문제적 융합을 시도했다.[40] 물론 다양한 종교 전통에 속한 종교 사상가들 역시 이 문제와 씨름하는데, 다만 오늘날 번영하는 삶의 문제가 사람들에게 제시되는 환경의 조건이 변화된 것을 거의 인식하지 못한 채 그렇게 하고 있다. 그러나 이 모든 것은 대세에 저항하고 있다. 흐름을 반전시키기 위해서는 여전히 많은 노력이 필요하다.

---

[38] Michel Foucault, *The Order of Things: An Archaeology of the Human Sciences* (New York: Random House, 1970). 『말과 사물』(민음사); Dworkin, *Religion Without God*; Kronman, *Educations' End*; Nussbaum, *Not for Profit*.

[39] Martin E. P. Seligman, Mihaly Csikszentmihalyi, "Positive Psychology: An Introduction", *American Psychologist* 55, no. 1 (2000): pp. 5-14.

[40] Tamsin Shaw, "The Psychologists Take Power", *New York Review of Books*, February 25, 2016, http://www.nybooks.com/articles/2016/02/25/the-psychologists-take-power를 보라.

신학에 대한 도전

우리는 번영하는 삶에 대해 지속적으로 진리를 추구하는 문화적 대화를 되살릴 필요가 있다. 우리는 부분적으로는 겹치고 부분적으로는 충돌하는 번영하는 삶의 비전들이 같은 공적 공간 안에 공존하는 세계화된 세상에서 살고 있다. 종교적이고 비종교적인 다양한 많은 관점을 가진 사람들이 그 대화에 참여해야 할 것이다. 기독교 신학은 그러한 목소리 중 하나가 되어야 한다. 그렇게 할 때 기독교 신학은 종교 기관과 교육 기관 모두가 참된 삶을 중심 관심사로 삼을 수 있도록 도울 수 있을 것이다.

수 세기 동안 고대 유형의 철학과 함께, 기독교 신학은 번영하는 삶의 비전을 명확하게 표현하고 가치에 대한 경쟁하는 질문들을 정리하는 서구의 지적 공간 역할을 했다. 위대한 교부 아우구스티누스(Augustine)는 '행복한 삶'의 문제를 그의 신학 중심에 두었다.[41] 이런저런 방식으로 위대한 신학자들 모두가 그렇게 했다. 그들은 자신들의 문맥에 적합한 개념들을 가지고 '하나님 나라', '풍성한 삶', '새 창조', '하나님을 보는 것', '새 예루살렘', 혹은—우리가 3장에서 주장하듯—'인간 가운데 하나님의 집'을 세우는 것을 지향하는 기독교 신앙 자체의 방향성을 되울렸다. 오늘날에도 신

---

41 아우구스티누스는 회심한 뒤 얼마 지나지 않아 *The Happy Life* [in "*The Happy Life*", "*Answer to Skeptics*", "*Divine Providence and the Problem of Evil*", "*Soliloquies*", The Fathers of the Church 5, ed. Ludwig Schopp (1948; Washington, DC: Catholic University of America Press, 2010)]를 썼다. 『행복한 삶』(분도출판사). 개러스 매슈스가 지적하듯, 이 주제는 아우구스티누스 평생의 주요 관심사로 남아 있었다. 특히 Augustine, *Confessions*, trans. Henry Chadwick (Oxford: Oxford University Press, 1991), 10.20-23. 『고백록』(경세원); Augustine, *The City of God*, books 11-22, trans. William Babcock, in *Works of Saint Augustine* I/7 (Hyde Park, NY: New City Press, 2013), 19.1-11. 『신국론』(분도출판사); Gareth Matthews, "Happiness", in *Augustine* (Malden, MA: Blackwell, 2005), p. 134를 보라. 또한 John Bussanich, "Happiness, Eudaimonism", in *Augustine through the Ages*, ed. Allan Fitzgerald (Grand Rapids: Eerdmans, 1999), pp. 413-414; Ragnar Holte, "La béatitude et le Bien suprême", *Béatitude et sagesse: saint Augustin et le problème de la fin de l'homme dans la philosophie ancienne* (Paris: Études augustinennes, 1962), pp. 207-220를 보라.

학은 취향에 이끌리며 개인화된 비성찰적 삶의 방식에 대항하고, 사람들이 그들 자신과 모든 창조세계를 위한 번영하는 삶의 강력한 비전을 명확하게 진술하고 받아들이며 추구하도록 돕기 위해 필수적으로 기여할 부분이 있다.

신학이 자기 목적에 계속 부합하고자 한다면, 신학은 기여할 수 있는 부분이 있고 또한 기여**해야 한다**. 그 목적은 예수님의 사명이 좇던 목표와 동일하다. 이 사명을 알아보는 한 가지 방법은, 예수님이 사역을 시작하신 뒤 곧바로 시험을 받으실 때 거부하신 것들을 살펴보는 것이다. 첫 번째 시험은 가장 기초적인 것이었다. 시험하는 자는 광야에서 40일간 금식하신 뒤 주리신 예수님을 조롱하며 "이 돌들로 떡덩이가 되게 하라"고 했다. 예수님은 그에 맞서 이렇게 대답하셨다.

사람이 떡으로만 살 것이 아니요.
하나님의 입으로부터 나오는 모든 말씀으로 살 것이라. (마 4:4)

여기서 예수님은 히브리 성경을 인용하고 계신다. 이 말씀은 약속받은 땅으로 들어가기 전 광야에서 40년을 떠도는 동안 이스라엘의 어린이들이 배워야 했던 주된 교훈의 요약으로 처음 그들에게 주어졌다. 떡은 광야에서 그들에게 필요한 것이었다. 그것만큼은 의심의 여지가 없었다. 꼬르륵거리는 배만큼 일관적인 그 진리를 그들은 굳이 배울 필요가 없었다. 그러나 그들에게는 "떡" 이상이 필요했고, 육체적 배고픔만큼 명백하지는 않지만 인간의 목적을 상실할 가능성과 똑같이 실제인 이 진리를 배워야 했다. 모든 인간이 그러하며, 특별히 우리 현대인들은 더욱 그러할 것이다. 우리는 우리에게 주어진 가장 큰 시험, 즉 어느 때보다 더욱 수준 높고 다양

한 '떡덩이'를 창조하고 즐기는 것을 우리 삶의 주된 목표이자 주요 기관의 중심 목적으로 삼는다.[42]

떡으로만 살 때 우리의 인간성은 좌절된다. 우리의 신학이 좋은 삶에 대한 강력한 대안적 비전을 제공하지 않을 때 신학은 그 목적을 위반한 것이다. 이것이 오늘날 학문적 신학의 비극이다. 우리의 삶에서 가장 긴급한 질문에 응답하고 공동선에 기여하는 일에 가장 절실하게 필요한 순간, 신학의 도구는 먼지가 덮이고—심지어 특히 그것을 날카롭게 유지할 책임을 맡은 이들에 의해—방치된 채 구석에 쌓여 있다. 신학은 위기에 빠져 있으며, 대체로 그것은 예수 그리스도 안에서 드러난 하나님의 계시에 비추어 번영하는 삶의 강력한 비전을 분별하고 명확히 진술하며 권하기를 돕는다는 목적을 잊어버리고 주눅 들어 있기 때문이다.

---

[42] Miroslav Volf, "What Will Save the World? Caring for the World We Cannot Save", *A Calling to Care*, ed. T. W. Herrman (Abilene, TX: Abilene Christian University Press, 2018)을 보라.

2장
신학의 위기

처음부터 두 가지는 분명히 해 두자. 첫째, 우리는 여기서 서구 유형의 학문적 기독교 신학, 즉 고등 교육 기관에서 이루어지며 전문적 길드와 학점 기관이 인정하는 평가 기준에 따르는 학문적 신학에 대해 논한다. 보다 일반적인 기독교 신학에 대해 논하는 것이 아니다. 예를 들면, '우발적 신학'은 학문적 신학보다 상황이 더 나을 수도 있다.¹ 그리고 세계 다른 지역에서는(예를 들어, 중국이나 사하라 이남 아프리카) 학문적 신학이 번영하고 있는지도 모른다.

둘째, 우리는 '신학'이라는 용어를 성서학에서 교회사, 윤리학에서 목회학에 이르는, 전통적으로 신학부 내의 모든 학문을 아우르는 광범위한 의미로 사용한다. 이 용어를 조직신학에만 국한하지 않는다. 오늘날 많은 사람이 이 모든 학문 분과를 '신학'으로 인식하지는 않는다. 특히, 신학부에서 가르치는 역사학자들은 종종 신학자로 불리기를 거부한다.² 어떤 면에

---

1 '우발적 신학자들'에 대해서는 이 책 1장을 보라.
2 우리가 보듯, 모든 역사학자가 신학자는 아니지만, 누구도 단지 역사학자라는 이유로 신학자가 될 수 없는 것은 아니다. 두 용어는 종종 상호 배타적으로 경험되지만 꼭 그럴 필요는 없다. 일부 역사학자의 주장에도 불구하고, 우리는 '신학'이라는 단어를 교회사를 공부하는 양

서 우리는 그들의 감수성을 공유한다. 신학대학이나 신학교에서 이루어지는 모든 연구가 신학적인 것은 아니며 그래야 하는 것도 아니다. 역사학자는(이 점에 대해서는 사회학자도) 역사학자와 사회학자로서 신학에 중요하며, 신학 기관에서 직장을 구할 수도 있다. 동시에, 모든 전통적 신학 분과의 연구는 신학적일 수 있고 사실 많은 경우 그래야 한다. 바로 이 두 번째 주장과 관련된 쟁점이 우리가 생각하기로 학문적 신학이 처한 위기의 일부다.

신학의 위기는 두 가지 측면, 즉 외적이고 내적인 측면을 갖는다. 내적 위기가 훨씬 더 중요하지만 우리에게는 외적 위기가 더 익숙하다. 외적 위기에서 시작해 보자. 분명히 해 두자면, 외적 위기의 많은 부분은 단순히 외적인 사회적·경제적·문화적 변화로 나타난 결과다. 그러나 이러한 외부의 압력은 그 자체로 건강하지 않은 신학 **내부의** 상태가 드러나게 한다. 그리고 이러한 내적 무질서의 일부가 외적 요인을 강화하고, 이는 다시 신학이 스스로를 주변화하는 것을 돕는 피드백의 순환을 부추긴다. 우리는 미국 내 동향에 좀 더 친숙하므로 미국의 상황에 기초해 논할 것이다. 미국과 여타 후기 현대의 문맥 사이에는 중요한 차이가 존재하지만, 우리가 서술하는 역학의 많은 부분은 서구 현대 사회의 일반적 특징이기에 우리는 우리가 말하는 내용 대부분이 그러한 다른 문맥 내에 존재하는 신학의 곤궁도 설명해 준다고 추정한다.

식을 지칭할 때도 사용한다. 유사하게, 우리에게 어떤 '젊은 신학자'는 성서학회(Society of Biblical Literature) 회원임에도 신구약중간기 문헌학자일 수 있다. 위기에 빠진 것은 바로 이런 광의의 개념으로 이해된 '신학'이며, 그 위기는 부분적으로 학문적 분열 때문이다.

외적 위기

줄어드는 직업 시장

요즘 젊은 신학자가 둘 이상 모이면 하나님이나 하나님이 세상과 맺으시는 관계, 세상이 하나님과 맺는 관계만큼이나 일자리 부족과 부당한 급여에 대해 이야기한다. 이를 두고 그들이 신학적 소명을 삶으로 살아 내는 데 실패했다고 여길 수도 있겠지만, 한편으로는 그들을 이해할 수 있다. 그들은 빠르게 줄어드는 직업 시장에 직면해 살아남고 빚을 갚아야 한다.

학문적 신학자들을 위한 직업 시장은 학문적으로 훈련된 목회자를 필요로 하는 직업 시장과 긴밀하게 연결되어 있다. 대부분의 주요 교단은 여전히 목회자 후보생들에게 학문적 훈련을 요구한다. 그러나 그러한 교단은 감소하는 교인 수와 함께 줄어들고 있으며, 실제로 신학교에서 훈련받은 목회자를 고용할 재정적 수단을 상실한 상태다. 반면, 역동적이고 성장하는 많은 교회에서는 학문적으로 훈련된 목회자가 필요하다고 생각하지 않는다.[3] 그들은 신학자와 신학자가 제공하는 교육을 기껏해야 쓸모없고 최악의 경우 해롭다고 본다.[4] 큰 규모의 지역 교회 중 많은 수가 교구 학교나 교회 내 훈련 프로그램, 단순히 수습제를 통해 목회자들을 내부에서 훈련시킨다.[5] 경우에 따라 그러한 훈련 프로그램에서 고급 학위를 가진 신학자

---

3 "전통적으로 신학교 학위를 요구하던 교회들은 대체로, 교인수가 급격하게 감소하고 있는 교단과 일치한다." Justo L. González, *The History of Theological Education* (Nashville: Abingdon, 2015), p. x. 『신학 교육의 역사』(부흥과개혁사).
4 이를 뒷받침하는 예화로, 어떤 나이 든 복음주의자가 '세미너리'(seminary, 신학교)를 제대로 발음하면 '세메터리'(cemetery, 공동묘지)임을 알게 되었다고 한다. 신앙이 죽으러 가는 곳이라는 말이다.
5 릴리 재단(Lilly Endowment)의 Insights into Religion에서는 이렇게 언급한다. "목회자나 평신도 지도자를 종종 신학교에 보내는 대신 직원들의 필요를 충족시키는 전문 교육 프로그램을 신설…[하거나] 자체적인 신학교를 시작하는 초대형 교회들 때문에 신학교는 도전받고 있다"("Theological Education Rebounds, but Fewer Students Enroll", http://

를 고용하기도 하지만, 오늘날 학문 기관에서 지배적이거나 관련 전문 길드에서 선호하는 관심사와 훈련 유형을 가진 사람을 뽑지는 않는다.

학문적으로 훈련받은 목사의 취업 기회가 부족한 것은 전통적 신학교와 신학대학 자체를 위기로 몰아넣는다.[6] 신학교 등록자 수는 수십 년 동안 전반적인 인구 증가율을 따라가지 못하다가, 최근 몇 년 동안에는 해마다 줄어들기 시작했다.[7] 재정 보조의 호사를 누리지 못하는 독립 신학교에서 등록자 수 감소란 곧바로 재정 위기를 의미한다.[8] 많은 자립형 신학교, 특히 주류 개신교 교단과 연계된 신학교가 문을 닫거나 상주 공간 없는 온라인 기관으로 탈바꿈하고 있다. 이는 이러한 기관들이 더 적은 수의 교

---

www.religioninsights.org/articles/theological-education-rebounds-fewer-students-enroll). 이는 초대형 교회에만 한정된 문제는 아니다. 과거 30년 동안 빠르게 성장한 많은 교단이 소속 목사에게 공식 신학 교육을 요구하지 않는다.

[6] 신학교의 현재 상태와 궤도를 염려하는 많은 목소리가 들린다. 스탠리 하우어워스는 베다니 신학교 100주년 기념식에서 "Seminaries Are in Trouble"이라는 제목으로 강연을 할 정도로 크게 염려한다. Stanley Hauerwas, *The State of the University: Academic Knowledges and the Knowledge of God* (Malden, MA: Blackwell, 2007), pp. 206-208에 나오는 appendix B를 보라.

[7] 1970년대 갑작스러운 등록자 수 급증을 경험한 뒤, 1980년대와 1990년대에 미국 신학 협회(American Theological Society)에 가입된 학교들의 등록자 수 증가는 미국 전체의 인구 증가율을 따라가지 못했고, 이러한 추세는 등록자 수 안에 점점 증가하는 시간제 학생 수가 포함되어 있으며 이들은 정규 학생에 비해 더 긴 기간 학교를 다니기 때문에 결과적으로 등록자 수를 부풀린다는 사실을 감안할 때 더욱 염려스러운 것이 되었다. 이 기관들은 2006-2010년과 2010-2014년의 보고 기간 동안 순차적으로 등록자가 **감소**했다고 보고했다. 2006년에서 2010년 사이에 5.6퍼센트, 2010년에서 2014년 사이에는 4.9퍼센트가 감소했다. American Theological Society, "2010-2011 Annual Data Tables", http://www.ats.edu/uploads/resources/institutional-data/annual-data-tables/2010-2011-annual-data-tables.pdf; American Theological Society, "2014-2015 Annual Data Table", http://www.ats.edu.uploads/resources/institutional-data/annual-data-tables/2014-2015-annual-data-tables.pdf를 보라.

[8] *Inside Higher Ed*에서는 2013년 루터 신학교에서 125명의 교직원 중 18명을 정리 해고하고 44명의 교수진 중 8명의 후임을 뽑지 않기로 한 것을 미국 독립 신학교의 심각한 재정 상태를 들여다보는 기회로 삼았다. Libby A. Nelson, "The Struggling Seminaries", *Inside Higher Ed*, March, 29, 2013, http://www.insidehighered.com/news/2013/03/29/luther-seminary-makes-deep-cuts-faculty-and-staff-amid-tough-times-theological. 또한 G. Jeffrey MacDonald, "Seminaries Face Financial Woes", *USA Today*, March 17, 2009, http://usatoday30.usatoday.com/news/religion/2009-03-17-seminaries_N.htm을 보라.

수를 고용하고, 고용할 경우에도—1년에 열 과목 이상 가르치기를 마다하지 않는 이상 생활 임금 이하가 확실한—최소 비용이 드는 겸임 교수를 자주 뽑을 것이라는 의미다.⁹ 십 년 동안의 고급 학위 과정을 마친 신학자들의 전문 지식이 헐값에 팔리는 것이다.¹⁰

대학의 일자리 전망은 교단 신학교나 독립 신학교보다 그다지 밝지 않다. 전반적으로, 인문학 박사 학위 소지자는 냉혹한 직업 시장을 마주하고 있다.¹¹ 학문적 신학자들은 경제적 곤궁을—또한 뒤에서 논하겠지만 지적 곤궁도—공유한다. 기독교 정신에 입각한 수많은 대학이 축소되고 있고, 여전히 기독교 정신을 견지하는 학교조차 종종 타종교 및 종교 간 관계를 다루는 과목 개설을 위해 넓은 의미의 기독교 신학 필수 과목 수를 줄여야 하는 압박을 받고 있다.¹² 지금까지 언급한 세 가지 이유—학문적으로 훈련받은 성직자를 필요로 하는 교회의 수요 감소, 신학교의 폐교나 온라인 교육 기관으로의 전환, 대학 내에서 신학에 대한 흥미 감소—모두로 인해 다

---

9   명확하게 하자면, 신학대는 사실 겸임 교수 고용률 면에서는 고등 교육을 마친 비신학 전공자 동료들보다 낫긴 하지만, 여전히 문제는 심각하고 특히 겸임 교수직의 쳇바퀴에 묶여 있는 이들은 이를 극심하게 느낀다.
10 조교수의 평균 연봉은 56,340달러(약 6,500만원)이고(ATS Annual Data Tables for 2014-2015의 table 3.3을 보라. http://www.ats.edu/uploads/resources/institutional-data/annual-data/tables/2014-2015-annual-data-tables.pdf). 이 중 종신교수직을 확보하는 사람은 아주 운이 좋은 경우다. (수업 준비, 채점, 근무 시간 등을 포함하여) 실질적으로 시간당 20달러(약 23,000원) 미만을 받는, 그 수가 증가하고 있는 겸임 교수의 경우 그들의 신학적 전문 지식이 평가 절하되고 있음은 특히 자명하다.
11 미국 국립 과학 재단(National Science Foundation)의 보고서에 따르면, 2011년에 새로 인문학 박사 학위를 받은 사람 중 오직 57퍼센트만이 "고용이나 박사 후 연구에 대한 확실한 약속"을 받았으며, 이는 전체 분야의 평균 66퍼센트—그 자체로도 전년과 비교해 낮은 숫자—보다도 상당히 낮은 숫자다(http://www.nsf.gov/statistics/2018/nsf18304/data/tab42.pdf).
12 기독교 정신에 입각한 대학들의 역사와 그 대학들로 하여금 그들의 정체성에서 그러한 정신을 제거하도록 몰아가는 힘에 대해서는 George Marsden, *The Soul of the American University* (New York: Oxford University Press, 1994)를 보라. 교단으로 구분되는 기독교 대학들의 신입생과 관련해 동일한 추세에 대한 논의는 James Burtchaell, *The Dying of the Light: The Disengagement of Colleges and Universities from Their Christian Churches* (Grand Rapids: Eerdmans, 1998)를 보라.

양한 신학 분과의 박사 학위 소지자를 위한 직업 시장이 줄어들고 있다.

줄어드는 청중

신학자들은 직업을 구하는 데서만 어려움을 겪고 있는 게 아니다. 운 좋게 취업에 성공한 이들도 점점 **청중**을 잃어 가고 있다. 기독교 신앙 공동체는 신학자들의 전통적 청중이었다. 적어도 대중적 형식을 띤 학문적 신학을 위한 청중이었다. 예를 들어 엄청난 인기를 끌었던 폴 틸리히(Paul Tillich)의 『존재의 용기』(The Courage to Be, 예영커뮤니케이션)처럼, 신학자들이 쓴 대중서가 폭넓게 읽히던 1950년대가 이를 잘 예시한다.¹³ 오늘날, 교인 중 학문적 신학과 관련된 책을 읽는 이들의 수는 미미하다. 이유는 많다. 그중 일부는 출판의 경제성 및 지식 보급 기술과 상관있다.¹⁴ 다른 이유는 보다 일반적인 독서 습관의 변화나, 일반인의 교양 수준과 특정 세부 분야의 지식 발전 사이의 계속 커지는 격차와 관련이 있다. 학계 전체적으로, 중요한 학문적 발견을 보다 폭넓은 청중에 전달하는 데 어려움을 겪는다. 그러나 신학자들이 청중을 잃은 것은 대체적으로 학문적 신학 자체의 성격과도 상관있으며 이것이 우리가 앞으로 다룰 주제다. 여기서는 신앙 공동체

---

13   The Courage to Be가 1995년 뉴욕 공공도서관의 "세기의 책" 목록에 포함되었다는 사실이 이 책의 영향력과 광범위한 독자층의 증거다. 그 이후 신학이 쇠퇴했음을 보여 주는 증거는 그 목록에서 가장 최근 출간된 신학 작품이 The Courage to Be (1952)였다는 사실이다. 목록에서 "정신과 영혼" 부문에 포함된 최근의 다른 네 출간물의 저자는 소설가(Ken Kesey, One Flew over the Cuckoo's Nest, 1962, 『뻐꾸기 둥지 위로 날아간 새』, 민음사), 심리학자(Timothy Leary, The Politics of Ecstasy, 1968), 정신의학자(Elisabeth Kübler-Ross, On Death and Dying, 1969, 『죽음과 죽어감』, 청미), 정신분석학자(Bruno Bettelheim, The Uses of Enchantment, 1976, 『옛이야기의 매력』, 시공주니어)였다. Elizabeth Diefendorf, The New York Public Library's Books of the Century (New York: Oxford University Press, 1997).
14   책들은 점점 더 예정된 독자층을 위해 쓰이고 팔린다. 출판업자들은 표적 마케팅에 관여하고, 특정 청중으로부터 돈을 벌어들일 수 있음을 안다면 더 넓은 독자층을 얻으려 하지 않는다. '두터운 지지층 없이는 책 출간 없음' 정책이 신학자들이 더 넓은 청중과 교류할 수 있는 기회를 가로막는다.

가 신학에 흥미를 잃은 것은 단지 신학의 위기를 가리키는 하나의 지표임을 지적하고자 한다.

어쩌면 과거에도 평신도가 신학 서적을 많이 읽는 경우는 없었을지 모른다. 아우구스티누스나 토마스 아퀴나스(Thomas Aquinas), 프리드리히 슐라이어마허(Friedrich Schleiermacher), 루돌프 불트만이 살았던 시대의 평신도들도 『삼위일체론』(*On the Trinity*, 분도출판사)이나 『신학대전』(*Summa Theologiae*, 바오로딸), 『기독교신앙』(*The Christian Faith*, 한길사), 『신약성서신학』(*Theology of the New Testament*, 성광문화사)을 읽었을 것 같지는 않다. 그러나 수 세기에 걸쳐 신앙 공동체 내의 작은 구획―성직자 그룹―에서는 학문적 신학자들의 연구를, 보다 전문적인 연구와 그 대중적 버전 둘 다로 읽었다. 하지만 이제는 그런 책을 읽는 것이 대체로 자신들의 일과 상관없다고 생각하면서 더 이상 읽지 않는다.[15] 분명 일의 성격이 변한 것이 그 부분적 이유다. '학식 있는 목사'의 시대는 지나간 것처럼 보인다. 많은 목회자가 신학적 안내자보다 교회의 기관 운영자에 더 가깝다. 이에 상응하여 많은 이가 학문적 신학 연구보다 경영('리더십') 관련서를 읽는다. 교인들의 감수성과 관심사를 반영하여, 목회자들은 신학 논문보다 대중 심리학이나 대중 사회 비판에 관한 책을 더 자주 참고한다.

학문적 신학자들은 그들 나름대로 이러한 상황을 되갚는다. 혹은 이 불행한 교환을 몰아가는 것은 결국 그들 자신일지도 모른다. 주목할 만한 예외도 있지만(실천신학의 상당 부분이 이에 해당한다), 우리 학문적 신학자들

---

15 2001-2005년 미국에서 전국 목사 연구의 일환으로, 잭슨 캐럴과 베키 맥밀란(Becky McMillan)은 목사들에게 목사로서의 일과 관련해 가장 많이 읽는 세 저자를 물었다. 캐럴과 맥밀란은 조사에 참여한 네 교단 전통 각각에서 상위 10위까지 순위를 정리했다. 이 네 순위표에 걸쳐 포함된 27명의 고유한 저자 가운데 단지 **여섯** 명만이 학문적 신학자였다. Jackson W. Carroll, *God's Potters: Pastoral Leadership and the Shaping of Congregations* (Grand Rapids: Eerdmans, 2006), p. 109.

은 평신도도 목회자도 그들의 연구와 상관있다고 여기지 않는다. 우리는 평신도나 목회자를 위해 혹은 그들을 염두에 두고 연구하거나 글을 쓰지 않고, 길드를 위해 혹은 우리가 가르치는 기관의 종신교수 임용 위원회를 위해 글을 쓴다. 신학교와 신학대학—전문적 학교로 기능하는 기관—에서 우리 신학자들은 우리의 연구는 고사하고 우리가 가르치는 것에 대해서도 성직자에게 조언 듣기를 주저할 때가 많다. 그 결과는? 우리도 성직자에게 할 말이 별로 없다.

전통적 청중을 상실한 학문적 신학은 새로운 청중을 찾았는가? 그러지 못했다. 기독교 공동체 외부의 더 넓은 대중은 학문적 신학을 존재하지 않는 것이 나을 정도로 완전히 시대와 무관한 것으로 본다. 주된 예외는 이런저런 전통적 기독교 신념이—예를 들어, 예수님이 행하셨거나 말씀하셨다는 것들이—사실이 아님을 보여 주려는 학자들의 대중적 출판물이다.[16] 파티나 비행기 안에서 자신을 신학자로 소개할 때 돌아오는 반응은, 휘둥그레진 눈 대신 종종 어리둥절한 눈으로 빤히 쳐다보는 것이다. 신학은 쓸모 있는 어떤 것도 제공하지 않는다는 것이 일반적 생각이다.

학문적 신학이 청중을 상실한 것은 신학서 출판 시장 위축에서도 볼 수 있다(물론 소통 수단의 성격이 바뀐 것도 이 문제와 깊이 관련 있긴 해도 말이다). 두 가지 예만으로도 충분할 것이다. 19세기, 그리고 20세기 대부분 동안, 독일은 신학 사상의 중심지였다. 오늘날 독일의 8천만 인구는 신학서를

---

16 예를 들어, 다음과 같은 바트 어만(Bart Ehrman)의 연구가 있다. *Forged: Writing in the Name of God—Why the Bible's Authors Are Not Who We Think They Are* (New York: HarperCollins, 2011); *Misquoting Jesus: The Story behind Who Changed the Bible and Why* (New York: HarperCollins, 2005). 『성경 왜곡의 역사』(청림출판); *The Orthodox Corruption of Scripture: The Effect of Early Christological Controversies on the Text of the New Testament* (New York: Oxford University Press, 1993); *God's Problem: How the Bible Fails to Answer Our Most Important Question—Why We Suffer* (New York: HarperOne, 2008). 『고통, 인간의 문제인가 신의 문제인가』(갈라파고스).

거의 사지 않는다. 가장 유명한 대학의 가장 저명한 교수들이 쓴 책들도 500부 이상 인쇄하지 못할 때가 많고, 인쇄된 책도 대부분은 주로 도서관 소장용으로 대학에 보내진다. 현재 대부분의 신학서가 생산되는 문화적 공간이라 할 수 있는 영어권 국가들의 경우, 영어 원어민은 3억 6천만에 이르고 영어는 세계 공용어이자 과학의 주요 언어임에도 유명 대학의 학문적 신학자가 쓴 책은 초판 1,500부 정도를 인쇄하고 2쇄는 찍지 못할 때가 많다. 보다 폭넓게 읽히는 일부 신학자도 있지만, 아마존 순위가 보여주듯 그들은 일반적이기보다는 예외적인 경우다.

문제는 단순히 신학자들이 그들의 연구를 좀 더 **다가가기 쉽게** 만들지 못한다는 게 아니다. 가장 최근의 학문적 발견을 대중화하는 일―물리학에서 심리학에 이르는 모든 부문의 학자들이 하고자 애쓰는 일―은 대중에게 신학자들이 말하는 내용이 중요함을 확실하게 인식시키지 못한다면 도움이 되지 않는다. 이미 난해하고 무의미해 보이는 것을 훌륭한 말솜씨로 쉽게 소통한들 아무 소용도 없다. 어떤 사람들은 학문적 신학자들의 연구에 대한 관심 감소를 서구의 세속화를 들어 설명하려 할 것이다. 하지만 그게 아니다. 결국, 세속화는 지난 반세기 동안 그다지 진전되지 않았고, 물론 학문적 신학에 대한 광범위한 무관심을 설명해 줄 만큼 혹은 예상했던 것만큼 진전되지도 않았다.[17] 사람들은 그저 더 이상 신학서에서 삶의 커다란 질문들에 대한 답을 구하지 않는다. 이 질문들이 제기되고 그에 대한 답이 제시되는 곳이 있다면, 그곳은 대중 심리학과 자기 계발서일 것이다. 물론 기독교 신학에는 반세기 전보다 훨씬 더 많은 경쟁자가 있다. 심리학자, 인지과학자, 생물학자, 법학자 등 온갖 종류의 지성뿐만 아니라

---

17 Elizabeth Shakman Hurd, *The Politics of Secularism and International Relations* (Princeton: Princeton University Press, 2008), pp. 134-154.

종교적이거나 비종교적인 배경을 지닌 영감 있는 강연자들이 즐비하다. 경쟁자들이 신학을 공적 역할에서 부분적으로 몰아냈음은 의심할 여지가 없다. 그러나 의도적이든 비의도적이든, 신학자들 스스로가 학문적 존중을 회복하지 못하고 경쟁자들에게 자리를 내주었다. 잠시 후 이 점을 다시 살펴볼 것이다.

그렇다면 학문적 신학자들이 학문적 신학의 청중인가? 그렇다고 생각할 수도 있다. 그러나 여기서 말하는 학문적 신학자가 우리가 의미하는 것처럼 신학교에서 가르치고 연구하는 넓은 범위의 학자를 의미한다면 그것조차 과장된 말일 수 있다. 신학이 전문 전공 영역으로 세분되면서, 그 청중도 특정 하위 영역으로 구분되는 경향이 있고 종종 하위 영역 내 좁은 한 분야를 연구하는 이들로 국한되기도 한다. 다른 하위 영역에 있는 성서학자끼리 서로의 연구를 반드시 읽지는 않는다. 그리고 많은 조직신학자가 동료 신학자의—이사야서나 아모스서 연구는 고사하고—요한복음이나 바울 서신에 대한 학문적 연구보다는 카를 마르크스, 프리드리히 니체, 자크 데리다(Jacques Derrida), 주디스 버틀러(Judith Butler), 혹은 현재 인기 있는 지식인의 학문적 연구를 더 많이 읽는다.

줄어드는 평판

마지막으로, 신학은 학계 안팎에서 **지적 평판**을 상당히 **손실했다**. 정말로, 다른 학문 부문의 학자들은 신학에 무관심한 더 넓은 대중의 일부일 뿐이다. 이는 단순히, 보다 일반적으로 학자들이 다른 부문의 연구를 읽지 않아서가 아니다. 훨씬 더 큰 문제는 신학이 신망을 잃은 것이다. 래리 서머스(Larry Summers)는 하버드 대학교 총장이었을 때 우리 중 한 명에게 만약 오늘날 하버드 대학교가 세워진다면 신학대가 포함되지 않을 거라고 말했다. 그는 어떤 설명이나 상술도 필요 없는 것처럼 지나가듯 말했다. 더 나쁜 것은, 이 언급이 하버드 신학대학원의 학장을 구하고 있는 상황에서 나왔다는 사실이다. 서머스는 직설적으로 표현했지만, 다른 이들도—대학 행정가 못지않게 교수들도—종종 동일하게 생각하면서도 굳이 표현하지 않을 뿐이다. 신학은 무언가를 성취하는 어떠한 진정한 지식도 생산하지 않는다는 것, 신앙의 비합리성을 유통시키고 따라서 쓸모없다는 것이 일반적 인식이다.[18] 신학은 현대 대학 설립의 기초가 된 부문 가운데 하나였고, 과학의 여왕이었다. 오늘날, 많은 대학에서 이 여왕은 폐위되었다. 그렇지 않은 대학에서는 제도적 관성에 의해, 그리고 어쩌면 지나간 권력과 명성에 대한 약간의 존중으로 그 이전 영토의 가장자리 보이지 않는 곳으로 밀려났다.

이러한 위기의 다양한 조각들은 서로를 강화하면서 신학의 주변화를 심화하고 있다. 줄어드는 직업 시장은 종신 교수직 형태로 보장되는 일자리를 최우선으로 만든다. 이는 곧 야심 있는 신학자들에게 출판은 경력을 위한 자격증 문제가 된다는 의미다. 대학 출판사는 이를 잘 알고 있고, 따라서 정확하게 이런 식으로 운영되기 시작한다. 즉, 출판사라기보다는 자격증 발급 기관처럼 일하면서 신학자들이 독자를 찾을 수 있도록 도우려는 노력은 거의 하지 않는다. 얄궂게도, 지적 명성의 상실은 신학자들로 하여금 학계 내의 직업적 유효성을 더욱 쫓아가게 몰아감으로써 그들을 교회 및 더 넓은 문화 속의 잠재적 독자로부터 한층 더 소외시킨다. 줄어드는 직업 시장과 독자 상실은 서로를 강화한다. 즉, 학문적 신학자들은

---

18 신학의 비적실성으로 여겨지는 것 중 일부는, 그것이 어떤 **진정한** 지식도 생산하지 않는다는 인식에 기인한다(신학의 비합리성으로 여겨지는 문제). 또한, 현대성 안에서, 따라서 오늘날의 대학에서 도구적 합리성의 우세를 고려할 때, 그 비적실성의 일부는 신학이 어떤 **유용한** 지식도 생산하지 않는다는 인식에 기인한다(신학의 비유용성으로 여겨지는 문제).

그들이 하고 있는 것에 관심을 갖는 보다 적은 사람을 가르치고, 따라서 점점 더 적은 수의 사람이 그들이 쓴 것을 읽고 감상한다. 결과적으로, 학문 기관은 보다 적은 수의 학생을 가르치는 보다 적은 수의 신학자를 고용하고, 신학자가 주변화되는 악순환은 계속된다.

약간 과장해서 말하면, 오늘날 학문적 신학은 거의 아무도 관심을 기울이지 않는 주제에 대해 오직 동료 전공자를 위해 글을 쓰는 존경받지 못하는 학문 전공자들로 구성된다. 아마도 이것은 틀림없는 사실, 심지어 어쩔 수 없는 사실인지도 모른다. 전문 지식이 기하급수적으로 증가하는 시대 속 '나약한' 학문 부문의 운명이자, 인간의 이익을 위해 세상을 마음대로 조종하는 능력이 놀라울 정도로 증대된 실용주의 시대에 종교를 연구하는 학문의 운명인 것이다. 신학의 주변화에 대한 이 설명에는 무언가가 있다. 신학에는 화려하거나 새로운 통찰력도 없고, 왜행성 명왕성의 산맥이나 특정 암의 유전적 근거에 관한 정보 같은 것도 없다. 깜짝 놀랄 만한 새로운 도구 설계에 기여한 바도 없고, 무인 자동차나 그래핀이라는 마술적 물질 같은 것도 없다. 신학은 무엇을 제공**해야** 하는가? 일자리 상실, 청중 상실, 명성 상실이라는 신학의 외적 위기는 신학자들이 이 질문에 대답하려 할 때 말을 더듬는 것과 큰 상관이 있다. 즉, 이 외적 위기는 부분적으로 내적 위기에 기인한다.

내적 위기

학문적 신학이 그 자체의 몸에 영향을 끼치는 심각한 질병만 아니라면 외적 위기를 헤쳐 나갈 수 있을 것이다. 신학은 소명이다. 즉, 외부의 인정에 의존하지 않으며, 때때로 반대와 외관상의 비적실성 앞에서 버텨야 할 수도 있다. 그러나 목적을 잃어버린 신학은 버티기 힘들다. 그 목적이란 예수 그리스도의 인격, 삶, 가르침에 비추어 참된 삶의 비전을 비판적으로 분별하고 명확히 진술하며 권하는 것이다.[19] 이러한 목적의 상실은 오늘날 신학에 영향을 미치는 하나의 복합적 질병이다. 이 질병은 두 가지 파괴적 전략을 불러왔다. 이 두 전략은 서술적 차원과 규범적 차원이라는 신학의 두 중심적 차원과 연결되어 있고 이 둘은 서로에게 불가결하다. 첫 번째 대응 전략은 신학을 서술적 차원에서 불완전한 버전으로 축소시키고, 두 번째 전략은 신학을 규범적 차원에서 불완전한 버전으로 축소시킨다. 각 전략은 특정 신학 분과와 자연적 친밀성을 갖지만, 두 종류의 축소 모두 모든 신학 분과에서 작동하고 있는 것을 볼 수 있다. 각 전략을 차례대로 살펴보자.

'과학'으로서의 신학

첫 번째 전략은 19세기 후반 대학에서 '이상적 연구'의 우세에 대한 반응으로 서서히 발전했다. 그러한 우세 자체는 대체로 자연과학의 엄청난 명성을 반향하는 것이었고, 그들의 방법론은 과학 자체를 신뢰할 만하고 유용한 지식의 생산자로 구비시켜 주었다.[20] 그러한 지적 환경에서, 신학은 종교에 대한 과학적 연구로 전환할 수 있었고, 신학자들은 다른 많은 인문학자와 더불어 스스로를 세상에 대한 인간의 이해를 점증적으로 증가시키기 위해 노력하는, 일차적으로 지식 생산 사업에 관여하는 이들로 이해할

---

19 이러한 신학의 목적에 대해서는 이 책 3장을 보라.
20 Marsden, *Soul of the American University*, p. 153; Anthony Kronman, *Education's End: Why Our Colleges and Universities Have Given Up on the Meaning of Life* (New Haven: Yale University Press, 2007), pp. 91-136; Andrew Delbanco, *College: What It Was, Is, and Should Be* (Princeton: Princeton University Press: 2014), pp. 67-101.

수 있게 되었다.[21] 오늘날 전형적인 고등 교육을 하는 신학 기관에서는 아마도 교수진의 반 정도가 스스로를 이런저런 유형의 '역사학자'로 인식할 것이며, 여기에 거의 모든 성서학자도 포함된다는 것은 그들의 전근대 선임자들에게 틀림없이 충격일 것이다.[22] 실천신학자처럼 자신을 역사학자로 보지 않는 이들조차 점점 더 자신을 사회과학자로 본다. 우리는 현재 신학의 서술적 차원에서의 이 왜곡을, 여기서는 '과학'을 현대적 의미로 이해하면서 '과학으로서의 신학'이라 부를 것이다.

전통적으로 신학의 주제는 하나님 그리고 하나님과 관계한 다른 모든 것(토마스 아퀴나스)이나 "하나님과 우리 자신에 대한 지식"[마르틴 루터(Martin Luther)와 장 칼뱅(John Calvin)], 혹은 곧 논하게 될, 하나님의 집으로서의 세상(복음서의 용어로는 "하나님 나라")이었는데, 과학으로서의 신학에서는 그러한 전통적으로 이해된 신학의 주제가 아닌 **기독교**, 보다 넓게는 종교의 세계를 주제로 삼는다.[23] 신학의 자기 이해 전환이—하나님 혹은 하나님과 세상의 관계에서 (기독교 혹은 종교 일반이라는) 세상의 특정 부분으로,

---

21 프리드리히 슐라이어마허는 처음으로 이 전략을 실행한 사람 중 하나다. *Brief Outline of the Study of Theology as a Field of Study*에서, 그는 신학 분과를 구분하여 서술적 차원에서 가능한 한 많은 역사적 학문 분과로 틀을 잡았다. '역사적 신학'이라는 표제 아래, 그는 '석의학', '좁은 의미에서의 역사신학', '교회사'—'역사적'이라고 부르기 쉬운 학문들—뿐만 아니라 '기독교의 현재 상태에 대한 역사적 지식' 역시 포함시킨다. 심지어 교의학조차 '교회 통계학'의 자연스러운 파트너인 서술적 분과가 된다. 오직 '철학적 신학'과 '실천신학'만 '역사적 신학'의 영역에서 제외된다. Friedrich Schleiermacher, *Brief Outline of the Study of Theology as a Field of Study*, trans. Terrence Tice, 3rd ed. (Louisville: Westminster John Knox, 2011), §§69-256, pp. 31-69.
22 성서학회 회원 수(8,500명)와 미국종교학회(American Academy of Religion) 회원 수(9,500명)가 거의 비슷함을 감안할 때, 전국 단위에서는 '역사적 정체성'의 우세가 줄어든다고 할 수도 있다. 성서학회의 경우 회원 전부는 아니더라도 대부분이 이런저런 방식으로 '역사학자'라는 호칭으로 불리기를 선호하는 반면, 종교학회에서는 소수만이 이 호칭을 받아들인다고 추정할 수 있기 때문이다.
23 이 책 3장을 보라. 신학의 주제에 대한 고전적 설명은 Thomas Aquinas, *Summa Theologiae* I.1.7을 보라.

기준과 목적에서 사실과 원인으로—일어난 것이다.²⁴

분명히 하자. 기독교에 대한 지식과 이해는 언제나 신학적 노력의 중요한 **부분**이었고 앞으로도 그래야 한다. 기독교의 역동적이고 변화하는 세계—이스라엘 백성이 가진 이야기와 성스러운 텍스트라는 그 변함없는 뿌리, 고대 그리스-로마 문맥 안에서의 유대교라는 출현 배경, 시간이 지나면서 다양한 문화로 퍼지고 전해진 과정, 현재 다양한 환경 아래 존재하는 그 형태와 기능, 신념의 내적 논리, 잠재적 미래—의 모든 것이 역사, 철학, 사회학, 심리학, 종교학 등 관련 분과 학문의 도움을 받아 적절하게 연구되고 이해될 필요가 있다. 이 엄청난 지적 임무는 참되고 유용한 지식을 제공하는 냉철한 연구를 필요로 한다. 그러한 연구가 없다는 건, 단지 23억의 사람을 아우르는 한 종교에 대해 우리가 어둠 속에 머무르게 되는 게 아니다. 그러한 연구를 포기한다면 신학의 방법론 자체가 기독교 신앙을 왜곡하게 된다. 그 중심에 성육신 사건이 있는 종교를 암묵적으로 '탈육화'하기 때문이다. 그러나 신학 자체를 그러한 연구에 국한한다면, 계속해서 마치 또 하나의 과학인 양 이어 간다면, 신학은 그 방법론 자체에서 세상이 하나님의 목적에 부합하도록 돕는 성육신의 목표를 충분히 존중하지 못하고 실패할 것이다.

이러한 의미에서, 신학이 그 자체를 과학으로 여길 때 세 가지 중요한 결과가 따라온다. 첫째, 앞에서도 지적했듯 오늘날 지식의 점증적 증가는 혁신적인 학문 세분화를 통해 이루어졌고, 이 세분화는 종종 연구 주

---

24 전환의 강도는, 이제 (아마도 '대의를 위한 싸움'의 경우는 제외하고) '원인'과 '목적'이 상호 배타적인 범주라는 사실에서 자명해진다. 반면, 아리스토텔레스의 사상 체계에서 목적은 정확하게 원인의 한 유형이다(*telos* is a kind of *aitia*). Aristotle, *Metaphysics*, books 1-9, trans. Hugh Tredennick, Loeb Classical Library, ed. T. E. Page, E. Capps, and W. H. D. Rouse (London: Heinemann, 1933), 1013a-b, pp. 208-215를 보라. 『형이상학』(길).

제의 통일성에 대한 감각 상실을 의미한다. 고등 교육 기관을 부르는 이름인 '대학'(university)은 그 안에서 연구하는 학자들이 하나의 통일된 총체(a unified whole)에 어울리는 지식을 추구하고 있음을 의미하고, 정말로 신학은 정확하게 그렇게 통합하는 과학으로 기능했다. 그러나 일부 학제 간 교육과는 별개로, 오늘날의 대학들은 대체로 대부분 단일한 분과 학문 내에서 연구하는 개별 연구 센터의 집합체다.[25] 그들은 엄청난 양의 자료와 유용한 통찰을 생산하지만, 이러한 자료와 통찰은 통합되기보다 흩어지는 경향이 있다. 대학은 '지식들'을 생산하지만, 때때로 표현되듯 지식을 생산하지는 않는다.[26] 그 유일한 목적이 지식의 점증적 증가가 되는 한, 이는 신학의 경우도 마찬가지다. 그렇게 될 때, 우리 학문적 신학자들은 엄청난 양의 흥미로운 연구를 생산하지만, 때론 이런저런 신학적 '데이터'를 어떻게 하나로 통합할 수 있는지 모르고 상관조차 하지 않을 때가 많다. 그들 모두가 일관된 삶의 방식을 정확하게 설명하는 일에 어떻게 참여할 것인지는 고사하고 말이다. 어떤 학문에서는 통합성의 부재가 문제가 되지 않을 수도 있다. 신학에서는 문제가 된다.

이러한 통합성의 결핍은 신학이 지식 획득으로 축소되는 일의 두 번째 문제, 즉 규범적 문제를 다루지 못하는 무능력으로 드러난다. 과학자로서 신학자들은 무엇이 어떤지, 어떨 가능성이 높은지에 대해서는 말할 수 있지만, 무엇이 어떠해야 하는지, 미래에 우리는 무엇을 바라야 하는지에 대해서는 말할 수 없다. 이 역시 신학이 인문학 분과와 공유하는 운명

---

25 '멀티버시티'(multiversity)라는 말을 처음 사용한 캘리포니아 대학교 전 총장 클라크 커는 대학이 오직 "주차 문제에 대한 공통적 불만으로 똘똘 뭉친 일련의 개인 교수 사업가들"이 되어 버렸다는 유명한 농담을 한 바 있다. Clark Kerr, *The Uses of the University* (Cambridge, MA: Harvard University Press), p. 15. 『대학의 효용』(학지사).
26 Hauerwas, *State of the University: Academic Knowledges and the Knowledge of God*을 보라.

으로, 인문학도 신학처럼 인간 삶의 '커다란 질문들'을 다룰 수 있는 능력을, 과학자가 지배하는 지적 환경에서의 학문적 신뢰성과 맞바꾸었다.[27] 삶의 커다란 질문들은 그 전통적 고향인 신학과 신학 이후 새로운 거주지였던 19세기 인문학 둘 모두를 거부한 뒤 이제 학계 전체에서 거의 사라졌다.[28] 전통적으로 그러한 질문들은 신학적 활동의 유일한 차원은 아니더라도 중심적 차원이었다.[29] 스스로를 지식의 점증적 증가와 기독교 이해에 기여하는 존재로 보는 신학자는 실용적 지혜나 규범적 판단, 기독교적 신념과 실천에 대해 제안하기를 꺼린다. 그럴 만한 것이, 신학을 지식 획득으로 축소시킬 때 그에 수반되는 방법론적 제한은 실용적 지혜와 규범적 판단을 위한 여지를 남겨 놓지 않기 때문이다.[30] 신학자들이 그런 것을 제공

---

27 Paula M. Cooey, "The Place of Academic Theology in the Study of Religion from the Perspective of Liberal Education", *Religious Studies, Theology, and the University: Conflicting Maps, Changing Terrain*, ed. Linell E. Cady and Delwin Brown (Albany: SUNY Press, 2002), p. 179.
28 커다란 질문들의 새로운 거주지로서의 인문학을 언급할 때 우리가 의미하는 것은, 신학의 부재 속에서 세속 인문주의 형태로 삶의 커다란 질문들을 끈질기게 탐구하던 시대다. Kronman, *Education's End*, pp. 74-90.
29 마르틴 루터는 로마서 8장의 "피조물이 고대하는 바"라는 표현에 주석을 달면서, 당시 철학자들과 형이상학자들이 창조세계에 대해 말하는 방식, 즉 '지금의 것'에 관한 질문만을 다루고 '여전히 미래의 일인 것'에는 관심을 기울이지 않는 태도와 거리를 두었다. 그는 그들을 "건축업자가 하는 일에 합류하여 그가 목재와 기둥을 자르고 깎고 측량하는 것에는 경탄하면서도 이 모든 노력을 통해 그 건축업자가 최종적으로 만들려는 것에는 관심을 두지 않은 채, 어리석게도 그저 이런 일들에 만족하고 입을 다무는 사람"에 비유했다. 루터 시대의 철학자들과 형이상학자들은 오직 세상의 '역학'만을 주제로 삼고 그 최종 목적은 다루지 않는다. 그리고 세상이 고통 중에 있기 때문에 그들은 "슬픈 피조 세계로부터 행복한 과학을 끌어낸다." Martin Luther, *Lectures of Romans*, in *Luther's Works* (St. Louis: Concordia, 1972), 25: pp. 361-362. 그는 단지 과거와 현재만을 설명하지 않고 미래에 대해 규범적으로 말하는 것, 또한 우리가 소망할 수 있고 바라야 하는 것을 분명하게 서술하는 것이 신학자들의 연구에서 필수라고 믿었다.
30 물론 엄격하게 말해, 신학을 지식 획득으로 축소하는 것이 가능하다는 것은 아니다. 모든 신학 연구(정말로 모든 인문학적 탐구)는 언제나 규범적 관심사를 갖는다. 세상의 본질과 그 안에서 우리의 위치에 대해 주장을 펼친다. 모더니즘이 신학을 '과학'으로 축소하는 것은 규범적 관심사를 감추기는 해도 제거하지는 않는다. 따라서 모더니즘이 '객관성'을 주장하는 것은 표리부동하다. (이 표리부동함은 학계 내의 신학 비판자에게도 적용되며, 이는 학문의 실존적 불안을 살찌움으로써 신학자들이 자신들의 영역을 '객관적 설명'으로 축소하고 싶어

하려고 하면 결국 학자보다는 아마추어로서 하게 되고, 그 생산물의 질은 종종 아마추어 같은 상태를 드러낸다.

셋째, 초점을 세상에 관한 지식 증가에 맞출 때 그 중심에는 잘못된 연구 대상과 잘못된 연구 목적이 놓인다. 이것이 신학이 신학**의 자격으로** 정말 중요하게 관심을 갖는 연구의 대상과 목적이 아니라는 게 아니라, 다른 중요한 분과 학문(혹은 보다 정확하게는, 일련의 하위 분과 학문), 즉 종교학의 대상과 목적이라는 것이다.[31] 예일 신학대학원의 교훈인 (인간의 근원, 모델, 제일의 목적이신) "하나님을 아는 지식과 그분을 향한 사랑을 기르는 것"은 하나의 학문 분과로서 신학의 고전적인 자기 이해를 명료하고 정확하게 표현한다. 그러나 이는 기독교에 대한 지식의 점증적 증대를 주요 목적으로 삼는 학자들의 자기 이해와 쉽게 충돌한다. 그들은 하나님에 대한 **고백된** 지식과 사랑 및 그러한 하나님에 대한 지식과 사랑이 개인과 사회에 미치는 **효과**에 대한 지식을 조성할 수 있지만, 우선 그들의 직업적 권위를 벗어던지기 전에는 **하나님**에 대한 지식과 사랑을 조성하지 못한다. 신학의 목적을 지식의 점증적 증대로 축소하는 것은, 이 책에서 우리가 제안하는 신학에 대한 수정된 고전적 해석, 곧 신학 연구의 본질적 핵심은 인간들 가운데 거하시기 위해 오신 하나님이신 예수 그리스도의 이야기 안에 새겨진 변영하는 삶의 비전을 비판적으로 살펴보고 명확하게 진술하며 권하는 것이라는 해석과도 양립할 수 없다. 오직 서술적 방식으로만 이루어지는 신학은 그 목적의 핵심적 차원을 놓치고 이 시대의 중심적 도전, 즉

하도록 몰아간다. 피드백의 악순환이다.)

31   이러한 신학과 종교학 간의 중요한 관계를 이해하는 방식에 대해서는 David F. Ford, "Theology and Religious Studies at the Turn of the Millennium: Reconceiving the Field", *Teaching Theology and Religion* 1, no. 1 (1998): pp. 4-12; Cooey, "Place of Academic Theology", pp. 172-186를 보라.

지적 성실함을 가지고 진정으로 번영하는 삶의 형태를 분별하는 일을 감당하지 못한다.

규범성 왜곡

신학을 '과학'으로 축소하는 것이 내적 위기에 대처하기 위해 발전한 유일한 전략은 아니다. 건설적 학문은 스스로를 단순히 학문적 지식의 생산자로 보고 싶어 하지 않으며, (우리 자신을 포함하여) 많은 신학자가 여전히 규범적인 지적 노력으로서 신학을 추구한다. 그러나 그들의 노력은 종종 내용과 효과 면에서 무력하다. 사람들이 때로 불평하듯 신학자들이 실제 삶과는 동떨어진 것처럼 보이는 불가해한 주제에 대해 논쟁하기를 좋아하는 것이 쟁점이 아니다.[32] 그럴 수도 있지만, 신학자의 규범적 관여를 가로막는 더 중요한 문제가 있다. 바로 (보수 진영의 입장에서는) 과거에 대한 향수와 가장 처음 것으로 돌아가려는 노력, 그리고 (진보 진영의 입장에서는) 의심과

---

32   핀 끝에서 얼마나 많은 천사가 춤을 출 수 있느냐는 유명한 질문은 하나의 캐리커처로, 제대로 이해하고자 시간을 들이지 않았기에 그 논쟁을 제대로 음미할 수 없는 이들에게만 우습게 보인다. 토마스 아퀴나스 같은 신학자에게 이러한 질문은 아주 중요했으며, 그는 이 전설적인 문제의 다른 버전인 "여러 명의 천사가 동일한 장소에 동시에 존재할 수 있는가?" 같은 **질문들**에 대해 사색하기를 즐겼다(*Summa Theologiae* I.52.3). 토마스는 천사가 형태는 있으나 물질은 가지지 않은 비물질적 존재라고 주장하는데, 이러한 단언은 그의 형이상학에서 몇 가지 가장 근본적인 교리로 이어진다. 그는 천사들이 어떻게 너비 없이 위치를 가질 수 있는지 설명해야 한다. 그가 이를 설명할 수 있다는 것은 앞에서 제기된 문제에 대한 답이 자명하다는 의미다. 즉, 핀 끝에는 잠재적으로 **무한한** 숫자의 천사가 있을 수 있다! 이것은 단지 중요한 형이상학적 설명만이 아니다(분명히 그렇기도 하지만 말이다). 즉, 토마스에게 천사는 한 장소에 인간 혹은 하나님과는 다른 방식으로 존재한다). 이 문제는 천사가 어떻게 우리 앞에 나타날 수 있는지를 설명하기 위해서도 아주 중요하다. *Summa Theologiae* I.52.1의 "Sed contra", 즉 "천사는 장소에 존재하는가 그렇지 않은가?"는 도미니코 수도회 성무일도의 저녁 기도 예배에서 끌어온 것이다. "**반면**, 기도문에는 이렇게 나온다. '여기에 거하는 주의 거룩한 천사들이 우리를 평화롭게 지키게 하소서.'" 이 기도문은 오늘날 전 세계적으로 셀 수 없이 많은 그리스도인이 계속해서 사용하고 있다. 따라서 비물질적 존재인 천사들이 그럼에도 어떻게 **우리와 함께 거할** 수 있는지에 대한 토마스의 주의 깊은 고찰은 오직 **외견상으로만** 제자도의 삶과 무관하다. [이 각주 작성을 도와준 저스틴 크리스프(Justin Crisp)에게 큰 감사를 전한다.]

끝없는 비판이다.

보수 계열의 많은 신학자는 향수에 젖어 과거의 신념과 생활 방식에 집착한다. 마치 그들의 경건한 선조들의 믿음, 실천, 문화적 풍습이 천국에 기원을 두기라도 한 것처럼 말이다. 신념에 관해서, 그들은 정신을 좀먹는 변화하는 환경, 바뀐 문화적 감수성, 새로운 지식에 맞서 "성도들이 단번에 받은 그 믿음"(유 3절)을 지탱하는 고귀한 일에 관여하고 있다고 생각한다. 중요한 의미에서, 우리는 그들에게 동의한다. 오늘날의 세상에서 고대의 신경들과 그 성경적 근거를 재천명하는 일은 꼭 필요하고 칭찬할 만한 신학의 임무다. 이유는 간단하다. 기독교 신앙은 확실한 계시, 무엇보다 예수 그리스도 안에서 육신이 되신 말씀에 근거하기 때문이다. 그러나 마치 동일한 것이 모든 시대와 모든 장소에서 필요하다거나 동일한 표현 형식은 다른 시대와 다른 장소에서 사용해도 동일한 것을 의미한다는 듯, 단순히 과거의 신앙적 표현을 반복하고 끈질기게 변호하여 신학을 축소시킨다면 신학은 하찮게 된다. 또한 이미 결정된 교리적 입장을 '발견'하고 확증하기 위해 모든 힘을—석의학과 역사학뿐만 아니라 철학적 신학, 도덕신학, 실천신학까지—결집시킬 때, 우리는 진리를 향한 탐구를 포기하게 된다. 이런 식으로 진리에 대한 우리의 헌신을 타협하는 것은 작은 일이 아니다. 사실, 그렇게 할 때 우리는 그리스도인이자 책임감 있는 신학자인 우리 자신을 망가뜨리고, 신용할 만한 학문 분과인 신학의 기반을 약화시킨다.

향수에 젖어 과거의 신앙 진술을 변호하는 자세는, 과거의 문화적 형식을 똑같이 '변호하는' 자세와 관련 있다. 그때 우리는 삶의 다양한 영역에서 기독교적 가치가 소멸했다는 한탄을, 더 광범위하게는 온 나라 혹은 심지어 대륙 전체가 기독교적 성격을 상실했다는 한탄을 듣는다. 이러한 관행은 문화와 문명의 쇠락에 대한 묵시적 서사를 먹고 자랄뿐더러, 신앙을 이해하고 신학을 할 때 '죄/구속' 중심축으로 돌아가는 후기개혁주의 신학이 부적절하게 지배한 영향도 받는다. 문제는 대체로 기독교의 영향을 받았던 문화의 급격한 변화 안에서 중요한 도덕적 상실이 일어났는가 아닌가가 아니다. 도덕적 상실은 일어났다. 얻은 것도 있지만 말이다. 시간을 거꾸로 흐르게 하기란 불가능하며, 비판과 회개 촉구는 기독교가 더 넓은 문화에 관여하는, 중요하긴 해도 부수적인 한 방법이다. 기독교 신학자로서 우리는, 국가적 회개의 선지자였던 세례 요한의 추종자가 아니라 온 세상에 좋은 소식을 가져오신 분이신 예수 그리스도의 추종자다. 도덕적 쇠퇴에 대한—그런 것이 존재하는 곳에서, 존재할 때—우리의 반응에서 핵심은, 우리를 **앞으로** 나아가게 하는 삶의 **긍정적** 비전을 분명하게 진술하는 것이어야 한다.

신학의 위기를 극복하는 것에 관해서라면, 규범적으로 관여하는 **진보 진영**의 신학자들도 전혀 나을 게 없다. 많은 이에게, 기독교 신념에는 진리에 대한 내용이 빠져 있다. 최선의 경우에도, 그들은 어떠한 바람직한 사회적 목표를 달성하기 위해 공들여 제작되고 이용되는 문화적 파워게임 안에서 움직인다. 그러한 목표 자체는 전형적으로 자유의 한계 제거, 배제와의 싸움, 고통 완화라는 현대의 세 관심사의 변주로 드러난다. 이 세 가지 관심사는 기독교 신앙에서도 중심적이다. 그러나 기독교 신앙은 이 관심사를 모든 피조물을 위한 번영하는 삶의 포괄적 비전—곧 살펴보게 될 것처럼, 세상 속 하나님의 집—안에 끼워 넣음으로써 여기에 특별한 형태를 부여한다. 비신학자들이 종종 더 나은 논증이나 더 큰 수사학적 힘을 가지고 훌륭하게 옹호하는 규범적 입장을 우리가 종교적 말투만 덧입혀서 그대로 반복할 때, 우리의 신학은 충분히 **기독교적**이지 못하다. 그리고 마땅히 그래야 하는 것만큼 진리를 드러내지도 못한다. 만일 기독교에서 주장하는 것이 (우리가 믿듯) 정말로 **진리**라면 말이다.

이제 기독교 공동체와 신학자는 동시대의 비그리스도인과 공통의 인간성과 도덕적 상황 둘 다를 공유한다. 결과적으로, 우리가 직면하는 문제는 종종 동일하고, 그에 대한 적절한 태도 역시 동일하거나 적어도 유사할 수 있다. 따라서 '외부인'으로부터 얻는 도덕적 가르침은 전혀 나쁜 것이 아니다. 지난 세기 가장 위대한 진보적 신학자 중 한 명인 폴 틸리히가 '역전된 예언자 역할' 현상을 식별하고 존중한 것은 옳았다.[33] 예를 들면, 교회는 현대 사회에서 빈곤이 발생하는 구조적 원인에 대한 내용을 배움으로써 가난한 사람들을 보살피는 것에 대한 사고방식을 개조할 필요가 있다. 이미 그렇게 한 부분이 있다면 그것은 대체로 비그리스도인에게 배움으로써 가능했다. 비그리스도인에게 배우는 것은 마땅하다. 그러나 그것이 신학자들이 말해야 하는 전부가 되어서는 안 된다. 자유, 포용, 고통 경감에 대한 현대의 관심을 다루는 어떤 연구를 읽어 보면, 과연 신학자들이 다른 이들이 이미 천명한 입장을 종교적 근거를 들어 뒷받침하고 종교인들 사이에 그러한 입장이 널리 퍼질 수 있도록 돕는 것 이외에 어떤 가치를 추가했는지 언제나 분명하지는 않다. 싸구려 복제품 생산으로 많은 회사가 문을 닫는 것은 막았을지언정, 그런 노력으로 존경을 얻지는 못한다.

그러나 문제는 단지 많은 진보적 신학자의 도덕적 관심사가 다른 인문학 분야 동료들의 관심사를 반복하는 것만이 아니다. 관심사에 대한 그들의 접근법까지 유사하다. 보수주의자들이 한탄을 좋아한다면, 진보주의자들은 비판을 즐긴다. 그들은 심문하고 정체를 폭로한다. 괴롭히고 문제 삼

---

33   Paul Tillich, *Systematic Theology* (Chicago: University of Chicago Press, 1967), 3: p. 214. 『조직신학』(한들출판사).

는다. 노출시키고 뒤집어엎는다. 비신비화하고 동요시킨다.[34] 이런 접근법을 사용하는 비신학자들만큼이나 신학자들에게도, 비판에 한계가 없을 때가 많다. 그들의 비판은 모든 것―성경 본문, 성경 인물, 오늘날의 교회와 교회사 전부, 하나님, 현대 사회의 모든 측면―에 적용되고, 멈추지 않는다.

일부 진보적 비판의 추동력은 기독교 전통 자체에서 나온다.[35] 단지 정치권력이나 종교 의례 남용에 대한 선지자적 책망에서만이 아니라, 죄는 그것이 선처럼 제시될 때, 따라서 그 자체를 경건함으로 제시하려는 책략을 꾸밀 때 가장 강력하다는 신념에서도 나온다. 그런데 근본적 차이가 있다. 오늘날의 비판은 대체로 긍정적 대안을 제시하지 않는다. 그 규범성이 반규범적이라는 말이다.[36] 과거의 선지자들과 다르게, 오늘날의 많은 신학자는 단지 비판이 아니라 몇몇 비평 비판가들이 "비판주의"(critiquiness)라 부른 일에 관여한다.[37] 누구를 위해 비판을 수행하든 긍정적 비전을 제시하는 것은 피한다. 그렇게 하면 그 긍정적 비전 역시 회귀적으로 비판의 대상이 되기 때문이다.[38] 긍정적 비전의 부재 속에서, 비판은 단순히 불평하고 타도하는 것으로 쉽게 넘어간다. 정체를 폭로하는 일은 지적 심오함

---

34 이 문단에서 우리는 Rita Felski, *The Limits of Critique* (Chicago: University of Chicago Press, 2015)에 의지했다. 또한, Elizabeth S. Anker and Rita Felski, eds., *Critique and Postcritique* (Durham, NC: Duke University Press, 2017)를 보라.

35 Simon During, "The Eighteenth-Century Origins of Critique", in Anker and Felski, *Critique and Postcritique*, pp. 74-96를 보라.

36 Felski, *Limits of Critique*, p. 9. 퀴어 이론과 신학에서 규범성과 반규범성에 대한 수준 높은 논의는 Linn Marie Tonstad, "Ambivalent Loves: Christian Theologies, Queer Theologies", *Literature & Theology* 31, no. 4 (2017): pp. 472-489를 보라.

37 *Limits of Critique* (pp. 87-88)에서, 펠스키는 크리스토퍼 캐스티글리아의 이 '영감 어린 신조어'를 사용해 이 특정한 비판 유형의 전형적 특징인 "틀림없이 혼합된 의심, 자기 확신, 분개"를 설명한다. Christopher Castiglia, "Critiquiness", *English Language Notes* 51, no. 2 (2013): pp. 79-85.

38 언제나 드러나듯, 신학자가 하든 비신학자가 하든 그러한 관여는 사실 언제나 선에 대한 비전에 기초한다. 그러나 그 비전은 분명하게 천명되거나 변호되는 법이 거의 없이 단지 가정될 뿐이다.

…로서의 신학	서술적	규범적	
과학	+	−	역사, 철학, 사회학 등의 서술적 지식. 예를 들어, 종교학으로서 신학.
옹호	−	+	흄의 "본능적인 도덕적 반응" 같은 것. 예를 들어, 지탄받을 것에 대해 불평하기, 혹은 칭찬할 것에 대해 소리 높여 이상화하기.
신학	+	+	인간의 번영에 대한 규범적 비전을 위해 봉사하는 서술적 연구.

표 2.1 서술적 측면과 규범적 측면이 생산적 긴장 관계 안에 놓여 있지 않을 때 발생하는 신학의 잘못된 구성. 신학에서 서술적 양식과 규범적 양식은 둘 다 필수다.

이라는 인상을 주고, 불평하는 일은 절제된 자기의의 값싼 전율을 느끼게 해 준다. 둘 다 빠르게 식상해지고 이루는 것은 거의 없다. 사실, 성경에서 귀신을 내쫓는 일과 관련해 경고하는 말씀이 암시하는 것처럼, 그런 일은 종종 상태를 더 악화시킨다(마 12:43-45). 세상을 변화시키기 위해서는 "나에게는 불평이 있습니다" 연설이 아니라 "나에게는 꿈이 있습니다" 연설이 필요하다. 긍정적 제안을 하는 용기 없이, 이러한 규범적인 신학적 관여 방식은 그 중심 가치인 자유를 보장하지도 못하고 무엇을 배제로, 혹은 심지어 고통으로 간주할 것인지 판별하지도 못한다. 세 관심사 모두 특정 종류의 정체성 안정, 비판이 용인될 수 없는 어떤 형태의 폐쇄를 전제한다.[39]

---

39   자유를 긍정하고 보장하기 위한 특정 종류의 폐쇄의 필요에 대해서는 Terry Eagleton, *Ideology: An Introduction* (New York: Verso, 1991), pp. 197-198를 보라. 『이데올로기 개론』(한신문화사).

> 언어 자체는 무한정으로 생산적이지만, 이 끝없는 생산성은 인위적으로 '닫히도록', 즉 이념적 안정성의 폐쇄된 세계 안으로 들어가도록 저지당할 수 있다.…말하는 주체는 자신

단순히 비판으로서 신학을 하는 것은 일관적이지 않을 뿐더러 효과적이지도 않다. 그런 양식의 신학 연구가 가져오는 전반적 효과는, 그런 신학을 하면 할수록 신학으로서 신학이 주변화된다는 것이다. 자유의 축소에, 배제에, 고통에 반대하기 위해 신학이 얼마나 필요한가? 자유, 배제, 고통, 저항에 대한 기독교적 이해에 관심 있는 사람에게는 많이 필요할 것이다. 어떤 식의 단정도 거부하고 자유, 배제, 고통은 자명**하다고** 추정하는 사람에게는 전혀 필요하지 않을 것이다. 비판의 양식으로 환원된 신학은 근본적으로 비신학적이다.

구성주의 신학의 규범적 관여가 상대방을 탈탈 털어낸다는 느낌을 주고 오직 때려눕히기로만 이루어질 때, 규범적인 도덕적 입장을 갖는 신학은 진리와 선의 문제에는 관심이 없고 단지 도구로만, 그중에서도 주로 쇠지렛대, 착암기, 파괴용 철구로만 사용된다는 의심이 그치지 않을 것이다. 아마도 신학은 예정된 철거 작업을 마치는 데에는 유용할지 모르지만(꼭 필요한 철거 작업도 분명 있다), 처음부터 어째서 무언가를 제거해야 하는지에 대해서는 적절하게 설명하지 못하며, 제거된 구조를 무엇으로 대체해야 하는지에 대해서도 실질적으로 많은 것을 말해 주지 못한다.

을 제자리에 있게 해 주는 담론적 형성을 '망각하기' 때문에, 이러한 유형의 사고를 위해 이념적 표현은 언어의 작업, 즉 이러한 일관성 있는 의미의 기저에 깔려 있고 언제나 잠재적으로 그것을 전복할 수 있는 기의 생산의 물질적 과정을 억압하는 것을 포함한다…정치적으로 말해, 이것은 기호 작용의 폐쇄 행위 자체를 '악마화하는' 경향이 있는, 주체에 대한 잠재적 자유의지론자의 이론이다…경우에 따라 그것은 그러한 의미에 대한 무정부적 의심을 무심결에 드러낸다. 그리고 '폐쇄'는 언제나 역효과를 낳는다는 잘못된 추정을 하는 것이다. 그러나 그러한 폐쇄는 모든 기호 작용의 잠정적 효과이며, 정치적으로는 제한하는 역할보다 허용하는 역할을 할 수 있다. "밤을 되찾자!"라는 말은 기호적이고 (어떤 의미에서는) 이념적 폐쇄를 포함하지만, 그 정치적 힘은 정확하게 이것에 있다…그러한 폐쇄가 정치적으로 긍정적인지 부정적인지는 담론적이고 이데올로기적인 문맥에 달려 있다…정체성의 특정한 잠정적 안정은 정신적 안녕을 위해서뿐만 아니라 혁명적 정치 행위를 위해서도 필수다.

	스스로의 묘사	실제 모습	되어야 하는 모습
보수	(순수한) 신앙의 재진술	주제 없는 새로운 진술	주제 있는(그리고 신중하게 분별된) 신앙의 새로운 진술
진보	(순수한) 부정	주제 없는 번영하는 삶의 비전에 근거한 비판	주제 있는(그리고 신중하게 분별된) 번영하는 삶의 비전에 근거한 비판

표 2.2 보수와 진보의 불충분한 규범성

우리가 보수 신학자와 진보 신학자 양쪽 모두에서 지배적으로 나타나는 이러한 규범적 관여 방식을 거부하는 것은 비관여적 신학을 옹호하기 위함이 아니다. 신학의 관여는 보다 신학적이어야 하고 동시에 보다 변화를 가져와야 한다. 존재하지 않는 잃어버린 황금시대를 반동적으로 애타게 그리워하는 것도, 긍정적 비전이라고는 찾아볼 수 없는 진보의 불평도 충분하지 않다. 세상의 부패와 불의는 보다 신학적인 반응을 요구한다. 경찰에 의해 사망하는 흑인 미국인의 증가에서부터, 집을 잃고도 어디서도 환영받지 못하는 이민자 무리, 비양심적으로 오직 이윤만 추구하는 이들에 의해 노동력을 착취당하는 노동자들의 곤경, 계속 커지는 빈부 격차까지, 이러한 사안들의 긴급성은 신학이 변화를 가져오는 정치적 관여를 지적으로 뒷받침해 줄 진정으로 번영하는 삶의 비전을 분명하게 표명할 수 있어야 할 필요를 부각시킨다.

신학의 진정한 가치

신학의 심각한 내적 위기에 비추어 볼 때, 우리 분과 학문이 중요해 보이지 않고 그 종사자들이 제대로 대우받지 못한다는 우리의 빈번한 불평은 우리 학문적 신학자들에게 되돌아올 필요가 있다. 학문적 신학의 사업적 중요성은 얼마나 되는가? 잠시 학교 행정가의 입장이 되어(혹은 이 문제에 관해, 어떤 책임감 있는 세상의 시민이나 헌신된 그리스도의 추종자라도 좋다), 비용과 이익 면에서 생각해 보자. 먼저 비용을 살펴보자. 예일 같은 학교에서, 대학원생 한 명이 박사 과정까지 마치려면 총 100만 달러(약 12억 원)에 가까운 비용 혹은 연간 약 10만 달러(약 1억 2천만 원)가 드는데, 누가 부담하든 학부 이상의 교육에 드는 모든 것이 포함된 총 비용이다.[40] 그리고 이것은 단지 훈련일 뿐이다. 즉, 그러한 전문인이 일을 시작해 그에게 실제로 돈을 지급하기 전이라는 말이다. 전임 학문적 신학자는 보험 혜택까지 포함하여 평균 연봉 9만 3천 달러(약 1억 1천만 원)를 받는다.[41] 그러면 대학원 교육부터 은퇴까지 총 비용은 대략 400만 달러(약 48억 원)가 된다. 그러면 이익은 무엇인가? 좋은 방식대로 규정해 보라. 그러한 지성에게 교육받고 그들의 글에 고취된 이들에 의해 일깨워지는 신앙? 그들의 통렬한 정치적 비판(그런 것이 있다면) 때문에 불의한 사회 구조가 무너지는 것? 기독교에 대한 지식의 점증적 증가가 갖는 가치? 신학의 내적 위기는 이러한 가치가 최선의 경우라도 불명확함을 의미한다. 오늘날 학문적 신학의 상태를 고려할 때, 세상이 왜 연간 9만 3천 달러를 받고 일하는 100만 달러짜리

---

40 이러한 수치는 현 학장 그레고리 스털링(Gregory Sterling, 2013-)과 전 학장 해럴드 애트리지(Harold Attridge, 2002-2012)가 대략적으로 추정한 값을 합친 것이다.
41 이것은 ATS에 보고하는 회원 기관의 모든 전임 교수진의 '평균 총 보수'다(American Theological Society, "2014-2015 Annual Data Tables", table 3.3, http://www.ats.edu/uploads/resources/institutional-data/annual-data-tables/2014-2015-annual-data-tables.pdf). 물론 이는 보조직과 행정 직원 임금, 도서관 및 제반 시설 비용 등을 포함하는 전체 비용이 아니며, 바로 이것이 신학자들의 훈련에 드는 비용보다 고용하는 비용이 더 싼 것처럼 보이는 이유다(위에 제시된 훈련을 위한 대략적인 추정 금액은 이러한 보조와 제반 시설 비용을 포함한다).

신학자들의 두뇌가 필요하단 말인가? 10년 동안 대학원 과정에서 학문적 신학을 배우고 그 뒤 30년 동안 일하는 것이 어떻게 막대한 돈과 시간을 낭비하는 게 아닐 수 있는가?[42] 왜 우리가 학문적 신학자들을 고용하고 임금을—심지어 **형편없는** 수준으로(점점 더 그런 것처럼)—지급해야 하는가?

물론 이러한 질문에 대한 훌륭한 답이 있다. 그러나 그러한 답은 한결같이, 학문적 신학의 자기 이해가 변화되는 것을 전제한다. 신학이 존재하는 **진짜 이유**야말로 참된 가치를 제공하는데, 그 가치는 단지 교회만을 위한 것이 아니라 세상을 위한 것이기 때문이다.

---

[42] 학문적 신학자들이 그들이 받는 돈만큼의 가치가 있는지 살펴보는 것이 어떤 신학자들에게는 부당한 일처럼 보일 수 있다. 일반적으로 그들은 제대로 보수를 받지 못한다고 불평하기 때문이다. 그러나 우리가 제공하는 이익을 보여 줄 수 없다면, 학문적 신학자들이 자원 낭비인지 아닌지 하는 문제가 제기되는 일은 피할 수 없을 것이며, 그렇게 되는 게 맞다. 신학자들이 제공하는 가치를 더 잘 설명하지 못한다면, 자신들이 합당한 보수를 받지 못한다는 불평은—우리는 정말로 그렇다고 생각한다!—순전히 자기 이익만 생각하는 것처럼 보일 것이며 설득력이 없을 것이다.

3장
신학의 갱신

신학의 위기에 맞서 우리의 삶에서 가장 중요한 질문에 관하여 진리를 추구하는 대화를 시작하고 풍성하게 만들 수 있으려면 신학을 하는 방식을 바꾸어야 한다. 우리 제안의 핵심은 신학의 목적과 관련 있다. 그 목적은 바로 예수 그리스도의 삶, 죽음, 부활, 승천, 영광 가운데 다시 오심 안에서 드러난 하나님의 자기 계시에 비추어 번영하는 삶의 비전과 그러한 삶에 이르는 길을 분별하고 분명하게 진술하며 권하는 것으로, 이러한 그리스도의 전체 이야기, 그 낮음 및 높음과 함께 진정으로 번영하는 삶의 증인이 되는 책임을 감당하는 것이다.

신학의 목적

그런데 왜 번영하는 삶이 신학의 목적이 되어야 하는가? 간단히 말하면, 기독교 신앙은 그 전부가 번영하는 삶—좋은 삶이나 참된 삶, 성경적 표현으로는 "풍성한 생명"(요 10:10)이나 "참된 생명"(딤전 6:19)—에 관한 것이기 때문이다. 기독교 신학 역시 이를 따라야 한다. 모든 신학자의 노력은 번영하는 삶이라는 포괄적 목적에 기여해야 한다.

단일한 목적의 다양한 변주

번영하는 삶을 신학의 목적으로 삼는 것이 혁신적으로 보일 수 있지만 사실 그렇지 않다. '번영하는 삶'이라는 용어 자체가 전통적으로 흔히 사용되지는 않지만, 그것이 지칭하는 실체는 어디에나 있다. 모든 위대한 기독교 신학자 역시 번영하는 삶의 기독교적 해석의 여러 버전을 제공했다고 볼 수 있다. 먼 과거부터 가장 비범한 신학자 가운데 몇 사람만 이름을 대 보면, 아우구스티누스와 고백자 막시무스(Maximus the Confessor), 아퀴나스와 보나벤투라(Bonaventura)와 노르위치의 율리아나(Julian of Norwich), 루터와 칼뱅, 그리고 슐라이어마허 등이 있다. 아우구스티누스 같은 몇몇 이들의 신학의 방향성은 명시적으로 좋은 삶에 맞추어져 있다. 루터 같은 다른 이들은 그러한 지향성이 확고함에도 암묵적이었는데, 이는 부분적으로 그들이 살았던 세상이 대체로 기독교세계로 통합되어 있었기에 주변의 다른 종류의 주장들에 맞서 참된 삶에 대한 기독교적 비전을 언제나 명확하게 설명해야 할 부담에서 자유로웠기 때문이다(비록 루터가 표명한 참된 삶에 대한 비전에서 기둥이라 할 수 있는 하나님의 무조건적 은혜는 가톨릭과 아나뱁티스트의 좋은 삶에 대한 해석뿐만 아니라 유대인 및 무슬림의 해석과도 대조되었지만 말이다). 그러나 이 신학자들 모두 예수 그리스도 안에서 드러난 하나님의 자기 계시에 뿌리를 둔 번영하는 삶의 통합된 비전을 옹호했다.

이 인물들과 연계된 각 비전은 모두 기독교적으로 설득력이 있지만, 어떤 이들의 비전은 서로에게 **경쟁** 버전으로 여겨질 만큼 큰 차이를 보이기도 한다. 토마스주의나 루터교 안의 다양한 형태가 보여 주는 것처럼, 심지어 하나의 버전 안에도 여러 변주가 있다. 즉, 번영하는 삶의 기독교적 비전의 단일한 버전 안에 여러 변주가 존재할 수 있다. 기질적 선호와 문맥의 이질성—지리, 이용 가능한 기술, 생활의 사회적 구조, 주위의 종교 및 더 넓은 문화적 풍경 등의 차이—이 종종 역할을 한다.¹ 어떤 면에서 번영하는 삶은 존재하는 인간만큼이나 다양한 버전이 있다. 우리 중 누구도 혼자만 번영하기란 불가능하지만, 우리 각자는 자신만의 고유한 방식으로 번영하기도 하고 번영하지 않기도 한다.

성경 완성 이후 시대의 기독교 신학자들이 번영하는 삶에 대한 해석상의 차이를 기독교 신앙에 처음 소개한 것은 아니다. 공관복음, 요한복음, 바울 서신이 예수 그리스도의 이야기에 서로 다른 방식으로 접근하는 데서 분명하게 드러나듯, 그러한 차이는 성경을 저술한 최초의 신학자들 가운데서도 이미 존재했다. 한편으로, 처음부터 기독교 신앙은 번영하는 삶에 관한 오직 하나의 단일한 비전이었다. 오직 한 분 예수 그리스도, 단일한 인간 안에서 육신이 되신 유일하신 하나님의 말씀이 계셨기 때문이다(요 1:14). 다른 한편으로, 그 단일한 비전은 시작부터 부분적으로 다른 방식의 말과 삶으로 표현되었다. 예수 그리스도 자신도 정해진 시간과 장소, 특정 문화와 전통 안에서 사신 것처럼 시간, 장소, 문화, 전통은 교회의 삶의 특징이기도 한다. 그리스도의 영의 권세 안에서 존재하는 교회 역시 여러 다양한 시간과 장소에서 살고 많은 언어를 사용한다(행 2:1-12). 번영하는 삶에 대한 신학적 비전의 다양성은—서로 다투는 버전들이 존재하는 것조차—원칙적으로 한계가 아니라 힘이며, 특정한 시간과 장소의 피조물

---

1 번영하는 삶의 다양한 종류는 물론 범주에 따라 구분될 수 있다. 예를 들면, 초기에 기독교 신학자들은 번영하는 삶의 두 가지 기본 종류를 인식했는데, 이는 예수님의 친구였던 마르다와 마리아 두 자매로 예시되며(눅 10:38-42), 이들은 각각 *vita activa*(활동적 삶)와 *vita contemplativa*(관조적 삶)를 상징하게 되었다. 특별히 종교개혁 이후로 기독교 신학자들은 이 각각의 삶을 특정 개인의 특정 은사와 소명에 뿌리를 둔, 번영하는 삶의 다양한 종류의 예로 보는 경향을 띠어 왔다.

인 모든 인간의 끊임없이 변화하는 삶에 뿌리내리고 있는 기독교 신앙의 필연적 결과다. 번영하는 삶의 다양성이 가져오는 유익에 대해서는 이후 '즉흥 연주' 이미지를 통해 더 살펴볼 것이다(4장을 보라).

최초의 기독교 신학자들과 수 세기에 걸친 그들의 위대한 추종자 모두를 번영하는 삶의 신학자로 보는 입장이 설득력 있다면, 여기서 우리가 제안하는 것은 정말이지 신학을 하는 새로운 방식이 아니라 옛 방식이라 할 수 있다. 단지 새로운 환경—무엇보다 도구적 이성의 지배, 사회적 다원주의, 좋은 삶의 급격한 개인화, 이 모든 상황이 기여한 '우리 실존의 진리'에 대한 문화적 관심의 쇠퇴와 그에 따른, 우리 삶에서 가장 중요한 이 질문에 대한 진리 추구 대화를 경시하는 것—때문에 새로운 음조를 띠게 되었을 뿐이다(1장을 보라). 그러나 우리 중 많은 이가 우리 자신과 세상의 미래가 그러한 질문에 걸려 있음을 감지할 만큼 표면 아래에서는 이에 대한 관심이 여전히 강하다.

신학의 목적과 주제

신학이 번영하는 삶에 기여해야 한다고 말하는 것은 신학의 **목적**에 대해 진술하는 것이다. 우리가 신학적 활동에 관여하는 것은 특정한 시간과 장소 안에서 예수 그리스도에 비추어 번영하는 삶의 비전을 분별하고 분명하게 표현하며 권하기를 바라기 때문이다. 그러나 신학이 그 목적을 성취하기 위해 초점을 맞추어야 할 **주제**는 어떤가?

신학의 주제는 번영하는 삶의 기본 성격에 달려 있을 것이다. 신학의 목적과 주제를 포함하는 신학 방법론에 관한 질문은 언제나 신학의 본질에 관한 질문과 밀접하게 관련된다. 곧 살펴보겠지만, 인간과 창조세계 전체가 번영하는 삶은 인간과 창조세계가 '하나님의 집'—창조세계가 하나님이 거하시는 곳이 됨으로써 그 본연의 모습으로 돌아가는 것에 달려 있는 존재 양식—으로서 존재하는 것이다. 이 신념이 바로 번영하는 삶을 신학의 목적으로 이해하는 방식에 대한 우리의 특정한 제안의 핵심이다. 앞에서도 지적했듯, 다른 비전들도 가능하고 타당하다.

번영에 대한 이러한 해석을 수용하고 신학의 목적이 번영하는 삶이라고 주장하는 것은 기독교 신학자들이 그들 학문의 주제를 이해해 온 두 중요한 방식이 부적절하다는 주장을 함축한다. 첫째, 우리는 하나님을 위한 신학자들임에도[2] 기독교 신학은 일차적으로 하나님에 관한 것이어서는 안 된다. 하나님의 선교는 그것이 세상과 동떨어진 하나님에 대한 것이든[교부신학의 개념에서 '테올로기아'(theologia)] 세상과 관계를 맺고 계시는 하나님에 대한 것이든[교부신학의 개념에서 '오이코노미아'(oikonomia)] 일차적으로 하나님에 대한 것이 아니기 때문이다. 이렇게 주장하는 것은 하나님이 신학의 주춧돌이 되는 주제가 아니라거나 신학이 하나님이 세상과 맺으시는 관계와 별개로 하나님의 존재 자체를 묵상하는 것과는 전혀 상관없는 일이라고 말하는 것이 분명히 **아니다**. 둘째, 기독교 신학은 일차적으로 하나님이 세상과 맺으시는 구속적 관계에 관한 것이 되어서는 안 된다. 여기서 말하는 구속이 죄 용서든 고통과 압제로부터의 해방이든 둘 다든 마찬가지다. 이는 구속이 신학의 필수적이고 중심적인 주제가 아니라고 말하는 것이 분명히 **아니다**.

이 두 방식으로 신학의 주제를 이해하는 것이 왜 부적절한가? 다시 말해, 여기서 우리가 옹호하는 번영에 대한 해석을 전제한다면 부적절하다는 것이다(이미 말했듯, 우리의 해석이 번영에 대한 가능하고 타당한 유일한 해석

---

2   Jürgen Moltmann, *Theology and the Future of the Modern World* (Pittsburgh: ATS, 1995), p. 1.

은 아니다). 유일하고 참되신 하나님을 무엇보다 사랑하라는 가장 첫째 되는 계명을 고려할 때(막 12:28-30), 신학이라는 단어 자체—'하나님에 관한 연구'—가 암시하듯, 그리고 기독교 역사 내내 수많은 위대한 신학자가 주장한 것처럼 신학을 하나님에 관한 것으로 만들면 왜 안 되는가? 대안적 입장으로, 기독교 신앙을 요약하는 최초의 진술 중 하나가 "그리스도께서 우리 죄를 위하여 죽으시고…성경대로 사흘 만에 다시 살아나사"(고전 15:3-4)라고 간명하게 진술하는 것을 고려할 때, 위대한 종교개혁가 마르틴 루터가 했던 것처럼 신학의 초점을 인간을 죄에서 구원하시는 하나님과 구원받은 인간들 사이의 관계에 맞추면 왜 안 되는가?

우리는 마지막 두 질문에 차례로 답함으로써 우리의 제안을 발전시킬 것이다. 또한 그 과정에서 우리의 제안이 우리처럼 하나님의 신성에 헌신되어 있는 신학자들 사이에서 불러일으킬 수 있는 우려—번영하는 삶을 신학의 목적으로 삼는 것이 하나님을 주변으로 밀어내거나 더 나쁘게는 하나님을 우리의 건설 도구로 만들어 세상의 번영이라는 우리가 정한 목적을 위해 사용하는 것은 아닌가 하는 의심—를 잠재울 수 있기를 바란다. 우리도 그러한 우려에 공감한다. 하나님을 주변화하거나 도구화할 때, 우리는 하나님의 신성을 무력화하고 세상을 세속화시키게 될 것이다.[3] 그러나 우리는 그러한 우려가 우리의 제안에 적용된다고 보지 않는다. 하나님에 대한 **말**이 아무리 주변화되고 도구화될지라도 **하나님**은 그렇게 되지 않으신다고 믿는—우리 역시 그렇다—신학자들조차 번영하는 삶을 그들의 신학적 노력의 목적으로 삼아야 한다. 번영하는 삶이야말로 하나님이

---

3   하나님을 도구화하는 것에 대한 강력한 비판은, 칼 바르트가 그의 초기 저작에서 하나님은 주인에게 필요한 일을 해 주는 하인이 아니라 통치하시는 주님이라고 주장한 것을 보라. Karl Barth, *Church Dogmatics*, I/I, trans. G. W. Bromiley (Edinburgh: T&T Clark, 1975). 『교회 교의학』(대한기독교서회).

이 세상을 창조하신 목적이라는 단순한 이유에서다.

다른 신학자들도 세상의 생명을 주된 관심사로 삼는 신학을 기뻐할 것이다. 그러나 그들 중 일부는 여기서 우리가 개략적으로 제시하는, 모든 인간에게 참되다고 주장하는 번영하는 삶의 긍정적 비전에 경계심을 나타낼 수도 있다. 그들은 넓게 퍼져 있는 문화적 감수성을 되울리면서, 긍정적 방식으로 진술된 개인과 사회에 대한 어떠한 확정적 성격의 비전도 배타적이라고 거부한다. 이 두 번째 우려는 4장에서 다룰 것이다.

하나님

성경 완성 이후 시대의 가장 위대한 기독교 신학자라 할 수 있는 토마스 아퀴나스는 『신학대전』을 시작하면서, 인간의 지복—인간에게 순전한 행복을 주며 인간의 충만함을 실현시키는 것—은 "어떠한 피조물 안에도 있을 수 없으며" "오직 하나님 안에서만 발견되어야" 한다고 분명하게 진술했다.[4] 많은 사람은 토마스가 여기서 '오직'을 결정적 단어로 사용하도록 의도했다고 해석했다. 복 있는 자들의 기쁨은 하나님 옆의, 심지어 하나님 안의 어떤 피조물도 아니며 오직 하나님뿐이라는 것이다. 이에 상응하여, 신학의 대상은 오직 하나, 곧 하나님이다. 창조된 모든 것은 그 '시작'이, 또한 중요하게는 그 '끝'이 하나님일 때라야 신학의 영역이 될 수 있다.[5] 신학이 하나님께만 초점을 맞추어야 하는 것은, 신학은 피조물인 인간이 왜 그리고 어떻게 오직 하나님 안에서만 지복을 찾을 수 있는지 설명하기를 추구하기 때문이다. 이런 토마스 해석에 반대하는 입장도 있다. 토마스가 정

4　Thomas Aquinas, *Summa Theologiae* I-II.2.8, contra.
5　Aquinas, *Summa Theologiae* I.1.7.

말로 이런 입장을 견지했든 하지 않았든, 우리가 여기서 이를 언급하는 것은 이것이 기독교 신학의 중요한 한 갈래를 반영하기 때문이다.⁶

인간의 궁극적 목적이 오직 하나님이라고 주장하는 것은, 장차 올 세상에서 인간은 하나님을 보게 될 뿐만 아니라 서로 친교를 누리되 몸을 가진 존재로서 그렇게 하리라는 토마스의 확신과 풀리지 않는 긴장을 이루며, 이는 왜 이런 토마스 해석에 반론이 있었는지 설명하는 것을 도와준다.⁷ 그러한 해석은 예수님의 삶과 가르침과도 긴장을 이룬다. 공관복음에 기록되었듯 예수님의 사명의 핵심은, 마가복음 1:14의 표현으로 보면 "하나님의 복음"(God's good news)⁸은 하나님에 관한 것만이 아니라 하나님이 왕이신 나라의 도래에 관한 것이었고, 그 표증은 그것을 볼 눈이 있는 자들에게는 세상에서 일어나는 사건처럼 명백했다.⁹ 즉, 그 표증은 하나님을

---

6   이러한 신학의 갈래의 가장 일관적인 지지자 중의 한명이 니사의 그레고리오스다. 인간 여정의 목표―인간이 창조될 때 원래 의도되었던 존재를 위한 번영의 내용―는 하나님 안에서의 무한한 성장이다. 복 있는 자의 소망은 세상과 아무런 상관이 없으며 오직 하나님의 존재에 있다. 인간을 향한 하나님의 목적은 "하나, 오직 하나, 이것이다. 즉, 우리 인류 전체가 첫 사람부터 마지막 사람까지 완전하게 되어…그분 안에 있는 복, 성경이 우리에게 말하기를 '눈으로도 보지 못하고 귀로도 듣지 못한', 그리고 어떤 생각도 닿지 못한 복에 우리 모두가 참여하게 되는 것이다. 그러나 적어도 내가 이해하기로, 이는 다름 아닌 하나님 안에 거하는 것이다. 눈과 귀와 마음을 뛰어넘는 선은 우주를 초월한 선이 틀림없기 때문이다." Gregory of Nyssa, *De anima et resurrectione*, in *Nicene and Post-Nicene Fathers*, Series 2, vol. 5, *Gregory of Nyssa: Dogmatic Treatises*, trans. William Moore and Henry Austin Wilson (1983; repr., New York: Cosimo, 2007), p. 465.

7   저메인 그리세는 토마스가 이 문제에서 일관성이 없으며 그 비일관성은 인간의 궁극적 성취가 오직 하나님 안에 있다는 생각을 포기함으로써 해결되어야 한다고 주장했다. 참된 성취를 위해서 인간은 "그들의 본성에 적합한 모든 가치와 관련해" 성취될 필요가 있으며, 따라서 오직 하나님을 통해서만 성취되는 것이 아니라는 것이다[Germain Grisez, "The True Ultimate End of Human Beings: The Kingdom, Not God Alone", *Theological Studies* 69 (2008): pp. 38-61]. 토마스가 사실은 그리세가 주장하는 것을 주장하고 있다고 해석할 수도 있으며, 어쩌면 그것이 정확한 해석일 것이다[애덤 에이텔(Adam Eitel)도 저자들과 개인적으로 나눈 대화에서 이에 공감했다].

8   저자 사역. 저자들이 주로 사용한 NRSV에서는 the good news of God―옮긴이.

9   하나님에게 사용하는 '왕'이라는 남성적이고 본성적으로 위계적인 단어에 걸려 넘어지지 않도록 하자. 하나님은 남성이 아니며, 하나님의 '권세'가 세상의 다른 권세 가운데서 특별히 인상적인, 즉 다른 모든 권세를 합쳐 놓은 것보다 훨씬 더 큰 권세인 것도 아니다. 하나님은 남성과 여성의 구분을 초월하시며, 하나님의 권세는 그리스도의 통치처럼 "이 세상에 속한

사랑하는 것에 관해 가르치셨을 뿐만 아니라 예컨대 부, 성, 음식, 권력에 대해서도 가르치셨던 예수님의 가르침 안에, 치유하고 먹이신 그분의 기적 안에, 그분이 모으신 공동체와 그들이 경축했던 수수하지만 기쁨에 찬 잔치 안에 있었다.

학자들은 성경에서 번영하는 삶을 묘사하는 가장 지배적인 이미지 중 하나인 '하나님 나라'라는 표현이 하나님의 통치를 가리키는지 하나님의 영역을 가리키는지를 두고 종종 논쟁을 벌여 왔다. 그러나 이 두 가지 의미가 상호 배타적인 선택지인 것처럼 생각하는 것은 잘못되었거나 적어도 오해의 소지가 있다. 하나님의 절대적이고 상대적인 속성, 혹은 성부의 '왕권'에 대한 복잡한 논쟁이 일으킨 소동이 가라앉고 난 이후에도, 우리의 관점에서 볼 때 논지는 여전히 유효하다. 즉, 어떤 종류의 영역도 없다면 하나님은 어떤 것도 통치하지 않으실 것이며, 이는 곧 하나님이 아예 통치하지 않으시리라는 말과 같다. 반대로, 그리고 덜 논쟁적으로, 하나님의 통치가 없다면 그 영역은 하나님의 것이 아니고, 그곳에서 하나님은 하나님이 아닐 것이라고 말할 수도 있다. 하늘과 땅을 창조하시기 전에 하나님은 '왕'이 아니었다. 하나님은 하나님이 아닌 것을 창조하셨을 때 '왕'—고대 유대인의 찬양인 "아돈 올람"(Adon Olam)이 표현하듯 '우주의 주인'—이 되셨다(역사 내내 하나님은 순종하기를 꺼리며 종종 자기 파괴적으로 선동하는 백성을 통치하셨고 지금도 계속 통치하고 계시긴 하지만 말이다). 세상의 창조는 하나님이 아닌 모든 것으로 이루어진 영역을 다스리시는 하나님의 통치가 시작되는 일이다. 세상의 완성은 하나님의 통치가 가득 차는 일이다.

것이 아니다"(요 18:36). 즉, 모든 창조된 권세와는 범주적으로 다르다. 예수님의 삶과 가르침이 하나님의 '왕권'의 본질을 드러낸다면, 이 권세의 핵심은 분명 우리가 흔히 '권세'로 이해하는 것과는 아주 다르며 오히려 우리 눈에는 섬김으로 보일 것이다(막 10:45).

하나님 나라에 관한 가장 기본적이고 가장 중대한 신념은 명백하게 이 것이다. 하나님 나라는 나라(하나님과 동떨어진 세상)만도 아니고 하나님(세상 없는 하나님)만도 아니라 둘이 같이 있는 것이다. 예수님이 선포하셨고 시작하신 하나님 나라는 하나님과 세상 간의 특별한 종류의 **역동적 관계**다. '하나님과 함께하는 세상'이고 '세상과 함께하는 하나님'이다. 임마누엘로서의 예수님 자신이었던―오리게네스(Origen)의 "아우토바실레이아"(*autobasileia*)[10]―하나님 나라는 '우리와 함께하시는 하나님'이며 '하나님과 함께하는 우리'다. 인간과 세상은 이전부터 언제나 의도되었던 존재로 실현될 때, 즉 하나님과 세상이 서로에게 '집이 되는' 방식으로 하나님이 세상을 다스리실 때, 보다 정확하게 말하면 하나님이 세상에 거하시게 되고 세상이 하나님의 집으로서 자신을 경험하게 될 때 성취에 이른다.

하나님과 세상의 영구적 관계를 나타내는 하나님의 집이라는 이미지는 성경의 양 끝을 지탱하는 두 위대한 이미지와 잘 맞아떨어진다. 두 이미지 모두 창조세계의 온전함과 번영에 관한 것이다. 성경의 시작 부분에는 **파릇파릇한 동산** 이야기가 나온다(창 2:4-3:22). 동산은 특정 상태의 세상, 즉 인간이 다른 모든 번성하는 피조물, 동식물과 더불어 평화롭게 살고 일하는 세상이었다. 그러나 동산은, 인간과 "경작하며 지키는"(창 2:15) 그들의 일을 포함하여 그 안의 모든 것은 자립적 실재가 아니었다. 이 모든 것은 창조주이시며 지탱하시는 분인 하나님을 의존했다. 그것보다는 덜 근본적

---

[10] Origen, *Commentary on Matthew*, in *Ante-Nicene Fathers*, vol. 9, ed. Allan Menzies, trans. John Patrick (Buffalo, NY: Christian Literature Publishing Co., 1896), book 14, chap. 7. Hans Urs von Balthasar, ed., *Origen: Spirit and Fire; A Thematic Anthology of His Writings*, trans. Robert J. Daly, SJ (Washington, DC: Catholic University of America Press, 1984), §1017, p. 362; Joseph Ratzinger, *Jesus of Nazareth: From the Baptism in the Jordan to the Transformation*, trans. Adrian J. Walker (New York: Doubleday, 2007), p. 49를 보라. 『나자렛 예수』(바오로딸).

이지만, 하나님이 생명을 주시는 분임을 아는 인간의 인식 역시 이 모든 것이 유지되는 데 중요했다. 하나님이 한 나무의 과실을 먹지 못하도록 금하신 것과 하나님이 매일 동산을 찾아오신 것 모두 바로 이 점을 강조한다.[11]

창세기와 출애굽기를 함께 읽는 것은, 하나님이 세상을 창조하신 것과 이집트의 노예 생활에서 이스라엘의 자녀들을 해방시키신 것 두 가지 모두 그 목적이 하나님이 그분의 백성 가운데 함께하실 공간을 창조하기 위함이었음을 분명히 한다. 창조와 함께 시작된 이야기는 성막에 거하시기 위해 하나님이 오시는 데서 그 목적을 성취한다. "구름이 회막에 덮이고 여호와의 영광이 성막에 충만하매"(출 40:34). 하나님의 임재가 있는 성막은 창조를 완성한다. 혹은 베른트 야노브스키(Bernd Janowski)가 표현하듯, 그것은 온 세상을 "하나님의 임재를 구체적으로 경험할 수 있는 공간으로" 만드는 역사의 중심적 순간이다.[12]

성경의 끝부분에 나오는 또 다른 이미지는 **번성하는**(그리고 **파릇파릇한!**) **도시** 이미지다(계 21:1-22:7). 선견자 요한의 환상에서 그 도시는 문화적·물질적 재화가 극도로 풍부하고 건강한 생태계 안에 자리 잡고 있으며 완벽하게 안전한 것으로 드러난다. 그러나 자립하는 실재, 즉 하나님이 없거나 심지어 하나님과 분리된 세상은 아니다. 한편으로, 도시 전체는 엄청나게 큰 하나의 '지성소', 즉 성전에서 하나님의 가장 강렬한 임재가 있던 가장 거룩한 장소다. 다른 한편으로는, 하나님과 어린양이 곧 지성소가 위치

---

11 금지에 대한 이런 식의 해석은 Miroslav Volf, *Free of Charge* (Grand Rapids: Zondervan, 2005), pp. 93-96를 보라. 『베풂과 용서』(복있는사람).
12 Bernd Janowski, "Die Einwohnung Gottes in Israel", in *Das Geheimnis der Gegenwart Gottes: Zur Schechina-Vorstellung in Judentum und Christentum*, ed. Bernd Janowski and Enno E. Popkes (Tübingen: Mohr Siebeck, 2014), p. 23. 창조, 출애굽, 하나님 임재의 제도화 간의 관계는 Jan Assmann, *Exodus: Die Revolution der Alten Welt* (Munich: Beck, 2015), pp. 48-50, 343-360를 보라.

한 성전이다.¹³ 하나님은 그분의 집이 된 세상의 환경 어디에나 계신다. 이 마지막 표현은, 육신이 되신 말씀이신 예수 그리스도가 바로 세상을 다시 자신의 집으로 만들기 위해 세상에 오셔서 인간의 육신을 집으로 삼으신 하나님이시라는 전도자 요한의 핵심적 주장을 되울린다(요 1:14).¹⁴

최초의 동산과 종말론적 도시 이미지와 더불어 예수님의 정체성, 선포, 행하심이 드러내듯, 세상과 인류를 위한 하나님의 목표는 하나님이 아니다. 세상을 위한 하나님의 목표는 **세상**이다. 물론 하나님과 분리된 세속적인 세상을 말하는 것은 아니다. 자리를 비운 '집주인'이라기보다는 내주하는 '소유자'이신 하나님이 함께하시는 세상, 하나님의 집이 됨으로써 그 진정한 모습을 되찾고 번영하게 된 세상이긴 하다.

최초이자 가장 중요한 기독교 신학자인 사도 바울은 그의 가장 중요한 작품의 절정에서, 만물이 하나님에게서 나고 하나님으로 말미암아 있으며 하나님을 위하여 존재한다고 썼다(롬 11:36). 모든 것을 아우르는 이 진술을 다른 식으로 표현해, 모든 것은 하나님에 의해 창조되었고, 모든 것은 하나님을 통해 계속 존재하며, 모든 것은 마침내 하나님의 집이 될 것이라고 말할 수도 있다. 그 동일한 신학자는, 역사의 끝에서 예수님이 그 나라를 아버지 하나님께 넘겨드릴 때 하나님은 "만유의 주로서 만유 안에 계실" 것이라고 썼다(고전 15:28). 그 일이 어떻게 일어나는가? 세상과 각 인간이 하나님이라는 광대한 바다 안에 잠기게 되거나¹⁵ 하나님이 인간의 모든

---

13   Miroslav Volf, *After Our Likeness: The Church as the Image of the Trinity* (Grand Rapids: Eerdmans, 1998), p. 128를 보라. 『삼위일체와 교회』(새물결플러스).
14   영어 번역에서는 헬라어의 언어적 공명이 잘 드러나지 않을 수 있다. 요한계시록 21:3, "하나님의 집(*skēnē*)이 사람들 가운데 있다. 하나님이 그들과 함께 계실(*skēnōsei*) 것이요."(새번역). 요한복음 1:14, "그 말씀은 육신이 되어 우리 가운데 사셨다(*eskēnōsen*)"(새번역).
15   최근에 Katherine Sonderegger, "God and the Good Life", paper presented at Yale Center for Faith and Culture conference on the Future of Theology, New Haven, CT, June 9-10, 2016, p. 10에서도 동일한 논지를 제시했다.

관심과 기쁨의 유일한 대상이 되심으로써 일어나는 것이 아니라, 하나님이 그 안에 거하심으로 인해 비로소 완전히 제자리를 되찾은 창조세계 전체가 그 모든 풍성함 안에서 번영하게 됨으로써 일어난다.

기독교 신앙에서, 따라서 기독교 신학에서도 번영하는 삶에 대한 질문은 언제나 그리고 단연코 하나님에 대한—보다 구체적으로는, 예수 그리스도를 통해 자신을 드러내신 창조주, 구속자, 완성자에 대한—질문이다. 생명을 주시는 분인 하나님 없이는 모든 것이 시들고 죽는다(참조. 창 2:7; 겔 37:1-14; 요 20:22). 그 반대도 마찬가지다. 기독교 신앙에서, 따라서 기독교 신학에서도 하나님, 곧 창조세계를 자신의 집으로 완성하시기 위해 그리스도 안에서 인간의 삶과 운명을 받아들이신 분에 대한 질문은 언제나 그리고 필연적으로 진정으로 번영하는 삶에 대한 질문이다. 하나님 없이 번영하는 삶을 상상하는 것은 거짓된 내재, 하나님이 빠진 창조세계라는 불가능을 받아들이는 것이다. 하나님을 번영하는 삶과 연관 짓지 않고서 하나님을 확증하는 것은 거짓된 초월을, 자신의 손으로 만드신 작품에 무관심한 사랑의 하나님이라는 불가능을 받아들이는 것이다.

번영하는 삶에 대한 이러한 설명이 설득력 있다면, 신학의 주제는 하나님이—하나님 자신이든, 피조물의 근원이자 목표로서의 하나님이든—아니다. 신학의 주제는 세상에 거하시기 위해 오실 창조주이자 완성자이신 하나님과 하나님의 피조물이자 하나님의 집인 세상 **둘 다**이다. 그렇다면 신학의 목적은 인간이 하나님의 집을 그들의 집으로 식별하도록 돕고 그 집을 향해 나아가는 여정을 돕는 것이다. 그 여정의 핵심 측면은 압제와 죄로부터의 구속이다.

그런데 그렇다면 신학은 일차적으로 구속에 관한 것이어야 하지 않을까?

구속

마르틴 루터는 시편 51편 강연에서 "신학의 올바른 주제는 죄를 짓고 정죄된 인간, 그리고 죄인인 인간을 의롭게 하시는 분이자 구원하시는 분인 하나님"이라고 했다.[16] 그렇다면 신학자는 죄인인 동시에 의롭다 하심을 받은 인간이 하나님 앞에서 갖는 위치와 관련된 모든 주제를 살펴보아야 할 것이다. 바로 이것이 루터에게 기독교 신앙이란 그리스도의 의를 통해 경건치 않은 자들이 의롭다 하심을 얻는 일에 관한 것이며 그 전제는 그들 자신의 경건치 않음을 깨닫는 일에 있었던 이유다. "모든 성경은 이것, 곧 하나님은 우리에게 그분의 인애를 명령하신다는 것과 죄와 저주에 빠진 본성을 그분의 아들 안에서 의와 생명으로 회복시키신다는 것을 가리킨다."[17] 기독교 신앙은, 따라서 기독교 신학은 일차적으로 구속에 관한 것이다. 많은 사람이 루터를 그렇게 해석했다.

그러나 기독교 신앙과 기독교 신학의 초점을 구속에, 더 좁게는 칭의에 맞추는 것은 실수일 수 있다. 맞다. 예수님은 사람들이 회개하고 복음을 믿도록 부르시기 위해 오셨다. 그러나 복음의 관심은 단지 루터가 사도 바울을 따라 죄에 붙들린 '속사람'이라고 불렀던 것에만 있지 않았다.[18] 이 역시 복음에서 확실하고 본질적인 부분이기는 하지만 말이다. 복음은 '겉사람'에도 아주 관심이 많았고, 일상의 가난, 배고픔, 질병, 압제, 사로잡힘 등 인간 삶의 환경에 관심을 가졌다(마 5:3-12; 눅 4:18-19; 6:20-26을 보라). 루터

---

16 Martin Luther, "Psalm 51", in *Luther's Works* (St. Louis: Concordia, 1955), 12: p. 311.
17 Luther, "Psalm 51", in *Luther's Works*, 12: p. 311.
18 크리스터 스텐달(Krister Stendahl)의 유명한 에세이["The Apostle Paul and the Introspective Conscience of the West", *Harvard Theological Review* 56, no. 3 (July 1963): pp. 199-215]가 나온 이래, 루터가 실제로 바울을 따라 그렇게 부른 것인지 스텐달이 주장하듯 바울에 대한 아우구스티누스의 혁신적 해석을 따른 것인지 논쟁이 있었다.

는 그리스도의 사역의 이러한 차원들을 하나님에 의한 '속사람'의 변화를 드러내는 상징으로 일관되게 변형시킨 것이다.[19] 보다 중요하게, 예수님은 하나님 나라가 세워짐에 따라 단순히 삶이 고쳐지리라고 선포하시지 않았다. 고쳐야 할 것이 많기는 했지만 말이다. 또한 단순히 삶을 고치는 새로운 방법을, 특히 자아의 변화를 통해, 때로는 목숨마저 내놓는 희생하는 사랑을 통해 삶을 고치는 새로운 방법을 실행하시지도 않았다. 지금 언급한 방법과 다른 방법을 포함하여 삶을 고치는 새로운 방법이 분명 필요했지만 말이다. 그분의 메시지에서 중심적이고 가장 혁명적인 부분은, 보편적이고 무조건적이며 편재하는 사랑이신 하나님의 성품에 뿌리를 둔, 번영하는 삶에 대한—하나님 나라 자체에 대한—대안적 비전이었다. 이 새로운 비전은 인간이 무엇으로부터 구속되는 것이 필요한지 알려 주었다. 예를 들면, 예수님은 '불결함'보다 오히려 불결해 보이는 자들을 향한 사랑 없음을 죄로 여기셨다(눅 8:42-48; 11:37-44). 또한 새로운 비전은 '고침'의 사역이 이루어져야 하는 방식도 형성했다. 예를 들면, 예수님은 폭력을 사용해서 악인을 고치려고 해서는 안 되며, 그들의 죄를 감당하고 그들의 자아 전체를 변화시킴으로써 그들을 고쳐야 한다고 가르치셨다(마 5:21-26, 38-48; 막 10:35-45; 요 1:29; 3:1-10).

구속, 혹은 인간의 상태 개선은 기독교 신앙의 부수적 주제이며, 역사 속의 깨어짐과 죄의 실재라는 조건에 묶여 있다. 기독교 신앙의 일차적인 두 주제는 (에덴동산의 이미지에서 전형적으로 표현된) 창조와 (새 예루살렘의 이미지에서 전형적으로 표현된) 완성이다.

구속이 부수적 주제라는 주장은, 주로 죄와 구속을 중심축 삼아서 기

---

19   루터와 관련해 '구원의 물질성'에 관한 논의는 Miroslav Volf, "Materiality of Salvation", *Journal of Ecumenical Studies* 26 (1989): pp. 447-467를 보라.

독교 신앙을 이해하는 데 친숙한 이들에게 충격적으로 들릴 것이다. 그러나 죄와 구속은 창조와 완성 없이 독립적으로 존재할 수 없다. 죄와 구속은 인류가 잃어버린, 그리고 (다시) 지향하거나 목표로 삼아야 할 어떤 근본적 선을 전제하기 때문이다. 결핍(즉, 죄나 악)의 제거로서의 '구속'은 언제나 수단이지 결코 궁극적 목표가 아니다. 구속은 우리가 있어야 할 곳에 이르는 것을 도와주지만, 창조를 통해 세워지고 완성 안에서 약속된 삶의 비전은 목적지를 정해 준다. 즉, 구속은 완성의 조건이자 완성의 개시가 가져오는 효과다.

기독교 신앙의 목적은, 따라서 신학의 목적은 단순히 사람들이 원하는 어디로든 갈 수 있는 중립적 공간으로 데려가기 위해 사람들을 부정적인 것에 붙들려 있는 상태에서 자유롭게 해 주는 것이 아니라, 그들을 **긍정적인 것**으로 데려가기 위해 부정적인 것에서 자유롭게 해 주는 것, 보다 정확하게 말하면 그들을 긍정적인 것으로 데려감**으로써** 부정적인 것에서 자

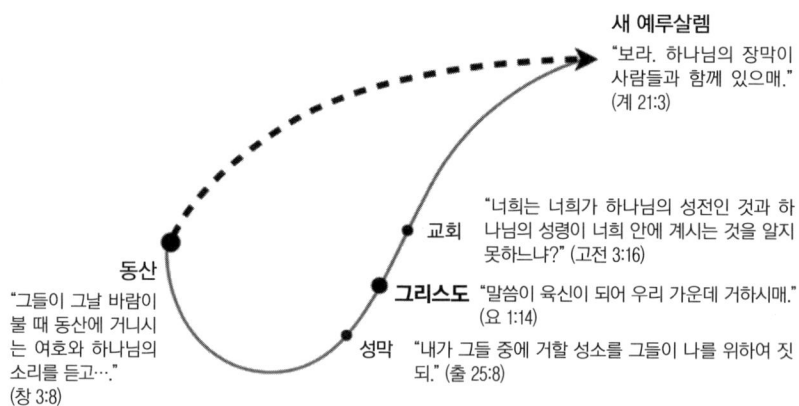

그림 3.1 성경의 일차적 서사와 부수적 서사가 그리는 호와 각 서사에 해당하는 성경상의 주요 '하나님의 집' 이미지

유롭게 해 주는 것이다. 또한 사람들을 부정적인 것에서 자유롭게 해 주는 것의 목적은 그들이 잃어버린 최초의 원래 상태로 되돌아가게 하는 것이 아니다. 세상과 함께하시는 하나님의 이야기는 '새로운 것'을 향해 앞으로 나아간다. 그 끝은 시작과 잘 어울리지만 시작을 그대로 복제하지는 않는다. 경작된 동산은 생태적으로 건강하고 문화적으로 풍성하며 완전하게 안전한 도시가 된다. 이미 보았듯, 공관복음에서 하나님의 복음은 "때가 찼다"는 것이며 "하나님의 나라가 가까이 왔다"는 것이다. 이 새로운 것의 도래는 회개를 필수적으로 요하고 회개의 성격을 결정한다(막 1:14-15). 바울에게, 그리스도의 신실하심과 인간이 믿음으로 참여하는 새 창조의 실재는 선한 것이다. 즉 '구원'은 부정적인 것(정죄, 무익함, 하나님의 영광 상실 등 어떤 식으로 이해했든)의 제거가 아니라 긍정적인 것의 영역(그리스도와의 연합, 새 창조)으로 데려가는 것이다. 요한복음에서, 마침내 말씀이 인간들 가운데 거하기 위해 오신 것은 단지 하나님의 어린양이신 예수 그리스도께서 "세상 죄를 지고 가기" 위함만이 아니라(요 1:29) 궁극적으로는 말씀이 어떤 방해도 받지 않고 하나님의 집이 되기 위해 창조된 세상의 생명이자 빛이 되기 위함이다(1:1-17).[20]

마르틴 루터는 기독교 신앙(또한 그에 따라 신학)이 구속, 죄책 제거, 칭의에 초점을 맞추어야 함을 최대한 분명히 한다. 그러나 주장하건대, 그에게조차 부정적인 것의 제거(즉, 하나님과 이웃을 완벽하게 사랑하지 못함으로 인한 죄책에서 해방되는 것)가 목표는 아니다. 그가 쓴 『그리스도인의 자유』(*The Freedom*

---

[20] 구속에 대한 기독교적 해석뿐 아니라 도덕신학에서도 상황은 비슷하다. 그 중심에 "다른 신들을 두지 못한다"는 명령이(출 20:3) 위치한 일련의 부정으로 이루어진 율법은 일차적으로 부정적 표현 방식으로 작성되었지만, 율법에 대한 예수님과 바울의 요약을 보면 그 의도는 긍정적 선으로 삶을 이끄는 것임이 분명해진다. 율법은 궁극적 선 혹은 그에 근접한 선으로 이해된 대상(예컨대 하나님과 이웃)을 향한 긍정적 관계(사랑)를 요구한다.

of a Christian)가 보여 주듯, 그 목표는 그리스도의 내주하심을 통해 하나님과 이웃을 사랑하는 자유다.[21] 사실, 부정적인 것의 제거는 그러한 목표를 달성하는 독립적 수단조차 아니며 오히려 인간이 애당초 창조될 때 지향하던 상태, 즉 그리스도와의 연합에 따라오는 **결과다**.[22] 루터는 틀림없이 사랑의 신학자였고, 사랑의 신학자였기 때문에 구속의 신학자였다.[23]

루터의 기독교 신앙 해석과 신학 해석이 갖는 문제는 그가 '속사람'과 '겉사람'을 너무 극명하게 구별하고, 이에 상응하여 '율법'과 '복음'도 너무 극명하게 구별한다는 점이다. 따라서 그는 세상이 하나님의 집으로 변화되는 것이 그분이 창조세계를 다루시는 방식의 목표임을 볼 수 없었다. 기독교 신앙과 기독교 신학은 단순히 죄책에서의 해방 및 하나님과 이웃을 향한 사랑에 관한 것이 아니다. 그러한 해방과 사랑을 그 핵심적인 부분으로 포함하면서도 보다 포괄적인 번영하는 삶에 관한 것이다.

예수 그리스도, 하나님의 집

예수 그리스도—그분의 인격, 삶, 사명—는 유한한 인간들(mortals) 가운데 있는 하나님의 집의 구현인 동시에, 그것의 완전하고 우주적인 실현에 대한 약속이다. 우리는 요한복음 시작 부분에 나오는, 예수 그리스도의 사명 전체를 요약하는 위대한 문장이 바로 이를 함축한다고 생각한다. "그 말

---

21 Martin Luther, "The Freedom of a Christian", in *Luther's Works* (Philadelphia: Fortress, 1957), 31: pp. 327-378를 보라. 『독일 민족의 그리스도인 귀족에게 고함, 교회의 바빌론 포로에 대한 마르틴 루터의 서주, 그리스도인의 자유에 대한 논설』(길).
22 특별히 *Lectures on Galatians* in *Luther's Works* (St. Louis: Concordia, 1963), 26: pp. 167-168에 나오는 루터의 언급을 보라. 『갈라디아서 강해』(루터신학대학교출판부).
23 루터가 사랑의 신학자였다는 주장은 Ronald R. Rittgers, "Martin Luther and the Reformation of Love: The Heart of the Protestant Revolution", Mark A. Noll inaugural lecture, 2017(미출간 원고)을 보라.

씀은 육신이 되어 우리 가운데 사셨다"(요 1:14, 새번역). 예수님이 아직 태어나시기도 전에 그분의 운명으로 주어졌던 '하나님이 우리와 함께하신다'라는 이름처럼(마 1:23; 참조. 사 7:14), 예수 그리스도는 유한한 육신을 집으로 삼으신 하나님**이셨다**. 마리아 위에 성령이 드리우심으로써 그분의 정체성 자체가 결정되었던 것처럼 동일한 성령의 능력 안에서 행하셨던 그분의 사명은(눅 1:35; 4:1, 14) 온 세상이 하나님의 집이 되게 하시는, 따라서 피조물의 참된 집이자 참된 번영의 장소가 되게 하시는 것이었다. 성령이 성립시키시는 그리스도인과 기독교 공동체의 삶은, 그리스도의 삶과 사명에 참여하기 위해 그리스도께서 받으신 성령의 기름부으심의 연장이다.[24] 기독교 신학의 목적은 모든 생명의 번영이다. 하나님이 세상을 자신의 집으로 만들기 위해 오신다는 좋은 소식을 구현하고 널리 전하는 그리스도의 사명이 이어지는 일을 위해 쓰이는 것이 기독교 신학의 마땅한 위치이기 때문이다.

일차적 번영과 부차적 번영

그러나 그리스도께서 '번영하는 삶'의 최상의 모범이자 원형이시라고 할 때 이것이 정확하게 무엇을 의미하는가? 일차적 의미에서, 번영하는 삶은 예수 그리스도께서 가까이 왔다고 **선포**하셨고 그분의 사명 전체가 지향하던 것과 동일하다. 즉, 그것은 이스라엘 선지자들의 소망이 실현된 완전한 하나님 나라다(예를 들어, 사 40:9-11을 보라). 사도 바울의 용어로는, 그리스도 안에 있는 새로운 창조세계, "성령 안에서 누리는 정의(justice)

---

[24] Miroslav Volf and Maurice Lee, "The Spirit and the Church", in "Miroslav Volf", special issue, *The Conrad Grebel Review* 18, no. 3 (2000): pp. 20-45를 보라. 또한 Miroslav Volf and Ryan McAnnally-Linz, *Public Faith in Action* (Grand Rapids: Brazos, 2016)을 보라. 『행동하는 기독교』(IVP).

와 평화와 기쁨"의 세상이며(롬 14:17, 저자들은 여기서 헬라어 '디카이오쉬네'를 righteousness가 아니라 justice로 번역했다—편집자), 이는 6장에서 더 자세히 살펴볼 것이다. 선견자 요한의 이미지로는, 문화적으로나 자연적으로도 풍성하지만 무엇보다 하나님의 성전으로서 존재하는 도시 새 예루살렘, 즉 하나님의 집이 된 세상이다(계 21:3). 그때 그곳, 하나님으로부터 오는 새로운 세상에서는, 하나님의 모든 피조물이 그분의 임재 안에서 번영할 것이다. 그들 각자의 번영은 전체의 번영을 도울 것이며, 사실 전체의 번영은 각자의 번영의 한 측면일 것이다. 바로 이것이 하나님의 집이 된 세상에 존재하게 될 궁극적 형태의 번영하는 삶이다.

이차적 의미에서 번영하는 삶이란 **하나님의 통치가 가까이 왔음을 선포하는 사명을 행하시는 과정에서 그리스도께서 자신의 삶 안에서 상연하셨던** 바로 그것이다. 그리스도의 추종자들에게도 이 이차적 의미의 번영하는 삶이란 바로 그러한 종류의 삶, 성령의 능력으로 1세기 팔레스타인에서 기술적·문화적 특색을 지닌 다양한 시대와 장소의 여러 배경으로 옮겨지는 삶이다. 이것이 준궁극적(penultimate) 형태의 번영하는 삶, 이 세상이 장차 하나님의 집이 되어 가는 과정에서 세상을 하나님의 집으로 만드는 것을 돕기 위한 분투에 가담하는 삶이다. 예수 그리스도께서 선포하셨던 것은 그분의 삶 안에서, 또한 그분의 사명이 가져오는 결과 안에서 상연되었고, 이 상연은 어둠 가운데서 비치는 빛, 밝지만 깜빡이는 빛이었다. 이 사건들이 일어난 세상은 하나님 나라가 아닌 로마, 곧 악의 권세의 보다 세밀하고 만연하며 지속적인 현존을 눈으로 가장 잘 볼 수 있고 손으로 가장 잘 느낄 수 있는 형태로 예시하는 권력이 점령하고 있는 곳이었다.

'우리와 함께하시는 하나님'이신 그리스도는 하나님의 오심을 말과 행동으로 선포하심으로써 그분의 동료 인간을 섬기셨다. 가난하고 아프고 압제받는 이들, 하나님과 이웃을 사랑하지 못하기에 죄책감에 짓눌리고 수치심으로 뒤덮여 있던 이들의 곤경을 덜어 주셨고, 권력과 부와 자기 의의 올무에 걸려 있던 이들을 해방시키셨다. 그리스도께서 성령의 능력과 하나님을 향한 순전한 헌신 안에서 행하신 이 모든 것은 기도와 금식의 실천에 의해 양분을 공급받았다. 그분의 동포 중 일부는 그분의 사명에 마음이 사로잡혀, 그분이 함께 식사하셨던 이들과 친구가 되었고 소외된 자들과 어울려 잔치를 벌였다. 이 모든 것 안에서 그분과 그분의 제자들, 그분께 매료된 사람들은 장차 올 세상, 진정으로 번영하는 삶을 미리 맛보았다. 때로는, 변화산에서 그랬던 것처럼, 현재 세상의 거짓된 삶의 한복판에서 새로운 세상이 그 영광의 빛을 눈부시도록 환하게 발하기도 했다(눅 9:28-36).

그러나 그분의 영광스럽지 않은 죽음을 잊은 것은 아닌가? 3년가량의 사역 이후에 권세자들, 궁극적으로는 사람들 대다수가 자발적으로 예수 그리스도를 거부했다. 많은 이가 공통의 도덕적 감수성을 무시했다는 이

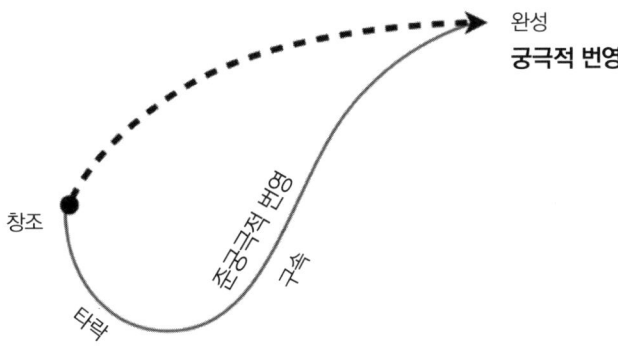

그림 3.2 성경의 일차적 서사와 부수적 서사가 그리는 호. 위쪽 호는 세상의 기초가 놓일 때부터 의도되었던 창조-완성의 주요 줄거리를 묘사한다. 아래쪽 호는 죄라는 우발적 사태를 다루는 죄-구속의 하위 줄거리를 묘사한다. 위쪽의 주요 호는 아래쪽 호를 끌어당기고 규정한다.

유로(눅 7:34), 율법이 인간에게 기여하지 않는 경우에 율법을 어기셨다는 이유로(6:1-5) 그분을 조롱하고 핍박했다. 거부감을 느낀 이들에게 예수님의 삶의 방식은 하나님을 모독하는 자들의 삶의 방식과 비슷하게 보였고, 부분적으로 이는 그분이 자신의 인격을 하나님과 너무 가까이 엮으셨기 때문이었다(22:66-71). 그분은 국가의 생존을 위협하는 존재이자 로마 제국 통치에 대한 반역자로 비추어졌다(요 19:12-15). 그분은 체포되어 고문을 당하셨고 잔인하고 때 이른 죽음에 처해졌다. 제자들도 그분을 버렸고, 마태복음에 따르면 그분이 죽어 가면서 하신 마지막 말씀인 "나의 하나님, 나의 하나님, 어찌하여 나를 버리셨습니까?"는 버림받음에 대한 인식을 한 층 더 깊이 표현한다(마 27:46).

이게 번영하는 삶이었는가? 이게 인간의 육신을 하나님의 집으로 삼으신 하나님이었는가? 어떤 각도에서 보면, 그것은 의도는 좋았지만 엉뚱한 데 에너지를 쏟아부은 것이었고, 고달픔을 자초하고 너무 이른 죽음을 불러온 실패한 삶이었다. 인류사에서 어떤 위대한 모범적 인물도—부처도, 공자도, 소크라테스도, 모하메드도—그렇게 짧고 비극적으로 보이는 삶을 살지는 않았다. 예수님이 선포하셨던 하나님 나라의 관점에서도 그분의 삶은 실패처럼 보였다. 바로 그것이 그분을 가장 처음 따랐던 이들의 관점이었다. 그 삶의 실패는 그분이 주장하셨던 선한 대의를 거짓으로 만드는 것처럼 보였다(눅 24:21). 하지만 정말로 그랬는가? 그것은 실패, 무익한 삶, 의미 없는 죽음이었는가? 그리스도인들이 믿는 것처럼 그것이 실패가 아니었다면, 그분이 살고 죽으신 방법, 그분의 삶 전체는—특히 그분의 부활과 승천에 비추어 볼 때—번영의 한 방식이 될 수도 있지 않은가?

거짓된 것 안에 있는 참된 생명

독일 철학자 테오도르 아도르노(Theodor Adorno)는 『미니마 모랄리아』(*Minima Moralia*)에서 거짓된 것 안에 참된 생명이 있을 수 있느냐는 유명한 질문을 던졌다.[25] 이는 그리스도인들처럼 '참된 삶'—진정으로 번영하는 삶—에 관한 생각을 수용하는 모든 이에게 결정적 질문이다. 그 기본 구조와 근본적인 지향 면에서 번영과는 거리가 먼 세상 안에도 진정한 번영의 양식이 존재하는가? 아도르노는 거짓되고 손상된 삶 안에는 참된 생명이 있을 수 없다고 주장한다. 그리스도를 따르는 사람들은 아도르노에 동의할 수 없다. 번영하는 삶의 일차적이고 궁극적인 의미가 참된 생명이라면, 번영하는 삶의 이차적이고 준궁극적인 의미는 **거짓된 삶의 조건 아래 참된 생명이 존재하는 양식**이다. 첫째, 그리스도의 삶에서는 분투와 고통 가운데서도 진정으로 번영하는 삶의 어떤 것들(예를 들면, 축제와 우정, 기쁨과 순전한 마음, 그리고 이 모든 것 안에서 하나님을 향한 순전한 헌신)이 빛나고 있다. 반딧불이 내는 빛조차도, 모든 것을 뒤덮은 어둠 속에서 고작 짧고도 희미한 반짝임일 뿐이지만 여전히 불빛이다. 둘째, 그리스도의 삶에서 고통과 명백한 실패는 진정으로 번영하는 삶과 긴밀하게 연결되어 있다. 그것은 번영하는 삶으로 가기 위한 **수단**이었고, 온전히 하나님 나라를 위한 것이었다. 아마도 보다 중요한 것은, 번영하는 삶으로 가는 수단으로서 그러한 고통과 실패는 세상의 만연한 죄와 구조적 취약함에 의해 왜곡된, 번영하는 삶 자체의 균열된 반향이자 메아리였다.

그리스도의 삶에서 사랑, 평화, 기쁨의 짧고 달콤쌉싸름한 즐거움(일차적 의미에서 번영하는 삶의 반짝임)과 보다 지속적인 분투와 고통(세상이 참된

---

25 Theodor Adorno, *Minima Moralia: Reflections on a Damaged Life*, trans. E. F. N. Jephcott (New York: Verso, 2005), §18, p. 39. 『미니마 모랄리아』(길).

번영의 장소가 되도록 돕는 고된 일)을 하나로 묶어 주는 것이 있다. 둘 다 모든 실재의 샘처럼 흘러나오는 하나님의 무조건적 사랑의 동일한 열매라는 것이다. 일차적 의미에서 번영은 하나님의 집이 된, 따라서 마침내 사랑의 목표가 실현된 세상에서 하나님의 사랑이 상연되는 것이다. 즉, 하나님의 사랑에 반응하여, 세상의 모든 것이 하나님과 모든 피조물을 향한 희석되지 않은 사랑을 실천하고, 모든 것이 하나님과 창조세계와 더불어 평화를 이루며, 모든 것이 하나님의 기쁨과 인간의 기쁨으로 채워진 공간에 거하는 것이다. 이차적 의미의 번영 역시 무조건적 사랑이 상연되는 것이다. 이 사랑은 단지 거짓된 것 가운데서 반짝이는 참된 생명의 섬광 안에서 존재할 뿐만 아니라, 하나님의 집이 되기 위한 세상의 분투와 관련된 아픔과 고통 안에서 가장 분명하게 존재한다.

이러한 사랑은 그리스도의 삶 안에 있는 것과 유사하게 하나님의 삶 안에도 있다. 세상이 마침내 확고하게 하나님의 집이 된 이후의 삼위일체 하나님의 사랑은 춤추는 사랑이다. 역사를 통해 구속을 향해 가는 여정 가운데서 삼위일체 하나님의 사랑은 종종 고난받아야 하는 사랑이다.[26] 그러한 사랑은 하나님의 삶과 그리스도의 삶 안에 있는 것과 유사하게, 세상에 대하여 '그리스도의 것'이 되도록, 또한 그리스도의 사명에 참여하도록[27] 성령에 의해 부름받고 능력을 입은 이들의 삶 안에도 있다. 아직 그들

---

[26] 세상을 향한 하나님의 사랑의 두 형태에 관해서는 Miroslav Volf, "'The Trinity Is Our Social Program': The Doctrine of the Trinity and the Shape of Social Engagement", *Modern Theology* 14, no. 3 (July 1998): pp. 403-423를 보라. 또한, Linn Tonstad, "Sexual Difference and Trinitarian Death: Cross, Kenosis, and Hierarchy in the Theo-Drama", *Modern Theology* 26, no. 4 (October 2010): pp. 603-631를 보라. 고통을 내재하시는 삼위일체 하나님의 삶의 일부로 보는 폰 발타사르(von Balthasar)에 대한 대안을 제시한다.

[27] 이웃에게 '그리스도'가 되는 것에 관해서는 Martin Luther, "Heidelberg Disputation", in *Luther's Works* (Philadephia: Fortress, 1957), 31: pp. 55-56를 보라. 『루터: 초기 신학 저술들』(두란노아카데미).

역시 완전히 하나님의 집이 되지 못한 세상의 일부라는 점만 제외하면 말이다. 긴장은 이 세상에 사는 그들의 삶을 특징짓는다. 그 삶은 거짓된 것 가운데서 참된 삶을 위해 몸부림치는, 내적이고 사적일 뿐 아니라 사회적이고 심지어 구조적이며 공적인 분투다.

 기독교 신학이 왜 번영하는 삶에 관한 것이어야 하며 번영하는 삶에 기여해야 하는가? 그리스도께서 오신 것이 사람들을 번영하는 삶으로 부르시기 위함이었기 때문이다. 하나님의 사랑이 이끌어 가며 성령의 능력을 공급받는 우리 모두는 장차 하나님의 집이 된 세상에서 충만히 번영하도록, 그리고 그곳으로 가는 여정에서도 부분적으로 번영하도록 부름받았다. 즉, 우리는 탄식하는 중에도 기뻐하고, 기꺼이 결핍을 받아들임으로써 다른 이들의 필요를 채워 주며, 이 세대의 악에 맞서 분투하면서 용기와 진실함을 지닌 삶을 살고, 하나님을 신뢰하고 사랑하며, 세상에서의 하나님의 선교에 참여하도록, 또한 이 모든 것을 하면서 우리 자신이 충만한 인간으로 자라 가도록 부름받았다.

번영하는 삶의 신학

신학이 그 주제를 다룰 때, 또한 번영하는 삶의 비전을 분별하고 명확히 진술하며 권한다는 그 목적을 추구할 때 강력한 힘이 있으려면 적어도 세 가지 요구 조건을 충족시킬 필요가 있다. 첫째, 그것이 내세우는 비전이 실재에 대한 설득력 있고 포괄적인 신학적 해석과 부합함을 보여 줄 수 있어야 한다. 그러한 해석은 설명의 위력을 갖기보다는(예를 들면, 세상이 어떻게 존재하게 되었고 어떻게 기능하는지에 대한 가벼운 설명), 세상을 어떤 것으로서(예를 들면, '하나님의 오심'[28]을 통해 완성될 하나님의 창조세계로서) 참되게 보는 것의 성격을 더 많이 가질 것이다.

둘째, 그 비전이 우리가 세상에 대해 가지고 있는 광범위한 비신학적 지식에 비추어서도 설득력 있게 제시될 수 있음을 보여 주어야 한다. 오늘날 급속하게 확장되는 지식의 주요 원천은 과학이다. 신학은 그 오랜 대화 상대인 철학과 인문학뿐만 아니라 과학을 상대로도 진리를 추구하는 대화를 나눌 수 있어야 할 것이다. '과학과 교류하는' 신학이 되어야 한다.

마지막으로, 신학은 신학이 권하는 번영하는 삶의 비전이 삶의 다양한 단계와 다양한 조건 아래에서 실제로 어떻게 살아 있어야 하는지 대략적으로 보여 줄 수 있어야 한다. 어린이에게, 청소년에게, 인생 말년에 있는 사람에게 번영하는 삶이란 각각 어떻게 보이겠는가? 부유한 사람이나 가난한 사람에게는 어떻게 보이겠는가? 그들 각각이 더 큰 정의를 위한 싸움과 감사를 위한 싸움에 어떤 방식으로 관여하기를 요구하는가? 도시 안에서나 국가 안에서 번영하는 삶이란 무엇인가? 후기 현대 자본주의에서, 예를 들어 "역동적 안정성"을 특징으로 하는 제도와 문화 안에서 살며 일하는 사람들에게 번영하는 삶이란 어떻게 보이겠는가?[29]

번영하는 삶을 진술하고 평가하며 권하는 일에는 서술적·규범적·도구적 양식 모두에서 최고의 신학이 필요하며, 그 다양한 하위 학문 분과의 모든 목소리가 조화롭게 어우러져 함께 협력해야 한다. 우리에게 필요한

---

28 이 표현이 갖는 신학적 무게에 관해서는 Jürgen Moltmann, *The Coming of God*, trans. Margaret Kohl (Minneapolis: Fortress, 2004)을 보라. 『오시는 하나님』(대한기독교서회).
29 "역동적 안정성"과 "공명"의 부재에 대해서는 Hartmut Rosa, *Social Acceleration: A New Theory of Modernity*, trans. Jonathan Trejo-Mathys (New York: Columbia University Press, 2013); Hartmut Rosa, *Resonanz: Eine Soziologie der Weltbeziehung* (Berlin: Suhrkamp, 2016)을 보라.

…로서의 신학	서술적	도구적	규범적	
과학	+	-	-	역사, 철학, 사회학 등에 관한 단순한 서술적 지식. 예를 들면, 종교학으로서의 신학.
기술	-	+	-	하나님의 본성, 하나님의 백성의 전통, 세상의 본성을 알지 못한 채 이미 설정된 목적을 성취하는 수단. 예를 들면, 번영신학(prosperity-gospel)의 가르침.
옹호	-	-	+	흄의 본능적인 도덕적 반응 같은 것. 예를 들면, 지탄받을 것에 대해 불평하기 혹은 칭찬할 것을 소리 높여 이상화하기.
전략	+	+	-	주제가 없거나 규범적 토대가 불충분한 채 증거에 기초한 행동 계획. 예를 들면, 교회 성장 전략.
행동주의	-	+	+	계획의 정교한 실행과 짝을 이룬 본능적인 도덕적 반응. 모두 하나님 그리고/또는 세상에 대한 참된 이해와는 분리되어 있음. 예를 들면, 다양한 종류의 이념적 행동주의.
사변	+	-	+	심지어 원칙상으로도 실제 적용과는 결별한 규범적 지식. 예를 들면, 소위 상아탑 신학.
신학	+	+	+	인간 번영의 행동 가능하고 삶으로 살아 낼 수 있는 규범적 비전을 지향하는 강력한 서술적 연구.

표 3.1 서술적·도구적·규범적 측면이 생산적 긴장 관계 안에 놓여 있지 않을 때 발생하는 신학의 잘못된 구성. 신학은 단순히 (과학처럼) 서술적이거나 (기술처럼) 도구적이거나 (단지 옹호처럼) 규범적이지 않다. 신학에는 이 세 측면이 모두 있으며, 세 측면 모두가 호응을 이루며 작동할 때 비로소 균형 잡힌 신학이 된다.

것은 성경에 뿌리내리고 있고,[30] 교부들의 안내를 받으며,[31] 교회 안에 자리 잡고 있고, 대중과 소통하는 신학으로, 과학 및 다양한 분야의 인문학과 비판적으로 대화하는 가운데 이루어지는, 그 중심에 번영하는 삶의 문제가 있는 신학이다.

우리는 아직 신학의 중요한 한 대화 상대를 언급하지 않았다. 바로 다른 종교 전통이다. 번영하는 삶의 성격은 여러 반론이 존재하는 문제로, 이에 관해서는 다양한 종교들과 실재에 대한 인문학적 해석들이 서로 경쟁을 벌인다. 우리가 살고 있는 다원주의 세계에서 기독교 신학은 그저 번영하는 삶에 관한 공적 논의에서 경쟁하는 여러 목소리 중 하나다. 그러한 공적 논의에 관여할 때, 신학자들은 어떻게 번영에 관한 그들 자신의 비전의 보편적 성격을 존중하면서도 깊이 동의할 수 없는 다른 비전들을 옹호하는 이들을 존중해야 하는가? 바로 이것이 우리가 다음 장에서 살펴볼 문제다.

---

30 '성경적'이라고 말하는 대신 '성경에 뿌리내리고 있다'는 표현을 사용함으로써, 우리는 번영하는 삶에 대한 기독교적 설명은 결국 성경에서 끌어와야 하지만 그러한 설명이 단순히 성경 본문의 표면에서 거두어들이기를 기다리고 있는 것이 아님을 암시하고자 했다. 우리는 성경에 뿌리를 둔 번영하는 삶에 대한 해석 중 우리가 바울 서신에서 발견된다고 믿는 한 예를 6장에서 제시할 것이다. 사도 바울은 (신학자의 삶을 다루는) 5장에서도 우리의 주요한 성경적 원천이다.

31 '교부들의 안내를 받는' 신학을 제안하는 것이 마치 중세, 종교개혁, 현대의 신학자들은 신학에 기여한 바가 거의 없다는 듯 1,500년이 넘는 기간의 신학을 건너뛰자는 것은 아니다. 그러나 이 기간 동안 신학이 종종 고도로 정교하고 심오했다 할지라도—아퀴나스와 보나벤투라 혹은 루터와 슐라이어마허를 생각해 보라—교부신학과 같은 식으로 방향 설정에 기여했다고 말하기는 어렵다.

4장

보편성의 도전

하나님의 집이 된 세상 전체와 모든 인간! 바로 이것이 우리가 기독교 신학이 기여해야 한다고 주장하는 번영하는 삶의 비전의 간략한 표현이다. 집이라는 이미지가 심오하게 성경적이며 매력적이기는 하지만, 수 세기 동안 번영하는 삶을 그들 나름의 방식으로 표현하고자 했던 신학자들은 다른 이미지도 사용했다. (바울의 글에 근거한) '새 창조,'[1] (요한계시록에 근거한) '하늘의 도성,'[2] (예수님의 선포에 근거한) '하나님 나라'[3]가 그 예다. 6장에서는 우리도 하나님 나라의 이미지를 사용한 신약성경의 번영하는 삶에 대한 비전의 한 변주를 자세히 설명할 것이다.

---

1 John Wesley, "The New Creation", *John Wesley's Sermons: An Anthology*, ed. Albert C. Outler and Richard P. Heizenrater (Nashville: Abingdon, 1991), pp. 493-500를 보라. 『웨슬리 설교전집』(대한기독교서회).

2 예를 들면 Augustine, *The City of God*, trans. Henry Bettenson (New York: Penguin, 2003)을 보라.

3 예를 들면 Gustavo Gutiérrez, *Theology of Liberation*, trans. Sister Caridad Inda and John Eagleson (Maryknoll, NY: Orbis, 1988)을 보라. 『해방신학』(분도출판사).

한 분 하나님, 하나의 세상, 하나의 집

이러한 이미지들과 연계된 번영하는 삶에 대한 모든 해석—사실 번영하는 삶에 대한 거의 모든 기독교적 해석—은 오늘날 많은 이에게 받아들이기 힘든 것이 된 한 가지 중요한 특징을 공유한다. 바로 보편적 타당성을 주장한다는 점이다. 번영하는 삶의 기독교적 비전은 모든 인간과 세상 전체를 포괄한다. 인류와 세상의 풍부한 다양성에도 불구하고—더 잘 표현하자면 바로 그러한 다양성 **안에서**—'새 창조'는 하나다. 수많은 주거지와 동네로 구성되어 있음에도 '하늘의 도성'은 하나다. 수많은 다양한 지역이 있음에도 '하나님 나라'는 하나다. '하나님의 집'은 하나이며, 따라서 번영의 비전도 하나다. 이 비전의 단일성은 모든 이가 각자의 방식으로 그것을 살아 내야 한다는 것 이상을 함축한다. 지구상의 모든 인간과 모든 생명은 상호 의존적이고, 상호 연결된 생태계이며, 바로 이것이 성경에서 집이라는 이미지가 다른 무엇보다 더 잘 표현하는 바일 것이다. 한 사람이 진정으로 번영하기 위해서는 세상 전체가 번영해야 한다. 세상 전체가 진정으로 번영하기 위해서는 그 안의 모든 사람이 번영해야 한다. 그리고 모든 개인과 세상 전체가 진정으로 번영하기 위해서는 생명을 주시는 하나님의 임재 안에서 그들 각자의 방식으로 함께 살아가야 한다.

번영에 대한 기독교적 비전의 보편성은 하나님이 한 분이시라는 데서 나온다. 한 분 하나님은 모든 피조물의 변치 않는 기원이시며, 따라서 모든 인간과 세상 전체의 하나님이시다. 이에 상응하여, 예수 그리스도 안에서 육신이 되신 하나님의 말씀은 모든 개인을 일깨우시고, 육신이 되신 그 동일한 말씀은 하나님의 어린양으로서 온 세상의 죄를 감당하신다(요 19:9, 29). 요한복음의 유명한 구절처럼, 예수 그리스도는 "길이요 진리요 생명"

이시다(14:6). 각 개인이 그들 자신의 방식으로 걷더라도 삶의 오직 한 길만이 모두를 위해 참되다. 목적지는 하나다. 그곳에 수많은 거주지가 있더라도 말이다(14:2).

한 각도에서 볼 때, 보편성은 모든 것을 아우르는 포괄성이다. 모든 것이 한 분 하나님으로부터 오고, 따라서 모든 것은 하나님의 집 안에서 번영한다. 그러나 유일신주의의 전면적인 포괄성이 지니는 다른 한 면은 특정 종류의 배타성이다. 모든 것을 포괄하는 형태의 유일신주의도 존재하지만("모든 신은 하나다"), 오늘날 주요한 유일신주의는 모든 것에 대해 배타적이다("오직 한 분 이외에는 어떤 신도 없다").[4] 이슬람에서 이는 참이다. 이슬람의 가장 기본적인 신앙고백에서는 "알라 외에는 어떤 신도 없다"가 가장 처음 나온다. 한 분 하나님에 대한 충성이라는 선물을 세상에 가져다준 전통인 유대교에서도 이는 참이다. "너는 나 외에는 다른 신들을 네게 두지 말라"는 십계명에서 맨 처음 나오는 핵심 금기다(출 20:3). 기독교는 이 점에서 유대교와 다르지 않다. 고린도전서 8:4에서 바울은 "하나님은 한 분밖에 없다"고 쓴다. 하나님의 단일성에 대한 유대인 조상들의 헌신을 그 자신의 방식으로 반복하고 있는 것이다. 부정의 방식은 하나님이 한 분이시라는 데 뿌리를 두는 번영의 보편적 비전을 긍정하는 데 필수적인 동전의 한 면이다. 한 분의 참되신 하나님은 많은 거짓 신과 구별된다.[5] 더불

---

[4] 포괄적 유일신주의(하나님과 신들 사이에 연관성을 수립하며 생각의 진화를 통해 발생한다)와 성경의 배타적 유일신주의(하나님과 신들 사이에 뚜렷한 구분선을 그으며 '혁명'을 통해 발생한다)에 대해서는 Jan Assmann, *Of God and Gods: Egypt, Israel, and the Rise of Monotheism* (Madison: University of Wisconsin Press, 2008), pp. 53-75를 보라.

[5] Assmann, *Of God and Gods*, pp. 106-111; Assmann, *The Price of Monotheism*, trans. Robert Savage (Stanford, CA: Stanford University Press, 2010)를 보라. *Exodus: Die Revolution der Alten Welt* (Munich: Beck, 2015)에서, 아스만은 성경의 유일신주의와 관련해서는 자신의 논지를 한정하면서, 그것을 진리의 유일신주의라기보다는 신실함의 유일신주의로 규정한다. 그러나 하나님이 한 분이시라는 주장이 유효한 한, 신실함은 한 분의 참되신 하나님에 대한 신실함이며, 이는 정의상 하나님일 수 없는 실재에 대한 신실함과 대조되

어, 삶의 유일한 참된 길(혹은 삶의 여러 참된 길⁶)은 삶의 여러 거짓된 길과 구별된다.

보편성의 스캔들

신학에서 진술하기를 추구하는 번영의 비전의 보편성은 동시대 서구에서 만연한 중요한 문화적 감수성과 충돌한다. 많은 이가 '참'과 '거짓'의 범주를 종교에 적용하는 것이 적절하지 않다고 생각하게 된 것이다. 그 대신, 우리는 종교를 미학적이거나 실용적인 조건에 따라 평가하고, 한 종교 전체나 그 가르침과 실천의 측면들을 매력적인 것에서 혐오스러운 것까지 혹은 유용한 것에서 해로운 것까지 스펙트럼 상에 표시한다(1장을 보라).⁷ 보다 넓게는, 번영하는 삶의 해석에 대해서도 우리는 똑같이 한다. 결과적으로, 특정 해석이 나에게는 좋거나 참될 수 있지만 상대방이나 다른 누군가에게도 반드시 좋거나 참된 것은 아니다. 오늘 나에게 좋거나 참되다고 해서 내일도 반드시 그런 것은 아니다.

많은 사람이 생각하는 것처럼, 종교나 삶의 철학이 아닌 과학이 거짓과 대조되는 진리를 대표한다(과학적 진리조차도 우리가 선호하는 삶의 방식을 침해하는 경우에는 물음표가 붙고 단지 로비 집단의 입장에 불과하다고 선언되기 쉽

고, 따라서 배타성의 문제가—그것이 문제라면—다시 돌아온다.

6   한 분의 참되신 하나님은 삶의 여러 참된 길의 원천이 되실 수 있다. 유대 전통은 유대인에게만 적용되는 모세의 율법과 이방인에게 적용되는 노아의 율법을 구별한다. 한 분 하나님이 어떻게 다른 것의 원천이신지에 대한 유대인의 설명은 Jonathan Sacks, *The Dignity of Difference: How to Avoid the Clash of Civilizations* (New York: Continuum, 2002)를 보라. 『차이의 존중』(말글빛냄).

7   유용성에 근거해 종교를 평가하는 것은 곧바로 '무엇을 위한 유용성인가?'라는 질문을 불러일으킨다. 만약 한 종교가 그 종교 자체가 규정하지 않는 종류의 삶을 위해 유용하다고 생각한다면, 우리는 단순히 '수단'으로서의 종교라는 개념 안에서 생각하고 있는 것이다. 그것도 종교를 생각하는 하나의 가능한 방법이며, 특히 많은 이가 바로 그런 방식으로 종교 생활을 한다. 그러나 그렇게 되면 위대한 종교들의 가장 기본이 되는 특징 중 하나가 인간 삶의 궁극적 목적을 규정하는 것임을 잊게 된다.

지만 말이다).[8] 어떤 이들은 과학이 도덕의 기초를 제공할 수 있다고, 즉 인간의 목적을 규정할 수 있다고 확신한다. 그러나 그 확신을 뒷받침하기 위해 엄청난 양의 지적 연구가 이루어졌음에도 그러한 입장은 여전히 설득력이 없다.[9] 아주 뛰어난 도구인 과학 연구는 목적과 가치에 의해 **추동된다**. 하지만 과학 연구는 사실과 설명에 **관한** 것이며 목적을 설정하고 가치를 규정할 수는 없다. 예를 들어, 과학 연구는 인간이 무엇을 욕망하는 경향이 있는지, 왜 그리고 어떻게 그들의 목표를 보다 효과적으로 달성하는지에 대해 많은 것을 말해 줄 수 있지만, 인간이 무엇을 욕망해야 하는지, 왜 혹은 어떤 종류의 삶이 욕망할 가치가 있는지에 대해서는 그다지 말해 줄 것이 없다. 우리는 우리 삶의 목적에 관해서는 진리나 허위가 존재하지 않는다고 생각하기 쉽다. 목적과 가치의 영역에서, 다른 사람에게 해를 끼치지 않는 한(이는 중요하지만 모호한 조건인데, 무엇을 '해'로 볼 것인지에 대해 우리가 동의하고 있다는 잘못된 추정을 하고 있기 때문이다) 궁극적으로 우리가 좋아하는 것을 자유롭게 할 수 있다는 것이다.

과학의 진리와 종교의 임의적 믿음 간의 극명한 대조는 옹호될 수 없다. 그럼에도 그러한 옹호를 당연하게 거부하는 이들조차 종종 삶의 방향에 관한 진리나 이에 상응하는 '가치 목록'에 대해서는 문제가 있다고 여긴다. 그들은 보편적으로 '참되게' 보이는 삶이, 특정 시기에 개인으로서 우리가 스스로를 보는 자신의 모습과 어울리지 않기 쉽거나 우리가 원해서 선택

---

[8] Bruno Latour, *An Inquiry into Modes of Existence: An Anthropology of the Moderns*, trans. Catherine Porter (Cambridge, MA: Harvard University Press, 2013), pp. 2-5를 보라.

[9] 최근의 논의는 James Davidson Hunter and Paul Nedelisky, *Science and the Good: The Tragic Quest for the Foundations of Morality* (New Haven: Yale University Press, 2018)를 보라.

한 삶을 방해할지 모른다고 걱정한다.[10] 우리로 하여금 그러한 '진리 안에서' 살지 않는 이들을 무시하거나 멸시하도록 부추기지는 않을지 두려워한다. 마지막으로, 좋은 삶에 관한 진리에 헌신하기를 망설이는 것은, 우리들이 공동의 공간에서 살아가고자 할 때 서로 충돌하며 화해가 불가능한 상호 비관용적인 집단으로 나뉘는 것을 두려워하기 때문이다.

이번 장에서는 이러한 우려를 다룰 것이다. 먼저, 우리는 번영하는 삶의 긍정적이고 구체적인 비전이 불가피함을 주장할 것이다. 모든 긍정은 또한 부정이기에, 그러한 비전 간의 다툼을 피하려 하지는 않을 것이다. 둘째, 참된 삶의 비전에 대한 기독교적 해석은 그것을 옹호하는 이들이 다른 비전을 옹호하는 사람들과 평화롭게 공존하고 협력하며 심지어 그들로부터 배울 수 있다고 말한다고 주장할 것이다. 마지막으로, 우리는 참된 삶의 기독교적 비전, 제대로 이해된 그 비전이 특정 장소에서 살아가는 개인들의 삶의 유동적 특수성을 어떻게 고려하는지 상세히 살펴볼 것이다.

진리 주장은 너무 고대적이라 믿을 수 없다?

이번 장에서는 한 가지 중요한 임무를 그냥 남겨 놓을 것이다. 어떤 이들은 진리에 관한 것이라고 주장하는 신학이 실제로는 단지 믿음을 다룰 뿐이며, 사실 이 믿음은 세상에 대해 지금 우리가 가진 지식이나 기술적 기량의 극히 일부밖에 가지지 못했던 고대 사람들에게서 온 것이라고 주장한다. 우리는 이러한 비판자들에 맞서 우리의 입장을 변호하려 하지 않을 것이다. 단지 그러한 비판에 대한 반응으로, 우리는 다음과 같이 지적할

---

10 사람들은 때로 삶의 목적이나 욕망의 기준을 참이나 거짓으로 생각해야 한다면 우리가 선택권을 상실하게 되리라고 말한다. 그러나 그것은 사실이 아니다. 참된 삶을 선택하고 거짓된 삶을 포기하는 것 역시 하나의 선택이다. 우리가 잃는 것은 삶의 방식을 선택하는 어떤 특정 근거, 즉 우리가 그것을 욕망한다는 사실의 충분성이다.

뿐이다. 신학은 **일차적으로** 설명을 위한 지식이나 도구적 지식에 관한 것이 아니다. 만약 신학이 그런 것이라면, 비판자들의 주장대로 한물간 기술에 기초한, 이미 틀린 것으로 드러난 과학에 지나지 않을 것이다. 신학이 일차적으로 설명을 위한 지식이나 도구적 지식에 관한 것이 아닌 것은, 기독교 신앙이 일차적으로 그런 종류의 지식에 관한 것이 아니기 때문이다. 기독교 신앙은 일차적으로 하나님과 세상 간의 관계에 관한 것이며, 보다 구체적으로는 하나님의 계시이자 인류의 표준적 모범이신 예수 그리스도 안에 있는 참된 생명에 관한 것이다(물론 그러한 신앙이 하나님과 세상의 관계와 참된 삶에 관해 말하는 것의 진실성은 하나님과 예수 그리스도의 본성에 관해 신앙이 주장하는 바의 진실성에 달려 있다).

우리의 삶과 관련해 '진리'란 정확하게 무엇을 의미하는가를 두고—예를 들면, 수학이나 물리학, 인문 과학에서 말하는 '진리'와는 구별되는 의미에서—수 세기에 걸쳐 논쟁이 있었고, 근대 과학(modern science)의 발흥

…로서의 신학	서술적	도구적	
과학	+	−	역사, 철학, 사회학 등의 서술적 지식. 예를 들면, 종교학으로서의 신학.
기술	−	+	하나님의 성품, 하나님 백성의 전통, 세상의 본성을 알지 못한 채, 이미 설정된 목적을 성취하는 수단. 예를 들면, 번영신학의 가르침.
신학	+	+	**주제 있는 번영하는 삶의 규범적 비전을 지향하는 서술적 연구.**

표 4.1 신학의 서술적 측면과 도구적 측면이 생산적 긴장 관계 안에 놓여 있지 않을 때 발생하는 잘못된 구성. 신학은 단순히 (과학처럼) 서술적이거나 (기술처럼) 도구적이지 않다. 신학은 이 두 측면을 모두 가지고 있으며, 이 둘이 서로 호응하면서 함께 작동할 때 비로소 균형 잡힌 신학이 된다.

은 이 논쟁을 더 심화시킬 뿐이었다.[11] 그러나 다양한 진리 개념 사이의 관계를 어떻게 이해하든, 인간 삶에 관한 진리가 그리스도 안에서 발견된다고 한다면 인간 분투의 방향이 단순히 개인이나 공동체의, 심지어 문명의 선호를 표현한 것일 수는 없다. 사람에게는 선호가 있고, 우리는 사람들이 그들의 선호대로 행동할 수 있는 권리를 존중해야 한다. 삶의 기본 방향은 절대적으로 그 사람 자신의 책임이다.[12] 그러나 모든 선호가 동등하지는 않으며, 기독교 신학의 목적은 그러한 선호들을 비판적으로 살펴보고―정말로, 단순히 선호에 따라 인생 전체의 방향 결정을 이해하는 경향에 의문을 제기하고―진정으로 번영하는 삶의 기독교적 비전에 대한 설득력 있는 해석을 제공하는 것이다.[13]

---

11 예를 들어 Stanley Hauerwas, *The State of the University: Academic Knowledges and the Knowledge of God* (Malden, MA: Blackwell, 2007)을 보라.
12 종교의 자유에 관해서는 Miroslav Volf, *Flourishing: Why We Need Religion in a Globalized World* (New Haven: Yale University Press, 2015), pp. 107-114; Miroslav Volf and Ryan McAnnally-Linz, *Public Faith in Action* (Grand Rapids: Brazos, 2016), pp. 167-174를 보라.
13 현대의 수많은 종교 해석이 종교의 진리 주장은 무시하고 종교적 언어, 실천, 의례와 같은 기능에 집중하는 쪽을 선호한다. 그러나 이러한 해석은 종교를 외부인에게 유리한 시점에서 기술하는 경향이 있다. 특정 종교 지지자들은 압도적으로 자신들이 받아들인 종교를 진리 주장을 생산하고 구현한 것으로 본다. 그들 중 대다수는 종교가 진리 주장 이상임을, 예를 들어 감정적 힘이나 변화를 가져오는 효과가 있음을 잘 알고 있으며, 부분적으로는 그러한 힘과 효과 때문에 그 종교를 받아들인다. 또한 많은 이가 한편에 있는 실천, 의례와 또 다른 한편에 있는 내적인 종교적 상태, 진리 주장 간의 친밀한 관계를 인식한다(의례와 실천이 단지 내적 상태의 표현이자 진리 주장의 적용이 아니라는 취지에서). 우리가 '실재에 대한 포괄적인 종교적 해석과 연결된 누군가의 삶의 진리'에 대해 말할 때, 어떤 이들은 우리가 '진리'를 과학의 문맥에서 사용되는 진리와는 구별되는, 그러나 그것보다 결코 덜 중요하지 않은 의미로 사용하고 있음을 감지한다. 둘 중 무엇이든 진리 주장은 중요하다. 종교의 힘과 효과는 부분적으로―오직 부분적으로만!―이러한 진리 주장의 기능이며, 의례와 실천 역시 부분적으로―오직 부분적으로만!―이러한 진리 주장의 구현이다.

긍정적인 것의 우위

사회적 폭력을 발생시키거나 개인적 차이를 억압하기를 피하면서 번영에 대한 기독교적 비전을 진술할 수 있는 방법을 제시하기 전에, 그러한 목표에 이르게 해 주리라 약속하는 대안적인 길처럼 보이지만 사실은 어디에도 가지 못하는 길인 것을 먼저 차단할 필요가 있다. 바로 번영하는 삶에 대한 모든 긍정적 해석은 언제나 합당한 이유 없이 누군가를 배제하기 때문에 폭력의 발생 및 차이의 억압과 연계된다고 보는 관점이다.[14] 경우에 따라서 이 관점은 신중한 지적 입장으로 진술되기도 하지만,[15] 암묵적이면서도 강력한 감수성으로 작용할 때가 더 많다. 그러한 관점을 공유하는 사람들은 구속력 있는 모든 신념은 부정적 방식으로 표현해야 한다고 주장한다.

어떤 이들은 신학도 그런 방식으로 하려 할 것이다. 하나님과 관련해서 기본적 확신이란 "우리가 이해하는 것이 이해의 불가능성이…아닌 한"

---

[14] 여기서 이러한 반대의 가장 급진적인 형태는 한쪽에 남겨 두겠다. 그것은 번영하는 삶에 대한 모든 긍정적 확신이 우리의 삶을 너무 단단하게 조여 매 '전족'을 한 인간들을 만들어 내기 때문에 삶 자체에 해롭다는 주장이다. 이 빈번한 반대는 이성에 대한 더 광범위한 불편함의 한 표현이며, 이는 제랄딘 핀(Geraldine Finn) 같은 철학자와 문화 비평가들에 의해 가장 극단적인 형태로 표명되지만, 근대의 프리드리히 니체까지도 거슬러 올라갈 수 있다. 에세이 모음집 *Why Althusser Killed His Wife: Essays on Discourse and Violence* (Atlantic Highlands, NJ: Humanities Press, 1996)에서, 핀은 이성을 본질적으로 폭력적이고 어쩔 수 없이 강압적인 것으로 묘사하는데, 이는 이성이 비이성적인 것을 배제하며 힘의 메커니즘을 구성하기 때문이다. 정말로, 담론적 논증은 종종 억압적 권력을 위해 봉사하는 위치에 있었다. 동시에, 핀이 해방을 위해 합리적 담론을 사용하는 것은 담론적 논증에 대한 그녀의 단정적 비난이 이야기의 전부가 아님을 보여 준다. 즉, 억압의 거부가 그 자체로 억압적인 것은 아니다. 모든 배제가 해로운 것은 아니며, 모든 단언이 폭력은 아니다. [이 각주를 작성한 자나 곤와(Janna Gonwa)에게 감사를 전한다.]

[15] 예를 들어 John D. Caputo, *Radical Hermeneutics: Repetitions, Deconstruction, and the Hermeneutic Project* (Bloomington: Indiana University Press, 1987), pp. 240-244를 보라.

모든 이해는 불가능하다는 것이다.[16] 하나님에 대한 긍정적 진술을 피한다면 우리에게는 모호한 초월성, 방향성 없이 초월하는 움직임만 남을 것이다. 도덕적 실천과 관련해서 신학 연구의 주요 취지가 자유를 가로막는 모든 장애물, 배제의 양상, 고통의 근원을 제거하기 위한 비판으로 구성된다는 것이다.[17] 이 세 가지는 우리가 2장에서 설명했던 현대적 관심사의 삼위일체다. 그러나 탈식민주의적 감수성은 예외를 허락한다. 어떤 비판자들은 긍정적 비전을 비판하면서도 원주민 공동체에게만큼은 공유된 '공동체의 특정 기준'에 대한 권리를 인정하는데, 그러한 기준 없이는 공동체가 분해되는 것을 피할 수 없음을 알기 때문이다.[18] 이 예외는 교훈적인데, 만약 그러한 공동체가 자체적으로 지속되려면 그 경계 유지에 관여하는 것이 필요하고 이는 결국 자칫 억압적으로 보일 수 있는 인식론적이고 사회적인 개입을 수반하기 때문이다. 비판이 스스로 충실해지려 한다면 **어떤** 긍정적 단언을 위한 공간도 만들어 낼 수 없다. 결국에는 부정만 남는다.

    그러나 부정의 패권은 옹호될 수 없다. 속박, 배제, 고통의 근원을 비판하면 안 되기 때문이 아니라, 부정이 자립적이라는 주장이 거짓이기 때문이다. 그 반대라고 항의하지만, 부정은 긍정적인 것의 (암묵적) 긍정에 의존한다. 부정의 작업 뒤에는 자아란 누구인가(예를 들면, 자율적 개인), 다른 이들과의 어떤 관계를 맺어야 하는가(예를 들면, 언제나 개인적 동의를 통해 매개되고 상호 이익을 위한 방식으로 맺어지는 관계), 선이란 무엇인가(예를 들면, 즐거

---

16   Mark Taylor, *About Religion: Economies of Faith in a Virtual Culture* (Chicago: University of Chicago Press, 1999), p. 1.
17   또한 Saba Mahmood, *Politics of Piety: The Islamic Revival and the Feminist Subject* (Princeton: Princeton University Press, 2005), pp. 13-14를 보라.
18   P. J. Watson, "Transition beyond Postmodernism: Pluralistic Culture, Incommensurable Rationalities, and Future Objectivity", *Review & Expositor* 111, no. 1 (February 2014): pp. 33-40.

움 증대와 고통 감소)에 대한 긍정의 비전이 놓여 있다.[19] 이것이 '순전한 부정'의 아이러니다. 인간 본성과 번영하는 삶에 대한 암묵적 해석을 전제하고, 그다음에 모든 긍정적 표명을 억압적이라고 주장하는 것이다. 부정은 자유의 이름으로, 스스로에게는 남몰래 허락한 것을 다른 이들에게 허락하는 것은 거부한다.

좋은 삶의 긍정적 비전은 불가피하다. 어떤 특정한 긍정적 비전의 본질이나 범위에 이의를 제기할 수는 있지만, 모든 긍정적 비전을 제거하기란 불가능하고 그러려고 해서도 안 된다. 심지어 해방을 위한 부정도 개인의 자율성에 대한 규범적 긍정을 전제한다. 유사하게, 우리는 특정 인격을 공들여 만들어 내는 방식과 목표에 이의를 제기할 수는 있지만, 공들여 만드는 행위 자체를 제거할 수는 없고 그러려고 해서도 안 된다. 우리가 '자연적인' 것이라고 생각하고 싶어 할 수 있는 '자율적 주체'조차 사실은 현대성을 좇아 사람들을 **그런 식으로 공들여 만들어 낸** 결과다.[20] 반드시 긍정적 비전과 함께 일하고 사람들을 공들여 만들어 내야만 한다면, 그러한 일을 암암리에 현재 추세라는 변덕스러운 풍조에 따라서 하기보다는, 드러내 놓고 신중하게 우리에게 주어진 가장 좋은 전통 안에서 하는 편이 훨씬 좋을 것이다.

---

19 세일라 벤하비브는 칸트 윤리학의 형식적 보편성조차 인간성 존중을 기초로 해야 하며, 인간성 존중은 인간으로 산다는 것은 무엇을 의미하는가에 대한 강력하게 긍정적인 개념을 요구한다고 설득력 있게 주장한다. 그녀는 이렇게 쓴다. "존중을 정당화하기 위해서는, 우리가 공유하는 인간성이 도덕적으로 중요하고 '깃털 없는 두 발 동물'의 유사성에 제한되지 않는다는 사실처럼 인간으로 산다는 것이 의미하는 바에 대한 어떤 상당히 '두터운' 해석이 존재해야 할 것이며, 일반화된 호혜성에 대한 이해야말로 인간으로 산다는 것의 의미에 대한 모든 두터운 해석이 갖는 한 측면이어야 할 것이다." Seyla Benhabib, "On Reconciliation and Respect, Justice and the Good Life: Response to Herta Nagl-Docekal and Rainer Forst", *Philosophy and Social Criticism* 23, no. 5 (1997): p. 102.

20 Michel Foucault, "The Subject and Power", in *Power*, vol. 3 of *Essential Works of Foucault*, ed. James D. Faubion, trans. Robert Hurley et al. (New York: New Press, 2000), pp. 326-348를 보라.

하나님에 대해 순전히 부정의 방식으로 말하는 것과 관련해서, 초월하는 움직임으로 초월을 축소하는 것은 배제적이고 억압적으로 보이는 좋은 삶에 대한 긍정적 비전의 정당성을 제거하려는 의도를 갖는다. 사실, 이는 결국 비판에 대한 부정을 정당화할 뿐 아니라 그러한 부정이 반드시 전제하는 좋은 삶에 관한 대안적인 긍정적 비전 역시 정당화하게 된다. 신학자들이 하나님에 대해 말할 때 대체로 순전히 부정하는 부정 어법의(apophatic) 접근이나 순전히 긍정하는 긍정 어법의(kataphatic) 접근을 거부하는 합당한 이유가 있다. 하나님의 본성을 분명하게 표현하는 동시에 하나님은 모든 표현을 무한히 초월해 계심을 언어를 통해 인정하는 것을 목표로 삼는 신중하고 체계적으로 기획된 변증법적 전략에서는 긍정 어법의 접근과 부정 어법의 접근 둘 다 필수 요소다.[21] 부정적인 것은 언제나 긍정 어법과 부정 어법 둘 다를 포함한 전체적 접근, 정말로 오직 긍정 어법이 있기에 부정 어법이 가능한 접근 내의 순간으로서만 알려질 수 있다.

번영하는 삶의 '긍정적' 비전이 번영하는 삶의 (안 좋은 의미에서) '교조적' 비전과 동일한 의미가 아님을 주지하라. 교조적 비전은 긍정적 비전의 오직 한 종류일 뿐이며, 사실 부적절하고 종종 해롭다. 부정 어법과 긍정 어법의 변증법이 함축하듯, 하나님에 대해 우리가 아는 모든 것 안에는 '알지 못하는 것'이 존재하며 하나님에 대해 우리가 합당하게 주장하는 모든 진리 안에는 '비진리'가 존재한다. 이사야서에서 하나님은 왜 그분에 관한 한 무지가 불가피한지 알려 주신다.

---

21   두 접근에 관해서는 Denys Turner, *The Darkness of God: Negativity in Christian Mysticism* (Cambridge: Cambridge University Press, 1995)을 보라.

이는 내 생각이 너희의 생각과 다르며

　내 길은 너희의 길과 다름이니라. 여호와의 말씀이니라.

이는 하늘이 땅보다 높음같이

　내 길은 너희의 길보다 높으며

　내 생각은 너희의 생각보다 높음이니라. (사 55:8-9)

이는 하나님에 대한 기독교의 설명에 해당하듯 번영하는 삶의 기독교의 비전에도 해당하며, 그것은 어느 정도 그 비전이 비전의 기반인 하나님과 관계하고 있기 때문이며, 또한 어느 정도 그 비전이 소망 가운데서 미래를 향해 팔을 뻗고 있기 때문이다. 알지 못하는 것은 하나님에 관한 진술뿐만 아니라 소망의 진술에도 포함된다. 바울은 "보이는 소망이 소망이 아니니"라고 쓴다(롬 8:24). 마르틴 루터는 바울의 이 말이 단순히 소망하는 이들이 그들 마음의 눈으로 보는 것을 실재에서는 아직 보지 못함을 의미한다고 생각하지 않았다. 루터는 "우리는 마땅히 기도할 바를 알지 못한다는"(8:26) 바울의 주장에서 실마리를 얻어, 소망은 한 사람을 "알려지지 않은 것, 감추어진 것, 어두운 그림자 안으로" 옮겨 놓기에 "그는 자신이 무엇을 소망하는지 알지 못한다"고 생각했다.[22] 우리는 번영하는 삶의 기독교적 비전을—그리고 하나님의 진리와 예수 그리스도의 진리 역시—긍정적 방식으로 알고 진술하되 오직 깨어져 있고 알지 못하는 종류의 방식으로만 그렇게 할 수 있으며, "거울로 보는 것 같이 희미하게" 보고 "부분적으로만 아는" 것을 향해 우리 자신을 뻗어 나가게 한다(고전 13:12).

22　Martin Luther, *Lectures on Romans*, in *Luther's Works* (St. Louis: Concordia, 1972), 25: p. 364. 『루터: 로마서 강의』(두란노아카데미).

폭력 없는 보편주의

번영하는 삶의 기독교적 비전이 오늘날 유일하게 있는 것은 아니다. 수많은 긍정적 비전이 보편적 타당성과 모든 인간에게 참됨을 주장한다. 이 비전들은 서로 일치하지 않으며, 적어도 모든 본질적인 부분에서 그렇다. 한 비전은 언제나 다른 비전이 확언하는 어떤 결정적 측면을 부정한다. 우리는 그러한 비전들 간의 경쟁을 피하려 해서는 안 되고 피할 수도 없다. 물론, 우리가 선호하는 비전이 어떠한 반론의 여지 없이 무조건 선하다고 간단히 단언해서도 안 된다. 그 대신 우리는 기독교의 비전을 포함한 번영하는 삶에 대한 여러 경쟁하는 비전을 **경쟁하는 특정 보편주의들**로 간주하면서 접근해야 하고 진리를 추구하는 자세로 비전들에 대한 대화에 관여해야 한다.

그러나 "경쟁하는 특정 보편주의들"이라는 것이 정확하게 무엇을 의미하는가? 그리고 기독교 신앙도 그중 하나라고 할 때, 기독교 신앙에는 폭력을 행사하거나 억압하지 않는 방식으로 경쟁할 수 있는 내적 원천이 있는가? 지금부터 이 두 질문을 차례로 살펴보면서, 먼저 "경쟁하는 특정 보편주의들"이라는 표현을 분석하고, 그다음에는 그러한 보편주의 가운데서 기독교 신학을 하는 한 방식을 간략히 설명할 것이다.

보편성

오늘날 기독교 신학자들은 번영하는 삶에 관해서 경쟁하는 다수의 특정 보편주의를 그 다양한 변주의 문맥 안에서 연구한다. 이것들을 **보편주의**라고 부르는 것은, 모든 인간이 그것을 받아들이게 될 것이기 때문이 아니라 그것들이 모든 인간에게 해당하는 진리라고 주장하기 때문이다. 이번 장을 시작하면서 말했듯, 기독교 신앙 자체도 번영하는 삶에 대한 그러한 보편주의적 해석 중 하나다. 보다 정확하게 말하면, 번영하는 삶에 대한 그러한 해석들 가운데서도 다투기 좋아하는 가족이다.

니체 철학이나 프로이트 심리학처럼 어떤 보편주의는 세속적이다. 또 어떤 보편주의는 기독교나 이슬람처럼 종교적이고, 불교나 유교(그리고 어쩌면 플라톤이나 스피노자의 철학)처럼 그 중간 어딘가에 위치한 것도 있다. 이 보편주의들은 그것을 옹호하는 사람들이 (1) 신화적, 형이상학적, 혹은 과학적 용어로 진술된 실재의 본질에 대해, (2) 자아, 사회적 관계, 선에 대해, (3) 실재의 본질뿐만 아니라 자아, 사회적 관계, 선의 특징과도 잘 어울리는 삶의 비전에 대해, (4) (1)-(3)에서 주장하는 진리에 접근할 수 있고 거기에 타당성을 부여해 줄 적절한 수단에 대해 보편적으로 타당한 주장이라고 여기는 것을 모두 가지고 있다.

얼핏 보면 그렇게 보이지 않겠지만, 어떤 계열에서 아주 인기 있는 '유연한 상대주의'조차 보편주의의 한 형태다. 각자가 원하는 것을 할 수 있게 한다는 생각이 보편적 가치와 무슨 상관이 있을까? 특히, 예를 들어 부처, 예수, 무함마드를 동시에 따르면서 이 자체적 조합에 실존 심리학의 통찰을 가미하는 사람들의 경우라면 어떨까?[23] 그러나 그 유연한 상대주의자에게도, 그들이 따르는 가치에 대한 어떠한 비판도 허용하지 않고 그저 각자가 원하는 것을 할 수 있게 해 주는 것은 스스로 적절하다고 생각하는 대로 자신의 삶을 살 수 있는 각 개인의 보편적 **권리**에 근거한 도덕적 의무다. 비관용은 그에 상응하는 도덕적 범죄로, 용인되어서는 안 되는

---

[23] 동시대 브리콜라주(닥치는 대로 재료를 사용하여 작품을 만드는 제작 방식—옮긴이) 종교성에 대해서는 Véronique Altglas, *From Yoga to Kabbalah: Religious Exoticism and the Logics of Bricolage* (New York: Oxford University Press, 2014)를 보라.

것이다.[24]

　각각의 보편주의는 진리 주장을 펼치지만, 그중 어떤 것도 완전하거나 엄격하게 닫힌 체계는 아니다. 사실 모든 보편주의는 부분적으로 서로의 경계를 오갈 수 있다. 이는 순수한 초기 신앙의 구현임을 주장하는 다양한 형태의 종교적 혹은 세속적 근본주의 형태에서도 어느 정도 사실이다.[25] 각각의 보편주의마다 다른 보편주의의 신념과 다소 중복되는 신념이 꽤 있다는 사실이 그러한 투과 가능성을 암시한다. 그들의 역사를 알고 나면 더욱 확실해진다. 각각의 보편주의는 기술, 경제, 정치의 변화 같은 '현장'의 상황에 반응하여 변화하기도 하지만, 경쟁을 포함해 다른 보편주의와의 대면을 통해서도 변화한다. 예를 들어, 가장 큰 세 유일신주의인 유대교, 기독교, 이슬람교는 각각 다른 둘에 의해 형성되었고 지금도 형성되고 있다. 제각각 특정한 원천과 인식론을 가지고 있음에도, 다수의 보편주의는 적어도 어느 정도 상호 이해와 비판이 가능할 뿐만 아니라 서로에게서 배울 수도 있다. 한 마디로, 그들은 서로를 형성할 수 있다.

24　Charles Taylor, *Varieties of Religion Today: William James Revisited* (Cambridge, MA: Harvard University Press, 2002), p. 89.
25　현재의 모든 근본주의의 교리적 입장과 도덕적 입장 모두 애당초 그들이 똑같이 복제하고자 애쓰는 원형의 환경과는 아주 다른 일련의 특정한 환경을 배경으로 형성되었다. 근본주의도 그들 환경의 변화에 반응하며 변화한다. 근본주의를 폄하하는 이들은 그 변화가 너무 느리고 너무 제한되어 있다고 주장하겠지만 말이다. 이는 미국 기독교 근본주의의 경우 분명한 사실이다. 조지 마즈던은 수십 년에 걸쳐 미국 근본주의를 관찰한 내용을 고찰하면서 이렇게 언급한다. "미국의 근본주의에 대해 가장 흥미로운 점 중 하나는 그 목표물이 움직여 왔다는 것이다. 옛 시대의 종교는 언제나 변화해 왔고, 혁신적이며, 많은 면에서 최신식이다. 복음 선포를 핵심 관심사로 삼는 것, 근본주의적 교리, 개인적 경건에 대한 관심, 자유주의 신학과 세속화된 문화를 전투적으로 반대하는 자세는 1920년대와 대체로 여전히 동일한 반면, 그러한 관심사를 표현하는 방식은 여러 변이를 거쳤다." George Marsden, *Fundamentalism and American Culture*, new ed. (New York: Oxford University Press, 2006), p. 231. 『근본주의와 미국문화』(생명의말씀사). 또한 그의 *Reforming Fundamentalism* (Grand Rapids: Eerdmans, 1987), pp. 252-254를 보라. 거기서 그는 미국 근본주의에 뿌리를 두고 있지만 여성 안수와 억압받는 이들을 위한 정치적 관여의 길을 처음 연 풀러 신학교의 점진적 개혁을 설명한다.

특수성

모든 보편주의는 **특수하다**. 이는 역설처럼 보이겠지만 그렇지 않다. 이는 번영하는 삶에 대해 보편적 주장을 하는 인간이 모두 시간, 공간, 언어, 문화의 피조물이라는 사실에 따른 결과다. 그들의 비전이 보편적 범위를 갖는다 해도 영향을 미치는 넓이는 제한되어 있다. 오늘날 가장 폭넓게 받아들여지는 보편주의인 기독교조차도 그것을 따르는 사람은 세계 인구의 삼분의 일이 안 된다. 각각의 보편주의는 지구상 어디에서도 '이식 가능'하고 자랄 수 있지만, 또한 언제나 특정 시간, 특정 장소에 뿌리내리고 있다. 모든 보편주의의 기원, 역사, 현재의 실재는 시공간 면에서 특수하다.

우리는 종교적 보편주의를 통일체로 묘사했지만—그리고 그것들은 종종 그와 같이 전 지구적 수준의 사회관계로서 기능하지만—사실 지역 수준의 사회 기관으로서 각각의 종교적 보편주의는 거대한 운동보다는 작은 공동체와 개별 신자의 특정한 삶 안에서 보다 구체적이고 생생하게 살아 있다. 개별 보편주의의 폭넓은 일관성은 공동의 창시자나 근원이 되는 경전에서만이 아니라 신자 간 이루어지는 개인적 수준의 교류에서도 나온다. 우리는 보편주의, 보편주의의 지역적 경쟁 버전, 보편주의를 따르는 개인들의 구체적 표현 간의 관계를 언어, 방언, 개인어 간의 관계에 비유하여 생각해 볼 수 있다. 구체적 경험의 수준에서는 오직 개인어만 '존재한다.' 방언과 언어는 개인어 수준에서 개인이 말을 하는 발화 패턴으로부터 발현되는 추상적 개념들이다. 그렇지만 그렇게 발현되는 방언과 언어가 수립하는 상호 이해 가능성과 관습의 틀은 개인적 수준의 행동을 중요하게 제한한다. 서로 경쟁하는 특정 보편주의들의 경우도 마찬가지다. 다시 기독교를 예로 들어 보자. 어떤 의미에서, 세계 종교인 '기독교'는 구체적 경험 안에서 '존재하지' 않는다. 오직 수십억의 개인과 셀 수 없이 많은 중복되는 신앙 공동체가 살아 내는 신앙심이 존재할 뿐이다.

시간과 공간은 보편주의의 피할 수 없는 특징이기 때문에, 이미 앞에서 그 투과 가능성에 대해 말하면서 지적했듯 보편주의는 변할 수 있고 사실 언제나 변화하고 있다. 교리는 발전하고, 도덕적 감수성은 변화한다. 관습은 변하고, 의례는 형태나 의미 면에서 변화를 겪는다. 때로 변화는 최초의 비전에서 떠나 새로운 무언가를, 심지어 어쩌면 최초의 비전과 양립 불가능하기까지 한 무언가를 시작하는 것을 의미하기도 한다(어떤 이들이 생각하듯 기독교가 유대교로부터 출현했을 때처럼). 때로 변화는 새로운 환경 아래에서 최초의 비전에 충실하기 위해 요구되는 것이기도 하다(어떤 이들이 생각하듯 마르틴 루터가 라틴 기독교세계의 종교개혁을 시작했을 때처럼). 그것이 떠남이었는지 충실함이었는지에 대한 논쟁은 대체적으로 완전한 결론에 이르지 않은 채로 남아 있지만, 변화는 각각의 경우 안에서 계속되고 있다.

보편주의의 특수성은 절대성을 내세우는 모든 주장에 대한 분명한 거부를 수반한다. 보편주의는 보편적 주장을 하지만, 그 특수성은 그러한 주장 가운데 절대적이 되는 어떤 것도 배제한다. 구체적인 예로, 때로 절대적인 것처럼 보였던 종교인 기독교 신앙의 경우를 보라.[26] 우리가 기독교의 기본적이고 전통적인 교리가 참되다는 주장을 받아들인다고 해도, 혹은 특히 그러한 주장을 받아들인다면, 기독교는 절대적일 수 없다. 이제 삼위일체의 두 번째 위격이신 말씀과 삼위일체 자체는 모두 절대적이다. 즉, 하나

---

26 '기독교의 절대성'에 관한 논의는 G. W. F. 헤겔의 *Lectures in Philosophy of Religion*, trans. R. F. Brown et al. (Berkeley: University of California Press, 1984-1987)을, 완성된 종교 안에서 절대적인 것이 지각되고 그 자체를 온전히 표현하게 된다는 그의 생각과 함께 보라. 또한 에른스트 트뢸치(Ernst Troeltsch)의 *Absoluteness of Christianity and the History of Religions*, trans. David Reig (Louisville: Westminster John Know, 2006)를 보라. 『기독교의 절대성』(한들출판사). 여기서 그는 다양한 문화적 배경에 반응하여 기독교가 발전해 온 역사를 추적함으로써 기독교가 어느 정도는 절대적 종교임을 주장한다.

님은 절대적이시다. 그러나 육신이 되신 말씀, 하나님이자 인간이신 예수 그리스도는 정확하게 그분의 피할 수 없는 특정 인간성 때문에 절대적이지 않고 절대적일 수 없다. 그분은 (기원전 4세기경 나사렛이라는) 한 장소, 한 시대에 태어나셨고, (갈릴리 방언인 아람어와 아마도 헬라어라는) 특정 언어를 사용하셨으며, (유대교라는) 한 종교 전통의 일원이셨고, (갈릴리의 유대, 로마, 헬라 문화라는) 특정 혼성 문화에 의해 형성되셨다. 기독교 신앙에 따라오는 다른 모든 형태에는 더더욱 절대성을 부여할 수 없다. 교회의 시작인 동시에 그 자체의 방식으로 예수 그리스도의 특수성을 표현한 오순절이 보여주듯, 교회는 다양한 언어를 구사한다. 더 나아가, 앞에서도 지적했듯 기독교 신학자를 포함하여 그리스도인들은 오직 부분적으로만 알 수 있으며 결코 모든 것을 완전히, 의심 없이 분명하게 — 한 마디로 절대적으로 — 알지는 못한다.[27]

경쟁

마지막으로, 다양한 보편주의는 아이스크림 가게에 진열된 여러 맛의 아이스크림처럼 나란히 진열된 채 조용히 선택을 기다리지 않는다. 각각의 보편주의는 단지 우리의 선호만이 아니라 우리의 충성을, 심지어 절대적 충성을 요구한다. 각각은 우리 삶 전체의 방향을 결정하고 우리 가치의 근거가 되며 우리의 선호를 형성하는 심오한 신념의 후보들로서 서로 **경쟁**한다. '경쟁한다'는 것은, 보편주의가 (적어도 암묵적으로는) 언제나 지적으로 다툴 뿐 아니라 공동의 공간에서 세력을 잡기 위해 서로 다툰다는 의미

27 　역사적으로 수니(Sunni) 다수파 안에서 지배적인 관점에 따르면, 이슬람교는 절대적 종교로서의 자기 이해를 정당화하는 깊은 신념을 가진 유일한 종교일 것이다. 그들은 쿠란이 창조되지 않았으며 신과 함께 영원하다고 주장한다. "Koran", in *The New Encyclopedia of Islam*, ed. Cyril Glassé, rev. ed. (Walnut Creek, CA: AltaMira, 2001), pp. 267-268.

다.[28] 결국, 진리라고 주장하는 번영하는 삶의 비전을 공식화하는 것은 대안적 가치 목록을 제공하는 것이며, 따라서 적어도 부분적으로는 이미 존재하는 다른 가치 목록과 경쟁하는 것이다. 이와 비슷하게, 번영하는 삶의 비전을 살아 내는 것은, 사회적 공간을 차지하고 사회적 영향력을 행사하는 다른 행위자들이 이미 존재하는 곳에서 그들과 동일한 일을 하는 것이다. 개인이나 공동체마다 얼마나 큰 공간을 차지할 것인지, 또한 어떤 방식으로 영향력을 행사할 것인지는 차이가 있겠지만, 공간을 차지하고 영향력을 행사한다는 **사실**은 여전하다.

그렇기는 하지만, 경쟁하는 보편주의들이 반드시 '폭력적'일 필요는 없다. 특정 진리 주장을 위한 경쟁이 폭력으로 나아갈 **수도** 있지만 반드시 그런 것은 아니다. 대부분의 보편주의는 그것들이 발생시킬 수 있는 폭력을 조절할 다소 효과적인 방법을 그 안에 가지고 있다. 예를 들면, 불편부당에 대한 헌신(고전적 공리주의), 정의에 대한 헌신(이슬람), 자비에 대한 헌신(불교) 같은 것이다. 사실, 보편주의의 투과 가능성, 가변성, 역사성을 고려할 때, 책임감 있게 이루어지는 경쟁은 서로 간의 배움으로 이어지고 사회적 합의와 흥겨움을 이끌어 낼 수 있다.

책임감 있는 경쟁은 의도적 노력 없이 일어나지 않는다. 경쟁하는 보편주의를 관리하는 것은 우리 다원주의 시대의 핵심 도전이다. 이 도전에는 정치적 측면이 있다. 폭력을 옹호하거나 폭력에 가담하지 않는 한 각 개인과 공동체가 공적 공간에서 자유롭게 말하고 주장을 펼칠 수 있도록 허

---

28 대학을 포함하여 공적 공간이 다수의 특정 보편주의가 경쟁하는 장소가 되는 것에 대한 우리의 비전은 Kathryn Tanner, "Theology and Cultural Contest in the University", *Religious Studies, Theology, and the University: Conflicting Maps, Changing Terrain*, ed. Linell E. Cady and Delwin Brown (Albany: SUNY Press, 2002), pp. 199-212에서 제시한 비전과 일치한다.

락하고 격려하는 법적 제도와 문화적 감수성을 동반한 다원주의적 자기 이해를 갖춘 정치적 사회를 조성해야 하는 것이다. 도전을 충족시키기 위해서는 두 가지 필요 요건이 있다. 바로 (1) 삶에 대한 모든 포괄적 해석에 열려 있는 정치철학자, (2) 다원주의적 유형의 정치 제도와 법 제도에 열려 있는, 삶에 대한 포괄적 해석—종교적 해석과 더불어 세속적 해석—의 분명한 진술이다.[29]

다원주의적 배경에서 경쟁하는 보편주의들을 관리해야 하는 도전에는 교육학적 측면도 있다. 우리는 우리의 자기 이해, 우리의 열망, 세상의 바람직한 미래에 대한 우리의 이미지를 포함한 번영하는 삶의 비전에 대한 비판적 논의가 이루어질 수 있고 번영하는 삶의 비전을 차용하는 일을 그들이 맡은 책임 중 일부라고 생각하는 교육 기관을 조성할 필요가 있다. 그러한 교육 기관에서는 자기 기관이 진리를 추구하는 비판적 대화와 개인적 변화의 장소라는 인식을 가지고, 학생들이 경쟁하는 다수의 특정 보편주의의 진리 주장을 평가하고 책임감 있는 자세로 의견 교환을 하는 가운데 그들 자신이 옹호하는 보편주의를 위해 논쟁을 펼치는 어려운 일을 감당할 수 있도록 준비시켜야 한다.[30]

기독교 신앙은 단지 그러한 경쟁하는 여러 특정 보편주의 중 하나로 존재할 뿐 아니라, 신학적 자기 진술을 통해 다원주의 사회에서 그러한 여러 보편주의 간의 관계를 관리해야 하는 도전에 긍정적으로 기여할 수 있는가? 아니면 기독교 신학과 기독교 신앙은 본질적으로 강압적이며 다원주

---

29 경쟁하는 특정 보편주의들을 정치적으로 관리하는 이중 접근에 관해서는 Volf, *Flourishing*, pp. 97-194를 보라.
30 경쟁하는 보편주의들을 관리하는 임무의 이 교육학적 측면은, 특정한 일련의 수용 가능한 방법론 및 합리적 접근만을 강요하는 대신, 경쟁하는 특정 보편주의들을 함께 가져오는 다양한 합리성과 인식론을 (적어도 잠정적으로는) 환영하는 교육적 환경을 가정한다.

의 사회에서 다른 이들과 평화롭게 공존하는 데 어울리지 않기 때문에 외부의 관리를 받아야 하는가?

기독교 신앙과 폭력성

스무 세기가량의 기독교 역사 동안 그리스도인들은 박해를 받기도 하고 가하기도 했는데, 받고 가하는 것 양쪽 모두 엄청난 규모였다. 이러한 정반대의 두 경험은 단순히 기독교 신앙이 본질적으로 폭력적일 수밖에 없음을 보여 주는 동전의 양면인가? 기회가 오자 '피해자의 비관용'이 '가해자의 비관용'으로 탈바꿈하기라도 한 것처럼, 그리스도인들은 그들이 직면했던 가혹한 비관용을 그대로 흡수해 그들 자신의 비관용적 정신과 실천 안에서 더욱 지독해지게 했는가?[31] 그리스도인들의 잔혹한 비관용은 그들의 표적이 되었던 이들의 비관용에 불을 붙이고 기름을 부었는가? 양쪽 모두에 수많은 사례가 있다. 그러나 핵심 질문은 기독교 신앙이 폭력의 원천이 되지 않으면서도 다른 보편주의들과 지적으로나 사회적으로 경쟁할 수 있는, 그 내부에 번영하는 삶에 대한 해석에 부합하는 원천을 가지고 있느냐는 것이다. 우리는 그렇다고 주장할 것이다. 그렇다면 왜 기독교는 능동적 비관용의 역사를 가지고 있는가? 어떠한 조건 아래에서 기독교 신학자들은 이러한 원천을 제쳐 놓은 채 비관용, 박해, 폭력을 정당화하는 쪽으로 나아가게 되었는가?

사회학자 데이비드 마틴(David Martin)은 『기독교는 전쟁을 일으키는가?』(*Does Christianity Cause War?*)에서, 특정 상황에서 기독교 신앙 해석의 다양한 요소가 어떻게 통일성을 형성하게 되는지 ― 뒤에서 우리가 사용할

---

31 피해자의 부정적 혹은 수동적 비관용과 가해자의 긍정적 혹은 능동적 비관용의 구분에 관해서는 Assmann, *Price of Monotheism*, pp. 20-21를 보라.

이미지를 빌려 말하자면, 어떻게 그런 식으로 '즉흥 연주'되는지—에 대한 자신의 주장을 제시하고 기독교 신앙이 폭력을 정당화하게 되는 조건들을 설명한다. 그는 기독교 신앙을 "내부적으로는 독특한 방식으로 표명되고 특유의 탐구를 불러오지만, 신약성경과 '원시 전통'을 언급함으로써 인식 가능하게 제시되는, 서로 연결되어 있는 주제들의 특정한 레퍼토리"로 볼 수 있다고 제안한다.[32] (신학자를 포함한) 그리스도인들은 그들의 환경이나 주요 관심에 따라 어떤 주제들은 배경으로 밀어내고 또 다른 주제들은 전면에 부각시키면서 전체적인 조율을 통해 그러한 주제들 서로 간의, 또한 환경과의 다양한 수준의 화음이나 불협화음을 만들어 낸다. 그렇게 하는 내내 신약성경과 원시 전통에 충실하고자 애쓴다.

마틴은 기독교 신앙이 폭력을 정당화하는 쪽으로 맞춰지기 쉬운 환경이 있다고 주장한다. 그러한 환경은 "종교가 사회와 동일선상에, 따라서 권력, 폭력, 통제, 응집, 경계 표시의 역학과 동일선상에 놓일 때" 발생한다.[33] 바로 이것이 기독교가 제국의 지배 종교가 되었을 때 일어난 일이다.[34] 그 결과, 예를 들면 정치적 지배에 관한 기독교적 해석은, 요한 제바스티안 바흐(Johann Sebastian Bach)가 요한복음(17:1)에 근거해 〈요한 수난곡〉(St. John Passion) 도입부의 합창에서 표현한 것처럼 부활과 승천만이 아니라 무엇보다 "가장 큰 겸손"에서 자신의 영광을 가장 분명하게 드러내신 메시아 예수 그리스도 대신, 도덕적으로 흠이 있는 군주이며 전사인 다윗왕이라는 인물에 의존하기 시작했다. 그러한 동일한 환경에서, "자유인에게 그들의 의지에 거슬러" 종교 문제를 "강요하는 것은 옳지 않다"는 테르툴리아

---

32 David Martin, *Does Christianity Cause War?* (Oxford: Oxford University Press, 1997), p. 32.
33 Martin, *Does Christianity Cause War?*, p. 134.
34 Volf, *Flourishing*, pp. 186-190를 보라.

누스(Tertullian)의 입장은 "받아들이도록 강요하라"는 아우구스티누스의 입장으로 대체될 수 있었다.[35]

기독교 신앙이 폭력의 정당화를 돕는 일은 가능하다. 많은 위대한 신학자가 그렇게 했다(어떤 신학자는 그들이 정당화한 힘의 사용을 '폭력'이라고 부르는 것이 과연 맞는지 이의를 제기하고 싶어 할 수도 있겠지만). 우리는 그릇된 주장이라고 생각하지만, 계시된 하나님의 뜻에 맞는 법에 의해 다스려지는 반다원주의적이고 일원적인 기독교 국가를 옹호할 수도 있다. 동시에, 설득력 있는 다원주의적 대안들도 존재하며, 우리는 이것이 주변부 유대인이었던 예수 그리스도와 신약성경 전체에 보다 충실한 입장이라고 주장할 것이다.

다원주의적 사회 비전을 떠받치는 기둥들

번영하는 삶의 기독교적 해석이 모든 인간과 세상 전체에 해당되는 진리라고 주장함에도, 대체로 바로 그렇기 때문에 그 해석을 지지하는 이들이 다원주의적 환경에서 평화롭게 살면서 공동선을 추구하는 것이 가능하다면, 이는 해석의 어떤 핵심 요소 때문인가?

첫째, **삼위일체를 믿는 유일신주의**. 어떤 이들의 주장처럼 유일신주의는 종교의 가장 폭력적인 형태다(모든 종교는 추정적으로 그 비합리성 때문에 폭력적이다). 그 극단적 버전에서 신의 단일성은 우주의 동일성을 의미한다.[36] 그러나 한 분 하나님은 세상의 통일성뿐만 아니라 그 안의 모든 놀라운 다양성의 근원이시기도 하다. 그리스도인들에게 한 분 하나님은 성

---

35 Tertullian, *Ad Scapulum II*, John R. Bowlin, "Tolerance among the Fathers", *Journal of the Society of Christian Ethics* 26, no. 1 (2006): p. 18에서 재인용; Augustine, *Letter 93 to Vincentius*, §5.
36 Regina Schwartz, *The Curse of Cain: The Violent Legacy of Monotheism* (Chicago: University of Chicago Press, 1997), pp. 15-16를 보라.

삼위일체이기에, 하나님은 내적으로 구분되신다. 차이는 통일성 다음에 오는 부차적인 것이 아니다. 차이는 통일성과 더불어 동일하게 원생적(equiprimordial)이다.[37]

둘째, **무조건 사랑하시는 하나님**. 하나님은 단지 전능한 힘이 아니다. 단지 우주적 차원의 법을 제정하시는 분도 아니다. 하나님의 중심 속성은 무조건적 사랑이다. 창조주로서 하나님은 조건 없이 사랑하신다. 하나님은 모든 피조물을 존재하게 하시고 그 존재를 유지시키신다. 지탱하는 능력으로든 제한하는 능력으로든 하나님의 능력이 처음 피조물에게 올 때 그 힘은 외부로부터 오는 게 아니다. 피조물과 관련해, 그 능력은 무엇보다 그들을 존재하게 하는, 그들의 정체성을 세우는 힘이다. 통치자이자 구속자로서도 하나님은 조건 없이 사랑하신다. 하나님의 율법은 권력과 영광에 굶주린 지배자의 자의적 강요가 아니다. 하나님은 인간의 복종이 있건 없건 언제나 이미 지존자시다. 하나님의 율법은 다름 아닌 하나님의 사랑의 한 형태다. 인간들이 사랑의 법에 따라 살지 못할 때조차 하나님은 세상을 고치시고 세상에 계획된 충만함을 성취하고자 애쓰시며, 그리하여 그분이 세상을 지으실 때 원래 의도하신 것, 즉 하나가 된 우리의 집과 하나님의 집이 될 수 있게 하신다.[38]

셋째, **세상의 빛 예수 그리스도**. 요한복음에서는 예수 그리스도가 태초에 하나님과 함께 계셨던 육신이 되신 말씀이며 "만물이 그로 말미암아

---

[37] Miroslav Volf, "'The Trinity Is Our Social Program': The Doctrine of the Trinity and the Shape of Social Engagement", *Modern Theology* 14, no. 3 (July 1998): p. 409; Volf, "Being as God Is: Trinity and Generosity", in *God's Life in Trinity*, ed. Miroslav Volf and Michael Welker (Minneapolis: Fortress, 2006), pp. 3-12를 보라.

[38] 중요한 의미에서 창조와 전체 구원 역사를 언제나 '무로부터' 창조하시는 하나님의 무조건적 사랑의 표현으로 보는 관점은 Luther, "The Mignificat", in *Luther's Works* (St. Louis: Concordia, 1956), 21: pp. 299-300를 보라.

지은 바 되었고" 그분은 "사람들의 빛"이라고 주장한다(요 1:3-4). 그리스도인의 것이든 비그리스도인의 것이든 모든 빛과 모든 진리는 바로 그 말씀의 빛이며 따라서 그리스도의 빛이다. 이것 역시 유일신주의의 귀결이다. 그리스도께서 선포하셨던 변형하는 삶의 진리가 모든 사람을 위한 것이었을 뿐만 아니라, 그리스도 덕분에 모든 사람은 이미 그 진리의 일부를 소유하고 있으며, 순교자 유스티누스(Justin Martyr)가 불러 유명해진 "말씀의 씨앗"이라는 것을 가지고 있다.[39] 반대 경우일 수는 없다. 만약 그 말씀이 모든 것의 창조주시라면, 모든 진정한 통찰력은 예수 그리스도 안에 있는 하나님으로부터 나온다. 어디서나 추구되고 발견되는 모든 진리는 궁극적으로 우리를 그 근원이신 그리스도께로 데려간다.

넷째, 하나님의 통치와 인간의 통치의 구분. 적어도 그리스도인들이 이해하는 바로는, 유일신주의는 서로 연결되어 있으나 범주적으로 구별되는 두 영역, 초월적 영역과 속세의 영역을 함축하며, 절대적 우위는 초월적 영역에 있다. 여기에는 종교(하나님에 대한 충성)가 정치(특정 국가에 대한 충성)와 완전히 분리되지는 않지만 구별되는 '문화 체계'라는 사실이 뒤따라온다. 기독교 신앙이 정치적 공간에 들어가면 언제나 그 공간을 다원화한다. 일차적 충성을 공동체 자체나 그 통치자, 그들이 호소하는 어떠한 정당성의 원천이 아니라 예수 그리스도의 하나님께 두는 개인이나 공동체가 출현하는 것이다.[40] 기독교 교회는 그 일차적 충성을 그들이 시민으로 속해 있는 국가나 아직 만들어지지 않은 어떤 전 지구적 초국가(superstate)에 두지 않고 한 분이신 모든 사람의 하나님께 두는 공동체들의 느슨한 국제적 연

---

39 Justin Martyr, *First Apology*, §32. 『초기 기독교 교부들』(두란노아카데미).
40 Nicholas Wolterstorff, *The Mighty and the Almighty: An Essay in Political Theology* (Cambridge: Cambridge University Press, 2012), pp. 121-122를 보라.

결망이다(혹은 적어도 교회의 자기 이해는 그러해야 한다.) 정치적 다원주의와 트랜스내셔널리즘은 번영하는 삶의 기독교적 비전과 잘 어울린다.

다섯째, **모든 인간의 도덕적 평등함**. 하나님은 모든 인간을 하나님의 형상으로 만드셨고, 그리스도는 우리에게 하나님 사랑과 원수를 포함한 이웃 사랑을 가장 큰 계명으로 주신 하나님의 우주적 통치를 선포하시기 위해 오셨다. 모든 사람은 평등한 존엄성을 갖는다. 모두에게 동일한 권리와 동일한 도덕적 의무가 있다. 모두가 그 의무를 다하지 못했다. 기독교 신앙에 따르면 도덕적으로 열외자는 없다.

여섯째, **종교와 무종교의 자유**. "와서 나를 따르라!"라는 예수님의 부르심은 그것을 듣는 개인에게 따르거나 따르지 않을 자유가 있음을 전제한다. 애초부터 신앙은 자유롭게 받아들이던지 전혀 받아들이지 않던지 둘 중 하나임이 분명했다. 사람은 **마음으로 믿으며**,[41] 이는 주변의 영향에 표면적으로 순응하거나 압도적 세력이 옹호하는 외부의 명령에 의해서가 아니라, 그 존재의 가장 중심에서 믿는다는 말이다. 자유롭게 신앙을 받아들이는 것에 대한 강조 이면에는 모든 사람에게는 각자의 삶의 기본 방향에 대한 책임이 있다는 신념이 있다.

이 여섯 가지가 우리가 주장할 기독교 신앙의 근본 원칙이다. 우리가 이를 받아들인다면, 우리의 기독교 신념에도 **불구하고**가 아니라 바로 우리의 기독교 신념 **때문에** 우리는 다원주의 사회에서 존중의 문화를 배양하는 것과 특정 보편주의들이 진리를 추구하면서 지적으로 서로 논쟁을 벌이고 사회적 공간을 위해 폭력 없이 경쟁할 수 있는 공간을 여는 존중의 정치 제도를 공들여 만드는 일을 도울 수 있다.

---

41 로마서 10:10이 함축하는 의미다.

즉흥 연주

바로 앞에서는 기독교의 진리 주장이 사회의 평화에 가할 수 있는 위협에 대해 논했다. 지금부터는 기독교 보편주의가 개인의 **개별성**에 가할 수 있는 위협을 살펴볼 것이다. 어떤 삶의 비전이 모든 곳에서 모든 인간에게 참될 수 있다는 생각은, 우리에게 좋은 삶의 종류에 대해 생각하는 이 시대의 지배적 사고방식인 진정성(authenticity)의 이상을 위반하는 것처럼 보인다. 여기서 진정성은 개인적일 수 있다. 각 사람은 고유하며, 나는 내 자신의 잠재력을 식별하고 내가 열망하는 것에 귀 기울임으로써 오직 스스로만 발견할 수 있는 진짜 나의 정체성에 맞추어 살 때에만 번영할 수 있다는 것이다. 아니면 진정성은 공동체적일 수도 있으며, 특히 이는 많은 이가 식민지 정복 이전의 토착 문화와 관련해 옹호하는 관점이다. 각 문화는 고유하며, 특정 문화 그룹의 구성원들은 그 삶이 그들이 속한 그룹의 심오한 신념과 오랜 관습에 맞추어질 때에만 번영할 수 있다는 것이다.[42] 많은 경우, 이 두 형태의 진정성은 서로 뒤섞여 있다. 사회적 존재인 우리는 문화적이고 사회적으로 '우리가 누구인지' 발견할 때 우리의 '진짜 자아'를 발견한다.[43]

42　기독교 선교사들이, 특히 식민지 정복 과정에서, 그들이 신앙을 전한 사람들에게서 문화를 '훔친' 것에 대한 비판은 George E, Tinker, *Missionary Conquest: The Gospel and Native American Cultural Genocide* (Minneapolis: Fortress, 1993)를 보라.
　　말씀의 성육신과 성령께서 다양한 언어로 말씀하시는 것에 비유한 문화화에 대한 선교학적 논의는 Kwame Bediako, "Biblical Exegesis in the African Context—the Father and Impact of the Translated Scriptures", *Journal of African Christian Thought* 6 (2003): pp. 15-23; Kwame Bediako, *Theology and Identity: The Impact of Culture upon Christian Thought in the Second Century and in Modern Africa* (Oxford: Regnum, 1992); Andrew F. Walls, *The Missionary Movement in Christian History: Studies in the Transmission of Faith* (Maryknoll, NY: Orbis Books, 1996, 『세계 기독교와 선교 운동』, IVP)를 보라.
43　디즈니의 〈모아나〉(*Moana*)는 그러한 개인과 공동체의 진정성의 변증법적 항해를 생생하게

번영에 대한 기독교적 비전이 문화적 차이와 개인의 고유성을 수용할 수 있는가? 모든 인간이 하나님의 형상으로 창조되었고 예수 그리스도가 인간 번영의 열쇠라는 신념에 근거하는 기독교적 비전은 모든 인간을 일반적 인간성의 동일한 표본으로 다루면서 단일한 틀 속으로 밀어 넣어야 하는 것 아닌가? 짧게 답하면, 아니다. 그렇지 않다. 번영에 대한 기독교적 비전이 판에 박힌 사람들을 만든다면 그 비전은 비전의 두 핵심 신념을 부정하고 있는 것이다. 첫째는, 인간이 어떤 초시간적이고 초공간적인 인간적 본질의 개별 예시가 아니라 육체적 존재이자 언어를 말하는 존재이며 따라서 시간, 장소, 문화의 피조물이라는 것이다. 둘째 신념은, 몸에 잘 맞는 셔츠 대신 발에 안 맞는 신발을 신고 있는 사람처럼 율법이 그들 존재 자체 안에 새겨져 있기보다 그들에게 강요되는 것이라면, 궁극적으로 어떤 삶도 진정으로 좋을 수 없다는 것이다.⁴⁴ 그러나 번영에 대한 기독교적 비전이 이 신념을 실제로 살아 낼 수 있는가? 보편적 신앙이 특정 문화 안에 위치한 개인들의 특수성과 시간의 흐름 안에서 살아가는 육체적 존재를 과연 어떻게 존중할 수 있을까?

우리는 앞에서 그리스도가 사신 삶의 종류―분투의 목표와 분투하신 방법―는 그리스도의 공동체인 교회 안에서 성령의 능력을 통해 계속된다고 주장했다. 예수님이 사역을 시작하실 때 그분 안에 머물기 위해 오셨던 동일한 성령께서는 교회의 역사가 시작될 때 그 안에 머물기 위해 오셨다. 다양한 신약성경 본문이 암시하듯, 성령은 '특정하게 만드시는' 하나님

보여 준다. 모아나는 마을에서 떠나 망망대해로 나가라는 그녀 자신이 받은 개인적 부름이 사실은 그녀의 부족 사람들에게 그들이 한때 어떤 사람들이었는지를 **다시 떠올려 주기** 위한 부름임을 발견한다. 영화의 절정을 이루는 선언 "나는 모아나다"는, 그에 앞서 그녀가 처음에는 사적으로 발견했던 "우리는 항해자들이었다"라는 공동체적 소명이 개인 수준으로 되돌아오는 메아리이자 결과다.

44　마음에 새겨진 율법의 성경적 이미지는 예레미야 31:33; 히브리서 10:16을 보라.

(divine 'particularizer')이시다. 교회가 탄생할 때, 함께 모여 있던 제자들 위로 성령이 내려오시자 그들은 각기 다른 언어를 말하기 시작했는데, 이는 이제 막 태어난 교회가 문화적으로 구별된 특징을 지니고 있음을 분명히 보여 주는 상연이었다.[45] 유사하게, 특정 장소와 특정 시간 안에 존재하는 그리스도의 몸인 지역 교회에서 성령은 각 지체에게 다양한 은사를 주시며, 그 각각의 은사는 고유한 개인들이 특정한 방식으로 그리스도의 삶을 살아가고 그리스도의 선교를 이어 가는 일을 가능하게 한다.[46] 예수님이 승천하신 뒤, 제자들은 계속해서 진리로 이끌려야 했다. '진리'이신 그리스도께 충성을 바치는 것으로는 충분하지 않았다. 내주하시는 그리스도의 성령은 사람들로 하여금 하나의 그리스도의 진리가 다양한 환경에서 다양한 국면의 삶을 살아가는 다양한 사람들을 어떻게 찾아가서 긍휼히 여기는지 알 수 있게 하시고, 그리하여 그들이 '진리 안에서' 살 수 있게 하신다(요이 1절). 인간의 모든 삶은 언제나 특수하다. 니케아 신조의 표현을 쓰자면, "생명을 주시는 분"이신 성령께서는 모든 인간을 위해 디자인된 것을 각 개인에게 맞춰 마름질하신다.

음악에서의 즉흥 연주는 삶의 보편적 비전과 이를 특정하게 실행하는 일의 관계를 생각할 수 있는 유익한 방법이다.[47] 예를 들면, 재즈 즉흥 연주

---

45 Miroslav Volf, *Exclusion and Embrace: A Theological Exploration of Identity, Otherness, and Reconciliation* (Nashville: Abingdon, 1996), pp. 173-177를 보라. 『배제와 포용』(IVP). 또한 Willie James Jennings, *Acts*, Belief: A Theological Commentary on the Bible (Louisville: Westminster John Knox, 2017), p. 28를 보라.
46 고린도전서 12:4-31을 보라. 또한 Miroslav Volf, *Work in the Spirit: Toward a Theology of Work* (New York: Oxford University Press, 1991)를 참조하라. 『일과 성령』(IVP).
47 기독교 신학의 임무를 묘사하면서 사용하는 즉흥 연주의 언어는 Willie James Jennings, *The Christian Imagination: Theology and the Origins of Race* (New Haven: Yale University Press, 2010), pp. 280-282; Willie James Jennings, "Embodying the Artistic Spirit and the Prophetic Arts", *Literature & Theology* 30, no. 1 (September 2016): pp. 1-9를 보라. 그리스도의 삶을 묘사하는 즉흥 연주의 언어는 David Ford, *The Drama of Living: Becoming Wise in the Spirit* (Grand Rapids: Brazos, 2014)을 보라.

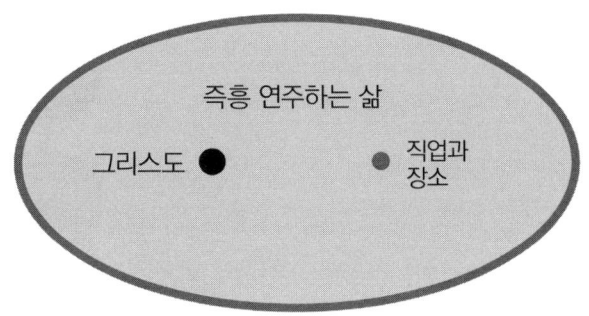

그림 4.1 그리스도인의 삶은 그리스도의 삶과 우리의 시공간, 문화, 직업의 특수성에 비추어 즉흥 연주된다. 이 두 생성적 기둥은 여기서 타원의 두 초점으로 표현되었다. 타원은 이 두 초점에 비추어 즉흥 연주되는 개인의 삶을 표상한다.

는 처음 들을 때 완전히 자유롭고 규제나 구조가 없는 것처럼 보일 수 있다. 그런데 실제로는 즉흥 연주 자체와 우리가 '즉흥 연주의 구조'라 부를 수 있는 것 사이에는 역동적 관계가 있다. 구조는 그 안에서 연주하는 이들의 자유에 경계를 설정하고, 또한 그렇게 함으로써 자유로운 연주를 가능하고 의미 있게 만든다. 재즈에서 장르(예컨대 '블루스'), 형식(예컨대 '12마디 블루스'), 선율(예컨대 '블루 몽크')의 화음과 리듬 구조는 그 '위에서', 아마도 더 나은 표현은 그 '안에서' 즉흥 연주를 하는 이들에게 그러한 제약을 가한다.[48] 즉흥 연주가 무궁무진하다고 해도—특정 선율 안에서 새로운 독주를 즉흥적으로 연주하는 것은 언제나 가능하다—'뭐든 되는' 것은 아니다. 재즈를 처음 배우는 학생이 많이 경험하듯, 틀린 즉흥 연주도 있다.

이와 유사하게, 번영의 비전은 인간의 삶이 즉흥 연주될 때 구조적으로

---

[48] Paul Berliner, *Thinking in Jazz: The Infinite Art of Improvisation* (Chicago: University of Chicago Press, 1994), pp. 63-94. 크레이그 칼훈(Craig Calhoun)은 재즈 연주자의 즉흥 연주가 이루어지는 구조를 피에르 부르디외(Pierre Bourdieu)의 '아비투스'(*habitus*) 개념과 비교한다. "Pierre Bourdieu", in *The Wiley-Blackwell Companion to Major Social Theorists*, vol. 2, *Contemporary Social Theorists*, ed. George Ritzer and Jeffery Stepnisky (Malden, MA: Blackwell, 2011).

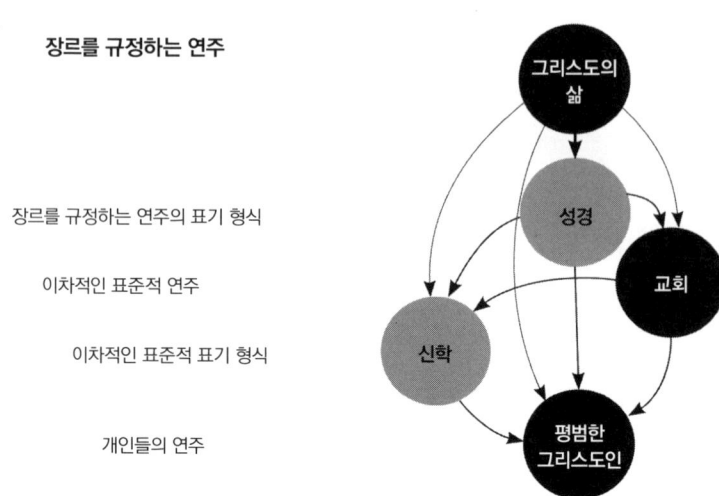

그림 4.2 그리스도의 삶의 규범적 무게가 그리스도인들의 삶의 즉흥 연주로 매개되는 과정

제약을 가하는 역할을 한다. 때로, 우리 삶의 음조가 우리가 삶으로 살아내려는 비전의 음조와 충돌을 일으킬 때 우리는 곧바로 걸음을 멈추고 회개하도록 요청받는다. 그런데 이 제약이 부정적으로만 작동하는 것은 아니다. 사실 그것은 일차적으로 능력을 주는 것이며 생성적이다. 예를 들면, 제약을 가하는 동일한 번영의 비전은 우리를 끈질기게 괴롭히는 자의성이라는 악마로부터 구해 주고, 우리의 자유로운 선택에 의의를 부여할 의미의 지평을 제공한다.[49]

번영의 규범적 비전은 그 자체로 특정한 그리스도의 삶에 기인한다. 즉, 그리스도 역시 앞서 존재한 번영의 비전(대체로, 로마의 지배를 받던 팔레스타인의 제2성전 시대 유대교) 안에서 그 비전과 생산적 긴장 관계를 이루며 성령의 능력으로 사셨다. 음악 비유를 다시 사용하면(이 비유는 이내 한계점에

---

49   진정성과 '의미의 지평'에 관해서는 Charles Taylor, *The Ethics of Authenticity* (Cambridge, MA: Harvard University Press, 1992), pp. 37-69를 보라.

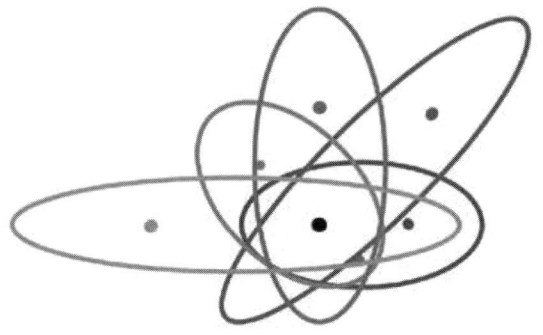

그림 4.3 다양하게 즉흥 연주되는 그리스도인들의 여러 삶. 각 타원이 공유하는 중심 초점은 그리스도의 삶의 공유된 규범적 영향력이며, 각 타원의 고유한 초점은 각 즉흥 연주를 형성하기도 하는 각기 고유한 시공간, 문화, 직업의 특수성이라는 세트를 표상한다. 여기서 각 타원은 개인이나 공동체가 그들의 삶을 즉흥 연주하는 특정 환경에 기초해 차이를 드러내는, 각기 동등하게 타당한 즉흥 연주를 표상한다.

도달하지만!), 우리는 그리스도의 삶을 '장르를 규정하는 연주'로 상상해 볼 수 있다. 그분의 삶은 새로운 일련의 작곡과 즉흥 연주의 가능성을 열어 주는, 그리하여 하나의 새로운 장르 전체를 그 안에 담고 있는 것으로 (보통 오직 소급적으로만) 인식되기에 충분한 구체적 상연이다. 유사한 방식으로—우리는 미학의 영역에서 궁극적 관심사로 이동하고 있음을 잊지 않아야 한다—그리스도의 삶은 특수하면서도 보편적으로 규범적이다.

지금 우리에게 그리스도의 삶의 '연주'를 '녹음'한 테이프는 없다. 그 대신 우리는 성경의 저자들을 통해—주로 복음서 저자들에게서, 하지만 사도들에게서도—그리스도에 대해 처음 배운다. 성경 저자들이 그리스도의 연주를 다룰 때, 이미 그들은 우리의 존재에 대한 보편적 진리를 드러내신 그리스도의 구체적 상연을, 문화적으로 고유한 그들 시대의 공동체를 위해 번역하기 시작한다. 기독교 신학자의 임무는 그러한 복음서 저자들과 사도들이 한 일과 비슷하다. 우리는 그리스도께서 열어 놓으시고 구축하신 공간 안에서 그들의 '연주'를 기반으로, 보편적 번영의 비전을 특정 시간과 장소를 위해 즉흥 연주한다. 바로 그것이 아우구스티누스, 고백자 막시무스, 루터, 우리 시대와 보다 가깝게는 C. S. 루이스, 하워드 서먼(Howard Thurman), 위르겐 몰트만(Jürgen Moltmann), 구스타보 구티에레스(Gustavo Gutiérrez), 캐스린 태너(Kathryn Tanner)의 연구에 대해 생각할 수 있는 방식이다. 또한, 바로 그것이 복음서 저자들과 사도들의 글을 직접 읽음으로써, 혹은 신학자들의 연구를 통해 매개됨으로써 즉흥 연주되는 각 그리스도인의 삶에 대해 생각할 수 있는 방식이다.[50]

우리 평범한 그리스도인과 신학자가 그리스도의 삶 안에서 우리에게 열린 번영의 비전을 분별할 때, 우리는 우리 주변에서 공들여 만들어졌고 또한 만들어지고 있는 그리스도인의 삶의 특정한 상연들을 고려해 보아야 한다. 기독교적으로 분별한다는 것은 무엇보다 성경에 기록된 그리스도의 삶과 더불어 과거와 현재의 구름 같이 허다한 증인들 사이에서 믿음직스럽게 지켜져 온 그리스도인의 삶을 위한 여러 가능성과도 공명을 이루기를 기대하는 일을 의미할 것이다. 우리는 그러한 가능성들을 찾아가는 가운데 원 선율을 쓰신 작곡자의 음성을 듣기를 배우는 한편 창의적으로 그다음 몇 마디를 즉흥 연주해야 한다.

---

50 우리의 문맥을—말하자면 우리의 이웃을—세심하게 고려하여 이 즉흥 연주를 행할 때 우리는 성경적 자료에서는 보이지 않았던, 그리스도의 삶 안에 잠재해 있는 가능성을 발견할 것이다. 이 역시 즉흥 연주 자체의 특징이다. 창의적인 즉흥 연주는 가능한 것의 경계를 탐험하면서 주어진 구조 안에서 아직 실현되지 못한 잠재력을 보여 줄 수 있고, 그 넉넉한 수용력을 드러냄으로써 그 구조를 확장할 수 있다. 그러한 각각의 잠재적 가능성의 성공적 실현은 즉흥 연주 전통을 발전시키는 데 기여하며, 새롭게 발견된 특징에 어떤 규범적 무게를 불어넣음으로써 뒤따라오는 즉흥 연주에 특별한 책임감을 부여한다. 재즈에서는 화음 패턴 마지막에 쓰는 '턴어라운드'나 '3온음 대리 화음'을 생각할 수 있다. 기독교 신학에서는 삼위일체나 오직 은혜로만 받는 구원이라는 교리의, 혹은 교회나 가정 전례의 발전을 생각해 볼 수 있다.

5장

신학자의 삶

저스틴 크리스프 공저

진리 찾기, 진리 안에서 살기

이 책의 중심 논지는, 예수 그리스도의 이야기에서 예증되었고 온 세상이 하나님의 집이 되리라는 위대한 약속에서 개략적으로 제시된 종류의 번영하는 삶에 신학이 기여해야 한다는 것이다. 가장 영향력 있는 신학 종사자 중 한명의 말을 빌려 간단히 표현하면, 기독교 신학은 이해를 추구하는 신앙이다.[1] 그러나 우리에게 신앙은 단지 일련의 믿음이 아니며, 일련의 신념에 의해 뒷받침되는 개인적 신뢰도 아니다. 신앙은 삶의 전체 방식이다. 신학은 **이해를 추구하는 삶의 방식이다.** 보다 정확하게 말하면, 그러한

---

1 Anselm, *Proslogion*, prooemium(서문), in *Opera Omnia*, vol. 1, ed. F. S. Schmitt (Edinburgh: Thomas Nelson and Sons, 1940-1961), p. 95. 『모놀로기온 & 프로슬로기온』(아카넷). 이 표현은 선지자 이사야(7:9)와 사도 바울에게 기원을 둔다. "내가 믿었으므로 말하였다"(고후 4:13). 현대 번역에서는 이 두 절의 연결이 이상해 보인다. 그러나 70인역에서는 이사야 7:9을 마태복음 13:14과 동일한 단어를 사용해 번역한다. 따라서 안셀무스와 그의 선임자 아우구스티누스의 병행 관계는 꽤 명확해 보이지만, 현존하는 가장 초기의 히브리 성경에 근거한 우리의 번역은 이러한 병행 관계를 전달하지 않는다. Gareth Matthews, "Anselm, Augustine, and Platonism", in *The Cambridge Companion to Anselm*, ed. Brian Davies and Brian Leftow (Cambridge: Cambridge University Press, 2004), pp. 65-66를 보라.

삶의 방식의 한 차원이다.[2]

신학이 이해를 추구하는 삶의 방식이라는 주장은 신학자의 삶의 방식과 그들이 표명하고 권하는 삶의 방식 간의 관계에 대한 질문을 제기한다. 주제에 대한 관심, 과학적 방법론에 대한 직업적 헌신, 해당 연구에 관여하기 위해 필요한 기술과 학문의 습득을 넘어, 천체물리학자나 분자생물학자의 삶 자체는 그들의 천체물리학과 미생물학 연구와 대체로 무관하다. 신학자의 경우도 동일한가? 아니면 신학자의 삶은 그들이 명확하게 밝히고자 노력하는 삶의 방식과 적어도 어떤 면에서는 일치될 필요가 있는가? 심지어 그러한 삶의 방식을 구현해야 하는가? 미셸 푸코(Michel Foucault)가 그의 마지막 강연 중 하나에서 견유학파(Cynics)에 찬성하며 말한 것처럼 "실존의 현현이라는 형태로 진리를 말해야" 하는가?[3]

가장 초기의 신학 종사자들은 분명 그렇게 생각했다. 순교자 유스티누스, 알렉산드리아의 클레멘스(Clement of Alexandria), 오리게네스, 카파도키아 교부들(Cappadocians), 아우구스티누스, 고백자 막시무스 같은 인물들에게 신학은 기독교 자체처럼 하나의 삶의 방식이었다. 그들은 부분적으로는 신약성경 저자들의, 또 부분적으로는 고대 철학자들의 생각을 계승했다. 고대 철학자들에게 철학은 피에르 아도(Pierre Hadot)가 표현하듯 "각 경우마다 실천되어야 할, 세상 속에 존재하는 방식이며, 개인의 삶 전체를

---

2 여기서 우리의 요점은 일차적으로 (학문적 신학을 포함한) 모든 종류의 신학이 '이론'이 아닌 실천이라는 것이 아니며, 캐스린 태너 역시 *Theories of Cultures: A New Agenda for Theology* (Minneapolis: Fortress, 1997), pp. 72-79에서 이를 설득력 있게 주장하듯이. 우리의 주된 요점은, 지속적인 반추(따라서 태너가 사용하는 의미에서 '실천')의 형태로서 '신앙의 지성'은 보다 포괄적인 실천의 한 차원이기도 하며, 이는 단지 신앙을 돕는 외부적 도움이나 안내가 아닌 삶의 방식 혹은 '신앙' 그 자체라는 것이다.

3 Michel Foucault, *The Courage of Truth: The Government of the Self and Others, II: Lectures at the Collège de France 1983-1984*, ed. Frédéric Gros, trans. Graham Burchell (New York: Picador, 2011), p. 217.

변화시키려는 목표"였다."⁴ 수 세기에 걸쳐, 철학과 신학 둘 다에서 삶과 담론의 통일성은 조금씩 분리되었고 대체로 이는 해로운 결과를 가져왔다.⁵ 오늘날의 신학자들은 현대적 개념의 '과학'이 된 신학을 추구한다. 나머지 다른 인문학 분야의 동료들처럼, 많은 신학자가 근대 과학에서 활용하는 것과 동일한 연구 방법의 보정된 형태를 따르면서 지식의 점증적 증가를 위한 프로젝트에 관여하기를 열망한다(2장을 보라). 진리 탐구는 더 이상 진리 안에 살고자 하는 노력을 요구하지 않는다.⁶

이러한 변화의 매 단계마다 신학이 신학자 자신의 신앙의 삶과 주변적으로만 연결되는 '담론'이나 '과학'으로 전락하는 것에 저항한 많은 신학자가 있었다. 중세에는 클레르보의 베르나르두스(Bernard of Clairvaux)가 그랬다. 그는 신학의 뿌리를 "우리 자신의 경험의 책"에 두었으며, 사랑과 결합되지 않은 지식은 불완전하다는 그의 주장은 '자만하게 하는 지식'에 대한 바울의 비판을 되울린다.⁷ 이번 장 뒷부분에서 살펴보겠지만, 마르틴 루터 역시 종교개혁 당시 동일한 일을 했다. 루터에게는 오직 하나님이 고통

---

4   Pierre Hadot, *Philosophy as a Way of Life: Spiritual Exercises from Socrates to Foucault*, ed. Arnold I. Davidson, trans. Michael Chase (Oxford: Blackwell, 1995). 참조. Augustine, *Contra Julianum* 4.14.72. 또한, Jean Leclercq, *The Love of Learning and the Desire for God: A Study of Monastic Culture*, trans. Catherine Misrahi (New York: Fordham University Press, 1961), pp. 99-102를 보라.

5   이러한 계보에 대해서는, 예를 들면 Hadot, *Philosophy as a Way of Life*, pp. 268-271; Foucault, *Courage of Truth*, pp. 235-237; Hans Urs von Balthasar, "Theology and Sanctity", in *Explorations in Theology*, vol. 1, trans. A. V. Littledale with Alexander Dru (San Francisco: Ignatius, 1989), pp. 181-192를 보라.

6   예를 들어 Friedrich Schleiermacher, *Brief Outline to Theology as a Field of Study*, 3rd ed., trans. Terrence N. Tice (Louisville: Westminster John Knox, 2011), §§1-13에 나타난 노력을 보라. 또한 David Kelsey, *To Understand God Truly: What's Theological about a Theological School?* (Louisville: Westminster John Knox, 1992), pp. 86-92를 보라.

7   Bernard of Clairvaux, *On the Song of Songs 1*, trans. Kilian Walsh, vol. 2 of *The Works of Bernard of Clairvaux* (Kalamazoo, MI: Cistercian Publications, 1971), pp. 16, 48-49를 보라. 베르나르두스는 고린도전서 8:1, "지식은 교만하게 하며 사랑은 덕을 세우나니"를 암시한다. 또한 Leclercq, *Love of Learning*, pp. 204-209를 보라.

을 통해 근본적으로 변화시키신 사람만이 십자가의 신학자가 될 수 있었으며 하나님과 자신에 대한 올바른 지식으로 나아갈 수 있다는 것이 신학의 주제였다.[8] 구스타보 구티에레스와 케이티 제니바 캐논(Katie Geneva Cannon)은 20세기 후반에 그렇게 했다. 구티에레스 및 다른 해방신학자들에게 신학자란 '유기적 지식인'(organic intellectuals)이다. 신학자는 오직 가난한 이들의 편에 서는 삶을 통해서만 바르게 신학을 할 수 있다. 캐논 및 다른 여성주의 신학자들은 흑인 여성들의 인종, 계급, 젠더에 따른 교차 억압의 경험에서 나오는 통찰력에 그들 신학의 근거를 둔다.[9] 로완 윌리엄스(Rowan Williams)와 새라 코클리(Sarah Coakley) 역시 그들 나름의 방식으로 그렇게 했다. 윌리엄스는 부정 어법을 신학자가 배양하는 하나의 '태도'로, 신학자가 자기 담론의 알 수 없는 대상(하나님)에게 바르게 이끌리게 하는 것으로 본다. 코클리는 관상기도의 '깊이 들어가는 연습'을 신학적 방법론의 핵심으로 삼는다.[10]

짧고 다소 임의적인 이 표본은 풍부하고 다양한 전통을 보여 준다. 우리는 우리 나름의 방식으로 그 전통과 조화를 이룬다. 그들과 우리는 교부들에게로, 그리고 뒤에서 주장하겠지만 최초의 기독교 신학자인 사도 바울에게로 되돌아가는 것이다. 우리의 논지는 단순하며 논쟁적인데, **신학**

---

8   Gerhard O. Forde, *On Being a Theologian of the Cross: Reflections on Luther's Heidelberg Disputation, 1518* (Grand Rapids: Eerdmans, 1997)을 보라.
9   Gustavo Gutiérrez, "Liberation Praxis and Christian Faith", in *The Power of the Poor in History*, trans. Robert R. Barr (Maryknoll, NY: Orbis, 1983), pp. 55-61; Katie Geneva Cannon, *Katie's Canon: Womanism and the Soul of the Black Community* (New York: Continuum, 1995), pp. 124-127를 보라.
10 Rowan Williams, *Wrestling with Angels: Conversations in Modern Theology*, ed. Mike Higton (Grand Rapids: Eerdmans, 2007), pp. 1-2; Rowan Williams, "Theological Integrity", in *On Christian Theology* (Oxford: Blackwell, 2000); Sarah Coakley, "Deepening Practices: Perspectives from Ascetical and Mystical Theology", in *Practicing Theology: Beliefs and Practices in Christian Life*, ed. Miroslav Volf and Dorothy C. Bass (Grand Rapids: Eerdmans, 2002)를 보라.

의 중심적 임무 수행에서는 신학자가 분명하게 진술하고자 애쓰는 삶과 살고자 애쓰는 삶 간에 일종의 친화성을 요구한다는 것이다. 이번 장의 초기 원고를 가지고 토론하면서 위르겐 몰트만이 일군의 학자들에게 한 다음의 말은 이를 간명하게 표현해 준다. 신학적 삶 없이는 신학 연구도 없다.

우리의 논지는 번영하는 삶의 **일차적** 비전과 그에 따른 이 비전의 여러 표현, 즉 번영하는 삶의 수많은 **이차적** 비전 간의 구분을 가정한다. 일차적 비전은 때로 '복음'이라 불리는 것, 우리가 사용한 음악 비유에서 번영에 대한 기독교적 비전의 '장르를 규정하는 연주'라고 불렸던 것이며(4장을 보라), 이차적 비전은 복음에 의해 규정된 장르 안에서 이루어지는 즉흥 연주들이다. 의심할 여지 없이, 이차적 비전들은 우리가 일차적 비전을 보기 위해 반드시 사용하는 필터지만, 그러한 필터링이 둘의 구분을 무효화하지는 않는다. 일차적 비전에 대한 충실함은 언제나 이차적 비전들의 적절함을 판단하는 가장 중요한 기준이다. 이차적 비전들이 일차적 비전에 맞으려면, 신학자들은 그들의 삶을 (우리가 이해하는 바대로의) 일차적 비전과 맞추기 위해 노력해야 한다. 맞추려는 갈망과 충실한 표현을 위한 수고는 서로 영향을 주고, 책임감 있는 신학적 즉흥 연주를 지향하는 운동을 가능하게 만드는 선순환을 낳는다.

이번 장에서는 첫째, 신학자들의 삶과 그들이 분명하게 표현하고자 애쓰는 참된 삶의 기본 비전 간의 친화성이 사고의 적합성을 위한 조건임을 주장할 것이다. 둘째, 그러한 친화성의 성격은 신학자의 삶과 참된 삶에 대한 기독교적 비전 간의 엄격한 대응 관계가 아니라 오히려 그 둘의 조화를 위한 **노력**임을 주장할 것이다. 셋째, 이치에 맞는 신학적 표명과 신학자의 삶 간의 선순환과 악순환의 성격을 살펴볼 것이다. 그런 뒤, 신학 연구를 잘하기 위해 요구되는 핵심 지적 덕목을 식별하는 것으로 이번 장을 마칠 것이다. 그러나 먼저, 아니라고 해 둘 사항이 있다.

신학자가 표명하기를 애쓰는 삶과 그들이 살고자 애쓰는 삶 간의 친화성을 주장할 때, 우리는 누군가의 직책이나 소속 기관 때문에 그 사람에게 여기서 우리가 표명하는 엄격한 의미에서의 '신학자'여야 한다고 혹은 그렇게 되어야 한다고 강요할 생각은 분명히 없다. 또한 신학 기관에서 '비신학자'를 몰아내야 한다는 생각을 옹호하지 않으며 옹호할 생각도 없다. 그러나 우리는 우리의 요청을 확장하고자 한다. 즉, 기꺼이 받아들일 용기가 있는 누구에게든, 그가 조직신학자, 윤리학자, 설교학자, 역사학자, 성서학자, 혹은 다른 어떤 종류의 학자라도 그에게 이 삶의 방식과 사고 유형을 **권하는** 바이다. 오늘날에는 신학자로서 살거나 여기서 우리가 옹호하는 의미에서의 신학 연구를 하지 않더라도 이러한 호칭 중 어떤 것이든 획득할 수 있다. 그러나 우리가 이해하는 방식으로 신학을 추구할 수 없거나 추구하지 말아야 하는 하위 분과란 없다. 정말로, 신학부는 오직 이러한 모든 하위 분과를 넘나드는 학자들이 **신학자로서** 함께 협력할 때에만 온전히 번영할 것이다. 유사하게, 신학자들은 현대의 학문적 전문가로 일하는 학자들의 연구, 즉 우리가 이해하는 방식의 신학 연구에 필수불가결한 사고 유형을 환대할 때에만 번영할 것이다.

삶과 사고의 친화성

신학자의 삶과 비전 간의 친화성이 요구되는 첫 번째이자 명백한 이유는 **신뢰성**의 문제에서 나온다. 종교적이든 세속적이든 서로 경쟁하는 모든 주요 비전이 그런 것처럼, 번영하는 삶의 기독교적 비전들 역시 참된 삶의 비전이고 따라서 보편적 의미를 갖는다. 그 비전들은 모든 사람의 삶에 관한 진리를 큰 윤곽으로 제시하며, 거기에는 신학자들 자신의 삶도 포함된다. 따라서 참된 삶의 기독교적 비전은 언제나 신학자의 삶의 비전, 신학자의 세계의 비전이기도 하다.[11] 신학자들 스스로가 받아들이려는 열망이 전혀 생기지 않는 삶을 **참되다고** 진술하고 권하는 것은 앞뒤가 맞지 않는다. 그렇다면 그들은 환자들에게는 과일과 야채를 먹으라고 충고하면서 정작 본인은 먹지 않는 영양학자와 비슷할 것이다.

신학자들의 삶과 그들이 진술하고자 애쓰는 비전 사이에 친화성이 존재해야 하는 두 번째 이유는 첫 번째 이유보다 덜 명백하지만 더 중요하며, 이번 장에서 우리의 주된 관심이기도 하다. 삶과 비전의 어긋남은 단순히 신학자의 신뢰성만 감소시키는 것이 아니다. 그들 연구의 진실성을 약화시키는 경향이 있다. **비전을 타당하게 인지하고 표명할 수 있는 능력을 가로막기** 때문이다. 바로 이것이 우리 논지의 핵심이자 많은 이의 의구심을 살 가능성이 큰 부분이기도 하다. 약하게 표현되었음에도 말이다. '약하게'라고 말하는 것은, 우리는 (1) 특정 종류의 삶을 사는 것 자체는 비전의 인식과 표명을 결정하는 것이 아니라 거기에 **중요한 압력을 가할** 뿐이라고 주장할 것이며, (2) 신학자들은 그들이 표명하고자 애쓰는 비전을 완벽하게 살아 낼 필요는 없으며(사실 그것은 불가능하다) 그렇게 하고자 노력해야 할 뿐이라고 주장할 것이기 때문이다. 그러나 여전히 우리의 주장은 이론의 여지가 있으며, 신학을 주관적이고 엘리트주의적이며 난해한 일로 만드는 것처럼 보인다. 무엇이 이를 정당화할 수 있는가?

---

11   성경 본문이 독자들 자신의 삶과 세계의 비전이 되는 경우에 관해서는 Miroslav Volf, *Captive to the Word of God: Engaging the Scriptures for Contemporary Theological Reflection* (Grand Rapids: Eerdmans, 2010), pp. 20-22를 보라. 『하나님의 말씀에 사로잡혀』(국제제자훈련원).

이성 그리고 자아의 방향 설정

이성만으로는 어떤 번영의 비전이 선한지 식별하거나 우리의 인생 내내 그러한 비전을 붙들게 해 주기에 충분하지 않다. 그러한 비전에 관한 한 논증이 중요하기는 하지만—예를 들어, 비전의 내적 비일관성이나 상황과의 부적합성에 대해 일깨워 줄 수 있다—그것으로 충분하지 않다. 비전을 논증으로 결정하기란 불충분하다.[12] 좋은 삶의 비전을 기꺼이 받아들이고 고수하려는 태도는 우리가 지지하는 가치 및 우리가 바라는 자아상과 아주 중요하게 연결되어 있다. 찰스 테일러가 주장하듯, 새로운 삶의 비전을 받아들일 때 우리는 주요한 가치 평가의 변화를 겪는다. 우리는 '새' 사람이 된다.

새 사람이 **되기** 위해서는, 옛 자아의 직관적 자기 동일시가 장차 되어야 할 모습으로 도약하는 일이 반드시 필요하다.[13] 그러나 좋은 삶, 번영하는

---

[12] 예를 들면, '좋은 삶'에 대한 프리드리히 니체의 해석을 보라. *The Anti-Christ*에서, 그는 자신의 중심 관심사가 "어떤 유형의 인간이…**의지되어야**(willed) 하는가"라고 설명한다. 그는 인간의 이 가장 근본적인 질문에 답하기 위해서는 무엇이 좋은가, 무엇이 나쁜가, 행복이란 무엇인가와 같은 질문들에 대한 답을 알아야 한다고 주장한다[Friedrich Nietzsche, *The Anti-Christ*, in *"The Anti-Christ", "Ecce Homo", "Twilight of the Idols", and Other Writings*, ed. Aaron Ridley and Judith Norman, trans. Judith Norman (New York: Cambridge University Press, 2005), §3, p. 4]. 어떤 종류의 인간이 되어야 하는지 명확하게 밝히는 데에는 인간의 가장 기본적인 모든 가치가 고려된다. 논증이 비전을 받아들이게 하는 동기로 충분하지 않은 이유가 바로 이것이다. 니체가 그의 동시대인들에게 "[그의] 진리를 들을…귀가" 없다고 불평했을 때(*Ecce Homo*, in *"The Anti-Christ", "Ecce Homo"*, §1, p. 100. 『바그너의 경우·우상의 황혼·안티크리스트·이 사람을 보라·디오니소스 송가·니체 대 바그너(1888~1889)』, 책세상; 또한 *The Anti-Christ*, p. 3를 보라), 그는 그들의 지적 명민함의 부족이 아니라 그들의 약함, 원한, 비겁함, 즉 니체가 옹호하는 인간 유형을 받아들일 용기가 부족함을 한탄하고 있었다(*Ecce Homo*, §3, p. 72). (디오니시우스와 십자가에 못 박힌 자 사이에서) "모든 가치를 재평가"하면서도(*The Anti-Christ*, §62, p. 66), 그는 자신의 독자 중 일부는 그의 모욕적인 표현처럼 그가 "사육하기" 원하는 종류의 인간이 되는 것에 저항하리란 것을 충분히 예상했다(*The Anti-Christ*, §3, p. 4). 이와 유사한 입장은 John Stuart Mill, "Utilitarianism", in *On Liberty and Other Essays*, ed. John Gray (Oxford: Oxford University Press, 1998), p. 134.

[13] 그 과정에 관해서는 Charles Taylor, *The Language Animal: The Full Shape of Human Linguistic Capacity* (Boston: Harvard University Press, 2016), pp. 197-199를 보라.

삶은 단지 새 사람이 되는 문제가 아니라 새 정체성을 살아 내는 것에 관한 문제다. 흐르는 시간 속에서, 또한 교차 압력이 가해지는, 즉 비전과 그 실행 둘 다에 의문이 제기되고 모든 방향에서 공격이 들어오는 개인적이고 사회적인 공간에서 새 사람으로서 살아갈 때, 우리는 매 걸음마다 적어도 암묵적으로 그 비전을 재확증해야 하고, 새로운 상황 안에서 그것을 어떻게 구체적으로 살아 낼지 분별해야 한다. 좋은 삶의 비전을 받아들이는 데 이성의 역할이 중요하더라도 그것만으로 충분하지 않은 것처럼, 그 비전을 어떻게 살아 낼지 분별하는 데서 이성은 더욱 중요한 역할을 함에도 그것만으로는 충분하지 않다. 지속적으로 열망을 품은 채로 우리의 자아를 비전과 그 가치에 맞추는 것 역시 필수라는 것이 우리가 주장하는 바다.

    이것이 삶의 수고와 생각의 수고 사이의 친화성에 대한 일반적 주장의 개요이며, 이는 모든—적어도 대부분의—좋은 삶의 비전에 적용될 수 있다. 특별히, 좋은 삶에 대한 기독교적 비전에 대해 말하자면, 이 경우에도 친화성의 필요는 비전에 대한 저항과 그것을 왜곡시키려는 압력이 존재한다는 확신에 뿌리를 두며, 그러한 저항과 압력은 단지 비전의 다양성과 환경의 변화에 기인할 뿐 아니라 무엇보다도, 선한 것으로부터 우리를 떼어 놓고 선한 것을 볼 수 있는 눈을 가리며 선한 것의 왜곡을 정당화하는 주장을 만들어 내는 죄의 권세에 기인한다. 이것이 기독교 전통에서의 회심, 대부분 훌륭한 이성과 바르게 방향 잡힌 갈망이 함께 어우러져 일어나는 이 회심이 단지 신앙의 여정을 개시하는 일회적 사건일 뿐 아니라 그 여정 전체에 따라오는 과정이기도 한 이유다. 단지 흐르는 시간과 변하는 환경 속에서 분별력이 필요하다는 사실뿐 아니라 바로 죄의 유혹이라는 요건이(야말로) 신학자들이 살 수 있기를 바라는 삶의 종류와 그들이 분명하게 진술하고자 애쓰는 일차적 비전 사이에 친화성이 존재해야 하는 이유다.

방향 재설정, 변화, 진리에 닿기

사도 바울이 이성, 갈망, 참된 삶 간의 관계를 신앙을 받아들이는 것과 신앙을 실천하는 것 둘 다와 관련해 어떤 식으로 생각했는지 살펴보자. 분명 그는 논증을 소홀히 여기지 않았다. 그는 "지식에" 능했고, 청중이 이를 아는 것을 중요하게 생각했다(고후 11:6). 그는 자신이 맡은 책임 중 하나는 반대하는 자들의 "이론을 무너뜨리고" "모든 생각을 사로잡는" 것이라고 보았다(10:4-5). 그러나 바울은 지식과 논쟁만으로 그 일을 할 수 없다고 주장한다. 왜 그런가? 이것이 사도 바울식의 답이다. "이 세상의 신"—전통이 매개하고 문화적으로 정당화되며 물질적으로 강화된 삶의 방식과 그 수호자들—이 "믿지 아니하는 자들의 마음을 혼미하게 하여 그리스도의 영광의 복음의 광채가 비치지 못하게"(4:4) 하기 때문이다.[14]

마음이 어두운 것이 놀랄 일은 아니었다. 십자가에 못 박히시고 부활하신 그리스도는 인간의 충만함에 대한 바울의 비전이, 그가 옹호하는 가치가, 또한 그의 생각 전체가 돌아가는 중심축이었다. 십자가에 못 박힌 사람, 심지어 죽은 자 가운데서 살아난 그 사람을 인간의 모든 열망의 중심에 둔다는 생각과 이 실패한 선생이자 순교한 주변인 스승을 "영광의 주"(고전 2:8)라고 부르는 것보다 더 터무니없는 일이 어디 있겠는가?! 이는 가장 근본적인 수준에서 지혜를 신뢰하는 이들의 시각에서는 천치 같은 어리석음으로, 힘을 절대적으로 신뢰하는 이들의 시각에서는 경멸할 만한 유약함으로 보일 수밖에 없었다(1:18-25). 유사하게, "그들의 신은 배"라 여기고 "땅의 일을 생각하는" 이들이 "그리스도의 십자가의 원수"였음은 놀랄 일이 아니다(빌 3:18-19).

---

14   또한 바울의 입장은 고린도전서 1:17-2:16을 보라.

대조적으로, 바울처럼 온 삶이 십자가에 못 박히시고 부활하신 예수 그리스도를 향해 있는 이들은(빌 3:7-14) 지혜와 힘에 대한 근본적으로 다른 해석을 갖는다. 일반적으로 지혜와 힘으로 여겨지는 것들이 그들에게는 사실은 어리석고 약한 것이다. 그들은 세상의 지혜와 힘, 그와 함께 세상이 인정하는 현자와 강력한 통치자들이 "멸망하리라"고 믿었다(고전 1:18; 2:6). 유사하게, 바울의 관점에서, 십자가에 못 박히신 예수 그리스도 안에서 계시된 하나님을 예배하기보다 자신들의 배를 하나님으로 삼은 이들은 하나님과 그들 자신 모두를 배신한 것이다.[15] 우리 자신이 가지고 있던 것과 반대되는 삶의 형태를 진정으로 바람직한 것으로 인지하기 위해서는, 그러한 삶 안에서 모든 것을 기꺼이 팔 만큼 가치가 있는 진주를 발견하기 위해서는 좋은 비전과 말 이상이, 반박할 수 없는 논지를 갖춘 신뢰할 만한 정보 이상이 필요하다. 그것은 자아가 죽고 다시 살아나는 것과 그에 따른 보는 것과 듣는 것의 변화, 즉 **새로운 자아의 신체 기관인 새로운 눈과 귀**를 요구한다.[16]

바울에게 중요한 것은 단지 하나의 삶의 방식에서 다른 방식으로의 일회성 방향 전환, 단 한 번으로 끝난 자아의 죽음과 살아남이 아니었다. 어둠이 물러가고 아침이 찾아오기 전 새벽빛 안에서(롬 13:12), 새롭게 되었지만 또한 여전히 옛것으로 남아 있는 세상에서(이 책 3장과 6장을 보라), 인간

---

15   바울에게 삶의 방식들은 어리석음 대 지혜, 약함 대 강함, 배 대 하나님, 세상의 계획 대 그리스도의 계획으로 아주 극명한 대조를 이룬다. 그러나 경쟁하는 도식들이 부분적으로 서로 겹치며 불연속성과 대조만이 아니라 연속성과 유사성도 존재함을 인식할 때도 삶과 비전을 맞추는 일에 대한 기본 요점은 여전하다.

16   바울은 사람들이 살아가는 삶과 그들이 받아들일 준비가 된 진정한 삶의 비전 간의 친화성을 주장하면서 예수님의 가르침(막 4:12)을 따른다. 다시금 여정의 시작을 강조함에도 그 여정을 지속하기 위한 친화성, 내딛는 매번의 발걸음을 분별할 수 있는 능력에 대한 필요를 암묵적으로 긍정하는 것이다. 예수님 자신도, 우리가 "볼 눈이 있어도" 보지 못하고 "들을 귀가 있어도" 듣지 못할 수 있다는 히브리 선지자들의 믿음을 되울리고 계셨다(사 6:9-10; 렘 5:21; 겔 12:2).

의 마음은 그런 식으로 작동하지 않는다. 새로운 자아도 변화해야 한다. "너희는 이 세대를 본받지 말고 오직 마음을 새롭게 함으로 변화를 받아 하나님의 선하시고 기뻐하시고 온전하신 뜻이 무엇인지 분별하도록 하라" (12:2). 최초의 혁명적 방향 설정, 자아와 세상의 새 도식을 받아들이는 것은 아주 중요하지만 그것은 단지 여정의 시작, 즉 자아를 새 도식과 맞추는 과정의 시작일 뿐이다. 바울은 현재진행 수동형 명령법으로 "계속해서 변화를 받으라"(keep being transformed)고 쓴다. 우리는 시간 속에서 살고 있으며, 우리가 살고 있는 이 시간은 옛것과 새것 간의 긴장으로 채워져 있기에 변화는 계속되어야 한다. 사실 그것은 옛 도식에서 벗어나 새 도식 안으로 들어가는 **성장**이다.

구원론과 연결되어 있는 이 명령을 뒷받침하는 것은 인류학적 신념, 즉 자아가 어떤 특정한 도식(혹은 도식의 궁극적 목적)과 맺는 관계는 오직 자신이 적극적으로 그 도식으로 뻗어 나갈 때 성립한다는 것이다. 구원론적이고 인류학적인 신념 모두에 따라오는 귀결은 이것이다. 새 도식을 받아들일 때 눈을 가리고 있던 것이 제거되어 시력을 얻는 것처럼—혹은 새 도식과 새 눈이 동시에 주어지는 것처럼—자아가 새 도식으로 끊임없이 변화해 가는 과정은 하루하루의 삶의 움직임 안에서 일어나야 하고 그럼으로써 그 사람은 '하나님의 선하시고 기뻐하시고 완전하신 뜻'을 분별할 수 있게 된다."¹⁷ 물론 지속적인 변화가 분별을 위해 아주 중요하기는 하지만 충분조건은 아니다.

이는 그리스도를 따르는 자가 되어 한때 자신이 핍박했던 교회의 신학자로 일하게 된 바울이 직접 경험한 것이기도 했다. 그가 절대적으로 바람

---

17   6장에서 '완전한'(*teleios*)이 번역하는 삶에 대한 바울의 이해에서—종말론적인 번영하는 삶과 이 시대에서의 실현 둘 모두의 의미에서—중요한 단어임을 지적할 것이다.

직하다고 여기던 것이 그리스도의 극적인 자기 계시를 통해 바뀌었다. 볼 수 있는 능력이라는 선물과 온 삶으로 그리스도께 순응하여 살라는 실제적인 부르심을 받은 것이다(갈 1:13-17). 이러한 경험은 그의 삶과 그의 신학 내용 사이의 친화성에 관한 입장을 형성했다. 그는 눈이 가려지고 듣지 못하는 것을 악의 권세 탓으로, 자신의 눈과 귀가 열린 것을 하나님의 성령의 능력 덕분으로 여겼다. 그 전환 자체는 자아의 주된 방향 재설정이었고, 그것은 일회적 사건이 아니라 그리스도의 형상으로 "변화되는" 과정의 시작이었다(고후 3:18). "신령한" 사람만이 "신령한 것"을 볼 수 있으며(볼 수 있다는 것이지 반드시 **보라**는 것은 아니다), 그렇지 않은 자들에게는 십자가에 못 박혀 죽으신 영광의 주를 통해 하나님이 주시는 선물이 "어리석은 일"처럼 보일 것이다(고전 2:6-16).[18]

나지안조스의 그레고리오스(Gregorius of Nazianzus)와 마르틴 루터만큼 서로 다른 신학자들도 바울에 근거하여 참된 삶을 **참되게** 인식하고 분명하게 말하기 위해서는 눈과 귀, 그들이 보고 있는 것과 듣고 있는 것 간의 친화성이 존재해야 한다고 주장했다.[19] 비신학자인 미셸 푸코가 고대의 철학자들과 관련해 했던, 참된 삶을 분명하게 표현하기 위해서는 "진리에 닿을 수

---

[18] 어떤 면에서, 우리의 주장은 이에 익숙하지 않은 이들에게는 난해하고 접근하기 힘든 신학적 지식의 특징을 갖는 것처럼 보일 수 있다. 예를 들면, 나지안조스의 그레고리오스는 이를 더 강력한 방식으로 암시한다[Oration 27.3, in *On God and Christ: The Five Theological Orations and Two Letters to Cledonius*, trans. Frederick Williams and Lionel Wickham (Crestwood, NY: St. Vladimir's Seminary Press, 2002), pp. 26-27를 보라]. 우리는 아우구스티누스와 함께 이러한 압력에 저항하고자 한다. 사실 우리는 학문적 신학이 이해를 추구하는 신앙을 위해 함께 애쓰는 모습을 회복하기를 도울 수 있기를 바라는데, 아우구스티누스는 그러한 신앙이 신학자들과 그들의 청중 사이의 격차를 고르게 한다고 생각했다. John C. Cavadini, "Simplifying Augustine", in *Educating People of Faith: Exploring the History of Jewish and Christian Communities*, ed. John van Engen (Grand Rapids: Eerdmans, 2004), pp. 69-81를 보라.

[19] 나지안조스의 그레고리오스의 입장은 Oration 27.2-3, in *On God and Christ*, pp. 25-27를 보라. 마르틴 루터의 입장은 "Heidelberg Disputation", in *Luther's Works* (Philadelphia: Fortress, 1955-1986), 31: pp. 52-54를 보라.

있도록 [우리 자신]의 변화"를 수행하는 것이 필요하다는 말은 수 세기에 걸친 수많은 기독교 신학자나 우리에게나 똑같이 해당되는 사실이다.[20]

집단 압력, 공동체적 변화

우리가 진술한 것처럼, 신학자들의 삶과 그들이 표명하고자 애쓰는 일차적 비전에 관한 그들의 임무 간의 친화성은 신학자 각 개인에게 주어지는 요구다. 바로 그것이 신학자 각자가 그들 자신의 삶과 연구에 궁극적으로 책임이 있는 이유다. 그러나 모든 인간처럼, 신학자 역시 그들의 삶과 연구에 압력을 행사하는 사회적 상상과 권력망 안에서 살아간다. '전-존재론' (pre-ontologies, 하이데거의 용어로, 존재에 대한 암묵적 이해를 의미함—옮긴이), 문화적 사고방식, 경제 체제와 정치 체제, 제도 등이 바로 그런 것들이다.[21] 사도 바울은 믿지 않는 자들에게는 (복음의 관점에서 볼 때) 진정으로 바람직한 것을 올바로 식별하는 능력이 없음을 설명하기 위해 "이 세상의 신"(고후 4:4)을 언급하고, 다른 곳에서는 "이 세상의 외형"(고전 7:31; 참조. 롬 12:2)이나 초인격적 죄(롬 6:6)[22]를 언급하기도 한다. 이에 상응하여, 마음의 타락과 마찬가지로["하나님께서 그들을(복수) 상실한 마음대로(단수) 내버려 두사", 롬 1:28] 마음을 새롭게 하는 변화에는 **집단적** 측면이 있다["마음(noos, 단수)을 새롭게 함으로 변화를 받아(metamorphousthe, 복수)", 롬 12:2].[23]

---

20 Michel Foucault, *The Hermeneutics of the Subject: Lectures at the Collège de France 1981-1982*, ed. Frédéric Gros, trans. Graham Burchell (New York: Picador, 2005), p. 15. 『주체의 해석학』(동문선).
21 그러한 이해의 문맥은 Charles Taylor, *A Secular Age* (Cambridge, MA: Belknap, 2007), pp. 3-4; Taylor, *Modern Social Imaginaries* (Durham, NC: Duke University Press, 2004, 『근대의 사회적 상상』, 이음), pp. 23-30을 보라.
22 이 초인격적 혹은 '신화적' 의미에서의 죄에 대한 더 긴 설명은 Matthew Croasmun, *The Emergence of Sin: The Cosmic Tyrant in Romans* (New York: Oxford University Press, 2017), pp. 102-139를 보라.
23 이는 특히 로마서 1:28에서 명백한데, 단 네 절 앞인 "사람들이 마음(hearts)의 정욕대로"

바울의 요점을 보다 세속적 방식으로 분석할 수도 있다. 지난 수 세기에 걸쳐, 그리고 오늘에 이르기까지 (세속적이고 종교적인) 다양한 정치 체제의 통치자들은 신학자들에게 허용된 삶의 종류와 그들이 안전하게 생산할 수 있는 연구의 종류를 통제해 왔다.[24] 유사하게, 보다 미묘하긴 하지만 시장 경제 역시 신학자들에게 압력을 행사하여 그들의 삶이 특정 가치로 기울어지게 하고 시장성 있는 연구를 하도록 부추긴다. 학비를 내는 학생들의 흥미를 끌거나 책이 잘 팔릴 만한 종류의 연구를 생산하게 되는 것이다.[25] 혹은 사회 전체의 상상력을 구성하며 신학자들도 쉽게 휩쓸리고 순응하게 되는 제국주의적이고 인종차별적인 사고방식에 대해서도 생각해 볼 수 있을 텐데, 가장 인간적이고 영적으로 깨어 있는 사람들조차 그러한 사고방식이 복음에 대한 배신을 표출하는 것을 보기 어렵게 만든다.[26] 마지막으로, 학문 기관을 잊지 말아야 한다. 학문 기관은 그 나름의 방식

(롬 1:24)에서 문법적으로 복수를 사용한 것을 보면, 바울이 28절에서 '마음'(mind)을 단수 형태로 쓴 것은 의도적임을 알 수 있다. 단순히 배분적 이해를 의도하여여(즉, 실제로는 복수인 '마음들'과 동등한 의미로) 사용한 것이 아니다.

[24] 신학자 박해의 역사는 교회의 첫 세기에 중간중간 등장하는 로마의 박해에서[W. H. C. Frend, *The Early Church* (Philadelphia: Fortress, 1982)를 보라] 16세기 영국의 종교개혁 당시 기독교 내부의 정치적 소요를 거쳐[Ole Peter Grell, Jonathan I. Israel, and Nicholas Tyacke, eds., *From Persecution to Toleration: The Glorious Revolution and Religion in England* (Oxford: Clarendon, 1991)를 보라] 20세기 중국의 문화혁명 동안 일어난 그리스도인 탄압에 이르기까지[Daniel H. Bays, *A New History of Christianity in China* (Chichester, UK: Wiley-Blackwell, 2012), pp. 92-208] 아주 길다.

[25] 푸코의 '통치성'(governmentality) 고찰은 국가와 시장이 자아가 자아 자신과 맺는 관계의 수준에서 어떻게 작동하는지 추적한다. Michel Foucault, *The Birth of Biopolitics: Lectures at the Collège de France, 1978-1979*, ed. Michel Senellart, trans. Graham Burchell (New York: Macmillan, 2008)을 보라.『생명관리정치의 탄생』(난장). 또한, Kathryn Tanner, "Christianity and the New Spirit of Capitalism", Gifford Lectures, University of Edinburgh, May 2-12, 2016, http://giffordlectures.org/lectures/christianity-and-new-spirit-capitalism을 보라(2019년 원서 출간).

[26] Willie James Jennings, *The Christian Imagination: Theology and the Origins of Race* (New Haven: Yale University Press, 2010); Edward Said, *Orientalism* (New York: Pantheon, 1978,『오리엔탈리즘』, 교보문고)을 보라.

으로 신학자의 욕망과 연구의 방향 둘 다를 길들인다.²⁷ 신학적 삶을 살기 위해서는 종종 사회적 상상과 권력망을 거스를 필요가 있다.

동시에, 사회적 상상과 권력망은 신학자가 신실하게 살고 책임감 있게 연구하도록 만드는 협력자가 될 수도 있다. 예를 들면, 사회적 다원주의— 많은 인종적·종교적 그룹이 동일한 정치적 공간에 공존하게 되었다는 사실—는 수천 년간 지속된 신학과 정치권력의 동맹을 끊어 내는 일을 도왔다.²⁸ 유사하게, 현대 경제는 여성을 가정의 영역에서 끌어내 세상에서 '공적' 삶을 살 수 있게 했고, 불평등한 임금 격차가 여전히 지속되고 있기는 하지만 수 세기에 걸쳐 많은 그리스도인에게 모호하게 남아 있던 인간 평등에 대한 기독교적 비전의 여러 측면이 설득력을 얻는 데 도움을 주었다.²⁹ 신학자는 그들의 환경에서 저항하거나 축출할 측면과 강화하거나 기념할 측면을 분별할 책임이 있다.³⁰ 그 임무를 위해서라도—아니 무엇보다도 그 임무를 위해서!—신학자들은 개인적으로 또한 공동체적으로 그들의 삶을 참된 삶에 관한 일차적인 기독교의 비전에 맞추기 위해 분투할 필요가 있다.

---

27 Keri Day, "Modern Capitalism and Its Discontents: The Practice of Moral Courage in the Theologian's Life", paper presented at a consultation on the future of theology at the Yale Center for Faith and Culture, New Haven, CT, April 1-2, 2016; Maggie Berg and Barbara K. Seeber, *The Slow Professor: Challenging the Culture of Speed in the Academy* (Toronto: University of Toronto Press, 2016)를 보라.

28 Miroslav Volf, *Flourishing: Why We Need Religion in a Globalized World* (New Haven: Yale University Press, 2015), pp. 84-87를 보라.

29 20세기 일어난, 가정에서 공적 영역으로의 여성의 이동에 대해서는 Claudia Goldin, "The Quiet Revolution That Transformed Women's Employment, Education, and Family", *American Economic Review* 96, no. 2 (May 2006): pp. 1-21를 보라.

30 환경을 대하는 그러한 차별화된 태도의 필요에 관해서는 Miroslav Volf, *A Public Faith: How Followers of Christ Should Serve the Common Good* (Grand Rapids: Brazos, 2011), pp. 89-97; Miroslav Volf, *Captive to the Word of God: Engaging the Scripture for Contemporary Theological Reflection* (Grand Rapids: Eerdmans, 2010), pp. 65-90를 보라.

순례자로서의 신학자

신학자로서의 임무를 잘 수행하려면 신학자의 삶과 번영하는 삶에 대한 일차적 기독교의 비전 사이에 어떤 종류의 친화성이 필요할까? 이런 답이 가능하다. 완벽한 대응관계. 그렇다면 그리스도의 삶에 완벽하게 맞춘 삶을 사는 이들만이 진정한 신학자일 것이다.[31] 그러나 적어도 우리가 여기서 다루는 것처럼 신학을 전문 영역으로 본다면 그것은 옳은 답이 될 수 없다.

그러니까 아마도 오직 성인들(Saints)만 **잠재적으로** 진정한 신학자가 될 수 있다는 말인가? 이 경우, 거룩함은 필요조건이며 충분조건이 아니다. 능력, 부르심, 훈련의 요건 역시 필요하다. 그렇다면 진정한 신학자란 신학적 임무로의 부르심을 받아들이고, 지성적으로 뛰어나고 훈련받았으며, 그리스도의 삶에 맞추어 자신의 삶을 완벽하게 조율한 사람일 것이다. 어떤 면에서 이것은 우리가 제안하는 바의 **이상적인 경우**다. 신학자가 살아가는 삶의 종류는 그들이 진술하고 비판적으로 조사하며 권하는 삶의 종류를 구체적으로 보여 주며, 반대로 보면 그들의 진술은 그들이 살아가는 삶의 종류를 표현한다. 이것이 진정으로 훌륭한 삶과 참된 삶의 기독교적 비전의 바른 진술 간의 **엄밀한 동형이체**일 것이다.

그러나 이상적인 경우는 또한 불가능한 경우이기도 하다. 신학자는 여전히 그리스도께 완전히 순응하면서 하나님의 집이 된 세계를 향해 가는 여정 가운데 있는 **순례자**다. 신학은 **이해를 추구하는 순례자**—그리고 듣기를 원하는 모든 이—의 실천이다. 따라서 우리는 신학자의 삶이 번영에

---

[31] 동일한 의견으로는 François-Marie Léthel, *Connaître l'amour du Christ qui surpasse toute connaissance: La Théologie des saints* (Venasque: Editions du Carmel, 1989), p. 3; 참조. Christoph Cardinal Schönborn, *God Sent His Son: A Contemporary Christology* (San Francisco: Ignatius, 2004), p. 371.

대한 일차적인 기독교의 비전과 엄밀한 동형이체가 아니라 친화성을 이루어야 한다고 주장한다(물론 언제나 그들이 이해하는 대로의 일차적 비전과의 친화성이다). 이러한 친화성의 특징은 우리가 순례자로 살아가는 환경에 따라 온다. 우리는 사도 바울에 근거해 순례자의 친화성이 갖는 두 가지 주요 특징을 식별할 수 있다.[32]

예기적이며 자아초탈적인 삶

바울이 쓴 것처럼, 순례자로서 우리는 거룩함이라는 목표에 오직 부분적으로만, 언제나 "잡으려고 달려가는" 행위 안에서 이룰 수 있다(참조. 빌 3:12). 현재 시대에서, 거룩함은 오직 **불완전**하고[혹은 "목표점에 다다른" 것이 아니고(12절, 새번역)] **분투**하는[혹은 "앞에 있는 것을 향하여 몸을 내미는"(13절, 새번역)] 형태로만 존재한다. 이런 의미에서, 자신의 불완전함에 대한 인식과 더불어 불완전함 자체는 거룩함의 필수적 차원이다. 바울은 자신의 삶과 사역에 대해 묘사하면서 이렇게 쓴다. "우리가 이 보배를 질그릇에 가졌으니"(고후 4:7). 여기서 "보배"는 참된 삶, 보다 구체적으로는 그리스도의 삶이 참된 삶임을 드러내는 "그리스도의 영광의 복음의 광채"다(고후 4:4). "질그릇"은 이 보물을 맡은 깨지기 쉽고 유한하며 일시적이고 불완전하며 부적합하고 실수하기 쉬운 사람들이며, 여기에는 바울 자신도 포함된다. 그의 거룩함은 일차적으로 그리스도의 삶이 그 자신의 삶이 되게 하는 목표 도달이 아닌, 그러한 목표에 이르기 위한 그의 **분투**에서 명백하게 드러났다. 중요한 것은, 그러한 분투가 가져오는 성취뿐만 아니라 그 분투 자체가 바로 예수 그리스도께서 바울을 "잡으셨다는" 인식에 기인하고 있었다

---

32 예를 들어, 마태나 야고보에 근거한다면 친화성에 대한 해석은 유사하더라도 다를 것이다.

는 점이다. 붙드는 행위 자체를 가능하게 하기 위해 그가 붙들고자 하는 목표가 그에게 먼저 오신 것이다(빌 3:12). 기독교 신학자의 연구는 (자신과 세상이) 하나님의 집이 되는 것을 향해 분투하는 삶을, 계속되는 연약함과 지울 수 없는 불완전함을 어쩔 수 없이 인정해야 하는 삶을 요구한다. 한마디로, 신학자의 삶과 연구 간의 친화성은 오직 **예기적**(proleptic)으로만 존재할 수 있다.

또한 이 친화성은 기술적으로 보면 자신의 어떤 부분이 자기 자신을 벗어나 존재하게 한다는 의미에서 **자아초탈적**(ecstatic)이어야 한다. 중요한 의미에서, 신학자들이 살아가는 삶도 그들이 분명하게 표현하고자 애쓰는 삶의 방식에 관한 비전도 그들에게 **속한** 것이 아니다. 보다 일반적인 그리스도인의 삶과 마찬가지로 신학자의 삶 역시 스스로 성취하기 위한 노력이 아니다. 그들의 변화는 자아가 변화하는 것이지 그저 **자기 스스로** 변화하는 것은 아니다. 그들이 사는 삶은 그리스도의 삶이다. 그들이 "거울을 보는 것 같이 주의 영광"을 바라볼 때, 성령께서는 "그와 같은 형상으로" 그들을 변화시키신다(고후 3:18). 바로 그것이 신학자들이 참된 삶을 구현하기 위해 분투하면서도 그들 스스로가 아닌 참된 삶 자체, 곧 그리스도를 권해야 하는 이유다(참조. 고후 3:1; 10:12). 요약하면, 자아초탈적이며 예기적인 종류의 친화성이 신학자에게 복음의 진리를 '볼 수 있는 눈'을 가져다 준다.

예기적이고 자아초탈적인 진술

참된 삶에 관한 한, 그리스도인의 삶은—따라서 신학자의 삶도—언제나 **예기적**이고 **자아초탈적**이어야 하다. 그렇다면 이러한 종류의 삶에 근거하는 신학적 진술 역시 그러한 예기적이고 자아초탈적인 특징을 지닐 수밖에 없다. 첫째, 진술 역시 **예기적**이고 따라서 언제나 불완전하고 분투하는 상태로만 존재한다. 모든 신학적 진술은 불충분하고, 참된 동시에 왜곡되었으며, 어느 정도 여전히 가려져 있고 오직 "거울로 보는 것 같이 희미하게" 볼 수 있는 것을 표현하기 위해 분투한다(고전 13:12). 이는 단순히 인간의 오류 가능성, 이 생애에서는 그 자국을 지울 수 없으며 여전히 그 힘을 제거할 수 없는 죄의 영향에 따른 결과만은 아니다.

모든 신학적 진술이 예기적으로만 존재하는 이유는 또한 인간의 본성과 신학의 주요 대상인 하나님에게서 나온다. 인간의 본성에 관한 경우, 사람으로 산다는 것은 정의상 그가 불가해하다는 것이다.[33] 더군다나 4장에서 보았듯 인간은 시간의 흐름 속에서, 또한 언제나 특정 장소에서 살아간다. 신학자로서 우리는 동일한 강물로, 즉 우리와 함께하시는 하나님의 이야기로 반복해서 돌아오지만, 우리 자신과 우리의 청중 모두는 다양하며 변화한다.[34] 어떤 신학적 진술이 특정 장소와 시간에서 유익하더라도, 동일한 장소의 다른 시간에는 혹은 같은 시간의 다른 장소에서는 그렇지 않을 수 있다.

신학의 대상에 관한 경우, 신학자가 그리스도인의 삶의 목표(하나님의 집으로서의 세상)를 고찰하든 목표에 이르기 위한 여정(성령의 능력 안에서 우리와 함께하시는 하나님을 따르는 것)을 고찰하든 그가 관계하는 것은 불가해한

---

33 우리는 우리 자신에 대해 불투명하며, 우리 자신을 알기도 하고 알지 못하기도 한다. 혹은 바울의 표현을 쓰면, 우리의 영은 우리 안에 무엇이 있는지 알지만(고전 2:11), 우리 안에 있는 것을 충분히 깊이 살피거나 적절하게 표현하는 일에는 언제나 실패한다(롬 8:26-27). 우리는 다른 인간에게는 두 배로 불투명하지만, 이와 별개로 그들은 —심리학자든 신학자든 혹은 다른 누구든 — 우리를 안다.

34 Volf, *Captive to the Word of God*, pp. 26-27를 보라. 또한 Williams, *On Christian Theology*, pp. 3-15; Rowan Williams, "Making Moral Decisions", in *The Cambridge Companion to Christian Ethics*, ed. Robin Gill (Cambridge: Cambridge University Press, 2001), pp. 8-11를 보라.

하나님이다. 하나님의 불가해성, 신학자와 그들 공동체의 유한성, 그들의 죄성이라는 세 가지 이유로 인해 참된 삶에 대한 모든 진술은 불충분하고, 불완전하며, 목표를 향해 나아가며 안간힘을 쓴다.

둘째, 신학자의 진술은 **자아초탈적**이어야 하며, 다시 말해 이는 기술적으로 자신의 어떤 부분이 자기 자신을 벗어나 존재하게 한다는 의미다. 신학자는 그들이 표현하는 진술의 저자이며 그 형식과 내용에 대해 중요한 책임이 있다. 그럼에도 이러한 진술이 참되고 선한 만큼, 그것은 단지 훌륭한 삶으로 뒷받침되는 신학자의 통찰력 있는 지성의 창조물이기만 한 것은 아니다. 신학자는 그들이 진술하고자 애쓰는 삶의 방식의 창시자가 아니다. 요한복음에서 사용한 예수님 자신의 말씀으로 보면, 신학자들은 그들 자신의 이름으로 오지 않으며, 그들의 가르침은 그들 자신의 것이 아니다(요 5:43; 7:16을 보라).[35] 바울의 표현으로 보면, 신학자는 '보물'을 창조하지 않고 새롭게 제시한다. 그들 자신과 그들의 신학을 "전파하는" 대신(고후 4:5을 보라), 그들에게 "하나님으로부터 오는 지혜가 되시며, 의와 거룩함과 구원"이 되시는 예수 그리스도를 그들 각자의 방식으로 전한다(고전 1:30, 새번역). 최선의 경우에, 바울이 "그리스도의 향기"라고 불렀던 것이 되고자 힘쓰는 가운데 신학자들의 비전은 그들의 삶과 하나가 된다(고후 2:15).

---

35 그리스도께서 그분의 것이지만 그분 자신으로부터 온 것은 아닌 내용을 가르치는 (외견상의) 역설에 관해서는 Augustine, *In Ioannis Evangelium tractatus* 29.3-5, in *Tractates on the Gospel of John 28-54*, trans. John W. Rettig, vol. 88 of *The Fathers of the Church* (Washington, DC: Catholic University of America Press, 2010), pp. 15-17를 보라. 또한 Joseph Ratzinger, *Introduction to Christianity*, trans. J. R. Foster (1969; repr., San Francisco: Ignatius, 2004), pp. 189-190를 보라.

기도를 생각하다[36]

신학적 삶과 말의 예기적이고 자아초탈적인 성격은 기도의 자세와 실천에서 요약된다. 신학자가 참된 삶과의 친화성을 기르기 위해 필요한 영적 훈련 가운데 으뜸인 기도는, 아직 목표에 이르지 못했고 그들 자신만으로 충분하지 않은 이들의 활동이다. 하나님 앞에서 조용히 그 음성을 듣는 형태든 하나님께 쉬지 않고 말하는 형태든 우리를 대신하여 성령이 간구하시는 형태든(롬 8:26), 기도는 자신과 세상이 하나님의 집이 되기를, 하나님의 이름이 거룩히 여김을 받으시기를, 하나님의 뜻이 하늘에서 이루어진 것 같이 땅에서도 이루어지기를 내적으로 구하는 것이다(마 6:10). 기도는 회심의 빼놓을 수 없는 수단이며, 신학자 안에 예기적이고 자아초탈적인 삶과 생각을 배양한다. 세상을 향한 신학자의 진술은 신학자 자신이 하나님 앞에서 침묵하고 하나님께 말하는 데서부터 나오며 그러한 침묵과 말의 특징을 취한다. 신학자가 진술하고자 애쓰는 삶의 방식의 한 차원인 신학적 말하기는 아우구스티누스의 『고백록』(*Confessions*)과 안셀무스의 『프로슬로기온』(*Proslogion*)이 본이 되는 것처럼 하나님과 하나님이 세상과 맺으시는 관계에 대해 단지 3인칭으로만 말하지 않고 언제나 1인칭과 2인칭으로도 말하는, 그 자체로 언제나 기도의 확장된 한 형태이기도 하다.[37]

---

[36] 이 소제목은 앤드루 프레봇(Andrew Prevot)의 책 *Thinking Prayer: Theology and Spirituality amid the Crises of Modernity* (Notre Dame, IN: University of Notre Dame Press, 2015)에서 가져왔다.

[37] Karl Barth, *Evangelical Theology: An Introduction*, trans. Grover Foley (New York: Holt, Rinehart and Winston, 1963), pp. 164-165. 『개신교신학 입문』(복있는사람). 또한 Jean Leclercq and Jean-Paul Bonnes, *Un Maître de la vie spirituelle au XI siècle: Jean de Fécamp* (Paris: Librairie Philosophique J. Vrin, 1946), pp. 76-78; Augustine, *Confessions*, trans. Henry Chadwick (Oxford: Oxford University Press, 1991), book 1, §1, p. 3를 보라.

디오니시우스 아레오파기타(Dionysius the Areopagite)에서 아빌라의 테레사(Teresa of Ávila)까지, 칼 바르트와 칼 라너(Karl Rahner)에서 제임스 콘(James Cone)까지, 수 세기 내내 신학자들은 기도가 마음의 눈을 열어 준다는 것을 알았다(엡 1:18).[38] 갈망, 경배, 내려놓음의 자세는 신학자들로 하여금 그들이 말하고자 애쓰는 바로 그것을 향하게 하고, 하늘빛이 비쳐와 온 방을 가득 채움으로써 그들의 진술에 자아초탈적이며 예기적인 양상을 불어넣는다.[39]

공동체

기도가 신학자의 삶이 지니는 예기적이고 자아초탈적인 특징을 구현한다면, 성령으로 충만한 그리스도의 사역의 연장인 기독교 공동체는 그 틀을 제공한다. 분별의 사역을 이끄시는 성령은 교회 안에 충만한 그리스도의 정신이며, 교회는 불완전하나마 공동체적으로 이를 소유한다. 신학자는 고립된 개체가 아니다. 그리스도 안에서 모든 것이 하나가 되는 종말론적 연합을 미리 보여 주는(갈 3:28), 하나의 집합적 몸 안에 속한 지체다(고전 12:27). 이 집합적 몸은 신학자들이 모든 세대와 세상 전역에 걸쳐 퍼져 있는 하나님의 백성들과 이루고 있는 연대다. 개별 신학자가 구현하고 진

---

[38] Pseudo-Dionysius, *The Divine Names* 3.1, in *Pseudo-Dionysius: The Complete Works*, trans. Colm Luibheid (New York: Paulist Press, 1987), pp. 68-69. 『위 디오니시우스 전집』(은성). Teresa of Ávila, *The Book of Her Life* 10.1, in *The Collected Works of St. Teresa of Avila*, trans. Kieran Kavanaugh and Otilio Rodriguez, rev. ed., vol. 1 (Washington, DC: Institute of Carmelite Studies, 1987), p. 105. 『아빌라의 성녀 테레사 자서전』(분도출판사); Barth, *Evangelical Theology*, pp. 159-170; Karl Rahner, *The Need and the Blessing of Prayer*, trans. Bruce W. Gillette (Collegeville, MN: Liturgical Press, 1997); James H. Cone, *The Spirituals and the Blues: An Interpretation* (Westport, CT: Greenwood Press, 1972). 『흑인 영가와 블루스』(한국신학연구소).

[39] 하늘빛 이미지는 바르트의 것이다. 그의 *Evangelical Theology*, p. 161를 보라. 신학적 진술을 위한 기도의 중요성에 대해서 더 보려면 Prevot, *Thinking Prayer*를 보라.

술하며 새롭게 하기를 구하는 삶은 단순히 그리스도의 삶이 아니라 **하나님의 백성**이 성령의 능력 안에서 사는 삶의 방식, 또한 오는 세대에게 물려줄 삶의 방식으로서 그리스도의 삶이다. 시간과 공간을 가로지르는 각각의 신학적 진술은 그 집합적 몸에 뿌리를 내리고 있으며, 마지막 날 "모든 민족과 종족과 방언과 백성" 가운데서 나온 엄청난 수의 무리를 예기적으로 기대하는 가운데 살아 있다(계 14:6).

그렇게 장엄한 교회의 집합적 삶조차 그 너머를 가리키고 모든 사람―원수조차 혹은 특별히 원수를 포함하는―에 대한 무조건적 사랑을 특징으로 하는, 세상 안에서 행하시는 하나님의 선교의 결과인 동시에 그 선교의 도구다. "교회는 교회 자체보다 더 큰 무엇으로부터, 또한 교회 자체보다 더 큰 무엇을 향해 살아간다."[40] 그 무엇이란 바로 세상을 자신의 집으로 만들기 위해 세상 안에서 하나님이 하시는 활동이다. 신학자가 진술하는 참된 삶의 비전은 하나님의 백성 전체의 삶에서 나오고 그 삶을 설명할 수 있어야 할뿐만 아니라 장차 하나님의 집이 될 세상 전체의 장엄한 비전을 갈구해야 한다.

불완전한 삶, 참된 삶에 대한 불완전한 진술―그러나 그리스도의 삶에 맞추기 위해 분투하는 삶―그리고 이 변화를 위한 분투 안에 뿌리박고 있는 진술은 세상을 하나님의 집으로 만드는 그리스도의 임무에 기여하기를 힘쓴다. 참된 삶과 이루는 이러한 종류의 삶의 친화성이 신학자들이 그들의 일을 잘하는 데 필요한 요건이다.

---

40   Miroslav Volf, *After Our Likeness: The Church as the Image of the Trinity* (Grand Rapids: Eerdmans, 1998), p. x.

책임감 있는 진술

신학자들이 그들의 일을 잘하기 위해서는, 그들의 삶을 번영하는 삶에 대한 일차적인 기독교의 비전에 맞추기 위해 분투해야 한다. 이것이 이번 장의 핵심 논지다. 그러나 책 전체를 통해 우리는 신학의 주요 목적이 다양한 환경 안에서 번영에 대한 기독교적 비전을 책임감 있게 진술하는 것이라고 주장해 왔다. 그렇다면 영향력은 두 방향 모두로 작동한다. 즉, 신학자의 삶이 그들의 신학적 진술에 영향을 주고, 신학자의 신학적 진술이 거꾸로 그들의 삶에 영향을 준다. 물론 이것은 비신학자도 마찬가지다. 삶과 진술은 서로를 비추고 강화하며 서로에게 유익이 될 뿐 아니라 신학과 삶 양쪽 모두에 해로울 수도 있음을 잊지 말아야 한다. 우리는 이러한 순환을 통시적으로, 한 번에 한 요소를 진술하지만, 순환의 움직임 자체는 공시적이고 지속적이며, 언제나 약속을 구현하거나 위협을 실행하고, 대부분 둘 모두를 동시에 조금씩 한다.

언어와 삶의 형태

영향력은 양방향으로 작동하기 때문에, 언어적 진술은 분명 능동적으로 삶을 형성하고 있으며, 단지 사는 삶의 담론적 메아리에 머무르지 않는다 (삶은 삶이 따르는 비전을 구체적으로 보여 주는 만큼 그 자체로 신학적 진술이다[41]). 진술은 어떤 삶의 방식을 설득력 있게 만드는 것뿐만 아니라 거기에 방향, 명료함, 깊이를 더하는 데 도움을 준다. 이러한 주장의 증거로, 담론과 삶

---

[41] 로완 윌리엄스는 그리스도인의 삶이 수행하는 이 역할을 설득력 있게 고찰했다. Rowan Willams, *Tokens of Trust: An Introduction to Christian Belief* (Louisville: Westminster John Knox, 2007, 『신뢰하는 삶』, 비아); Rowan Williams, *Teresa of Avila* (New York: Morehouse, 1991), pp. 194-203를 보라.

의 관계가 지니는 특성을 보다 일반적으로 고려해 보라. 언어는 단지 그 자체로 전언어적 경험을 표현하지 않는다. 그 대신 언어는 우리가 경험하는 것과 우리가 그것을 어떻게 경험하는지를 부분적으로 구성하는 요소다.[42] 신학자는 언어를 통해 일하고, 그들이 생산하는 언어적 진술은 교리적 세부 설명을 포함하여 그 언어적 진술이 없다면 여전히 닿을 수 없거나 이해할 수 없을 차원의 경험에 접근할 수 있게 해 준다.[43] 예를 들면, 세상을 사랑이 많으신 하나님의 선물로 보는 신학적 설명은 하나님과 세상에 대한 우리의 경험 둘 다를 바꾼다. 하나님은 더 이상 멀리 떨어져 있는 사물의 기원이 아니라 관심을 기울이시는 주시는 분(Giver)이, 세상은 단지 하나의 사물이 아니라 주시는 분을 떠올리게 하는 선물이 된다. 유사하게, 신학적 진술은 세상에서 그리스도인들이 하는 활동의 성격을 바꾼다. 예를 들면, 그리스도의 이름으로, 어쩌면 그들 안에서 "그리스도께서도 아파하신다"는 인식을 가지고[44] 고통받는 이들을 구제하는 일은 이러한 신념을 뺀, 겉으로 동일해 보이는 의료 개입과는 다른 행동이며 다른 결과를 가져온다.

신학자의 삶이 신학적 진술을 형성하고, 그 진술은 다시 신학자의 삶을 형성하고, 다시 그 삶은 신학적 진술을 형성하는 식의 순환이 계속된다면…우리는 더 큰 실재 위를 부유하는 삶과 사유의 좁고 사적인 춤이나 상호 촉진의 자기만족적 거품 안에 갇히는 것 아닌가? 만약 그렇다면 신학

42　Taylor, *Language Animal*, pp. 4-50.
43　한스 우르스 폰 발타사르는 이러한 주장을 신비적 경험과 관련해 설득력 있게 펼친다. 신앙의 교리에 대한 주의 깊은 세부 설명은 그리스도인의 삶의 내용이 이를 살아가는 이들에게 이해 가능한 것이 되기 위해 (충분하지는 않더라도) 필수라는 것이다("Theology and Sanctity", p. 192를 보라).
44　Luther, "Fourteen Consolations", in *Luther's Works* (Philadelphia: Fortress Press, 1969), 42: p. 122.

은 신앙의 삶을 위한 지성이 되는 대신 이념으로 퇴보할 것이다.[45] 그러나 우리가 보듯, 신학자의 삶은 신학적 진술을 완전히 규정하거나 그러한 진술을 인식론적으로 정당화하기에 충분하지 않다.[46] 신학자는 철저한 진리 탐구와 원칙적으로 모든 인간이 사용 가능하고 모든 인간의 비판에 열려 있는 논증 사용에 헌신되어 있다.[47] 결국, 우리는 단지 우리가 선호하는 종류의 삶이 아니라 **참된** 삶을 진술하기 위해 애쓰고 있다. 이러한 삶의 기본 형태가 고안되거나 발견된 것이 아니라 계시된 것이라는 사실도 진실성의 책무를 감소시키지 않는다.[48] 진리 탐구는 참된 삶을 사는 것을 구성하는 한 차원이며, (언제나 예기적으로, 따라서 열망 속에서) 참된 삶을 사는 것은 그러한 삶의 참된 진술 탐구의 조건이 된다. 미셸 푸코는, 지식의 행위는 "진리에 접근하는 것"을 가능하게 하는 것을 목표로 하지만 이 목표는 그

---

45 여기서 우리는 암묵적으로 아도를 비판하는데, 그는 꽤 자주 그의 기획 흐름을 이러한 방향으로 바꾸어 고대 철학의 영적 실천을 철학적 담론 안에서 그것에 부여된 형이상학적이고 개념적인 정당성과 분리시킴으로써 현대성 안에서의 재차용을 가능하게 만들려 한다. Hadot, *Philosophy as a Way of Life*, pp. 281-283를 보라.

46 여기서, 종교적 믿음의 정당성과 관련해 종교 분석 철학에서 뜨겁게 일어났던 논쟁으로 깊게 들어갈 필요는 없다. 신학자가 표명하고자 애쓰는 비전에 자신의 삶을 맞춤으로써 얻게 되는 종류의 통찰력 자체는 그 통찰력을 근거로 그 신학자가 내세우는 신학적 주장을 정당화하기에 충분하지 않다. 친화성은 통찰력을 얻고 그것을 진술하는 데 필요하다. 그러한 통찰력을 정당화하기 위해서는 신학적 고찰의 고전적 원천(성경과 교회 전통)뿐만 아니라 일반 지식 전체가 그 역할을 제대로 하는 철저한 사유가 필요하다. 게다가 기독교적 실천의 잠재적인 인식론적 의미를 '정당화'로만 제한하는 것은, 덜 결정론적이더라도 훨씬 더 큰 수용력을 지닐 수 있는 지식과의 관계를 불필요하게 제약한다. Robert C. Roberts and W. Jay Wood, *Intellectual Virtues: An Essay in Regulative Epistemology* (New York: Oxford University Press, 2007), pp. 32-42를 보라. 참조. Sarah Coakley, "Dark Contemplation and Epistemic Transformation: The Analytic Theologian Re-Meets Teresa of Ávila", in *Analytic Theology: New Essays in the Philosophy of Theology*, ed. Oliver D. Crisp and Michael C. Rea (New York: Oxford University Press, 2009), pp. 280-312.

47 지금 우리가 옹호하는 삶과 진술 간의 친화성에 대한 언급은 없긴 하지만, '보편적으로 비판받을 수 있는 가능성'에 대한 개념은 Philip Clayton, *Explanation from Physics to Theology: An Essay in Rationality and Religion* (New Haven: Yale University Press, 1989), p. 152를 보라.

48 '고안'되고 '발견'된 것과는 대조되는 의미의 '계시'된 것에 대해서는 Friedrich Schleiermacher, *The Christian Faith* (English translation of the second German edition), ed. H. R. Mackintosh (Berkeley: Apocryphile Press, 2011), §10, pp. 49-50를 보라.

러한 지식의 행위가 "그 주체의 특정 변화에 의해 **준비, 동반, 강화, 완성**될 때에만 성취될 수 있다"고 말함으로써 이러한 생각을 잘 표현했다.[49]

삶과 진술의 순환: 십자가의 신학

마르틴 루터는 신학자의 삶의 방향성과 논리적인 비판적 신학 진술 사이에서 우리가 옹호하는 종류의 순환 관계를 약간 변형시켜 보여 준다. 여기서 우리는 우리의 논점, 즉 그러한 순환 관계의 변형된 다른 형태들 역시 가능하다는 것을 예시하기 위해 루터를 사용한다. 잘 알려져 있듯 그는 과장된 날카로움을 그 특징으로 동반하여 **영광의 신학**과 **십자가의 신학**을, 혹은 보다 빈번하고 보다 정확하게 영광의 **신학자**와 십자가의 **신학자**를 구분한다.[50]

영광의 신학자는 타락한 세상의 '완전한 것'—세상의 덕, 정의, 지혜, 영광, 힘 등—과 하나님의 완전한 것 사이의 연속성에 모든 초점을 맞춤으로써 영광의 신학을 생산한다. 이 '선한 것들'을 지향하는 영광의 신학자들은 그리스도의 십자가와 경건치 않은 자들을 의롭다 하심으로 요약되는 복음의 진리를 거짓으로 인식하고, 그에 따라 그들의 진술은 왜곡된다. "그들은 십자가의 선을 악으로, 행위의 악을 선으로 부르며", 여기서 행위의 악이라 함은 선한 행위를 마땅히 하나님이 아닌 자신에게 돌릴 수 있다고

---

49 Michel Foucault, *Hermeneutics of the Subject: Lectures at the Collège de France 1981-1982*, ed. Frédéric Gros, trans. Graham Burchell (New York: Picador, 2005), p. 16(강조는 저자의 것).

50 Luther, "Proceedings at Augsburg", in *Luther's Works*, 31: p. 225; Luther, "Heidelberg Disputation", in *Luther's Works*, 31: pp. 53-55. 루터의 십자가 신학과 십자가의 신학자들에 관해서는 Forde, *Theologian of the Cross*를 보라. 또한, Ronald K. Rittgers, *The Reformation of Suffering: Pastoral Theology and Lay Piety in Late Medieval and Early Modern Germany* (Oxford: Oxford University Press, 2012), pp. 111-124 및 거기에 인용된 문헌들을 보라.

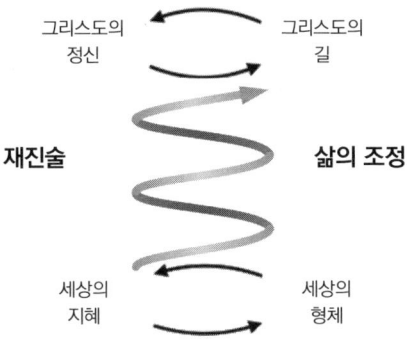

그림 5.1 비전의 진술과 삶의 방향이 제자 훈련 과정을 통해 이상적으로 발전될 때 보이는 상호 의존성

보는 것이다.[51] 이 '지혜'를 맛봄으로써 이를 향한 그들의 갈망은 더 커지고, "그러한 사랑에 의해 그들은 점점 더 눈이 멀고 마음이 굳어지며", 그들 신학의 오류는 계속 깊어진다.

대조적으로, 십자가의 신학자는 십자가에 못 박히신 분의 발아래에서 진정한 가치의 재평가를 경험한다. 그들은 "분명히 드러나고 볼 수 있게 된 하나님의 일들…말하자면 그분의 인간적 본성, 연약함, 어리석음"을 지향함으로써 하나님을 "고통 가운데 숨어 계시며"[52] "죄인, 악한 자, 어리석은 자, 연약한 자를 의롭고, 선하며, 지혜롭고, 강하게 만들기 위해 사랑하시는"[53] 분으로 바르게 인식할 수 있게 된다. 결과적으로 영광의 신학자는 선과 악을 헷갈리는 반면 "십자가의 신학자는 모든 것을 있는 그대로 바르게 파악한다."[54] 십자가에 초점을 맞춘 그러한 신학자의 지향성은 그들의 신학을 **진실하게** 비틀고 이는 다시 그들을 십자가로 이끈다. 바로 거기

51　Luther, "Heidelberg Disputation", in *Luther's Works*, 31: p. 53.
52　Luther, "Heidelberg Disputation", in *Luther's Works*, 31: p. 52.
53　Luther, "Heidelberg Disputation", in *Luther's Works*, 31: p. 57.
54　Luther, "Heidelberg Disputation", in *Luther's Works*, 31: p. 53.

서 그들은 그들의 존재 자체와 그들이 소유하고 행하는 모든 선이 사랑이 "넘치시고 선을 베푸시는" 하나님께로부터 옴을 늘 새롭게 깨닫는다.[55]

우리가 제시한 것처럼, 십자가의 신학과 영광의 신학의 대조는 일련의 확신에 근거하는 것으로 보인다. 그러나 사실 루터가 '십자가의 신학'이라는 표현을 처음 사용한 것은 신학 논쟁의 문맥, 즉 장문의 『95개조 반박문에 대한 설명』(Explanations of Ninety-Five Theses, 1518)과 "하이델베르크 논쟁"(Heidelberg Disputation, 1518)에서였다. 그는 자신을 비방하는 이들을 설득하는 것을 목표로 십자가의 신학을 뒷받침하는 **논리 정연한 신학적 논지**를 제시한 것이다. 보다 중요한 것은, 십자가의 신학이 그의 종교개혁 발견에서 중심적이었다는 점이다. 어떤 면에서, 대부분 성경 본문에 대한 자세한 강해와 그가 영광의 신학자로 보았던 이들과 벌이는 논쟁으로 이루어진 루터의 신학 작품 전체는, 신학자가 자신의 연구를 잘할 수 있으려면 그의 삶이 지향하고 있어야 할 비전을 뒷받침하는 일관된 논증이었다고 할 수 있다. 논증은 비전의 바른 인식과 삶의 방향 재설정 둘 다를 돕는 수단이었다.

루터가 자기 비전의 핵심으로 본 것은 보다 일반적으로 신학에서도 동일하게 참이다. 삶과 성찰은 진리에 해로운 쪽으로든 유익한 쪽으로든 상승효과를 내면서 함께 뒤엉켜 돌아간다는 것이다. 상승효과에서 해로운 쪽과 유익한 쪽을 언제나 명확하게 구분할 수 있는 것은 아니지만, 우리는 우리 개인의 삶과 참된 삶에 대한 성찰에서, 또한 신앙 공동체 안에서의 삶과 성찰에서 진리에 순종하고자 분투할 수 있다. 그렇게 결합된 분투가 훌륭한 신학자를 만든다.

---

55 Luther, "Heidelberg Disputation", in *Luther's Works*, 31: p. 57.

지적 기질

모든 지적 연구에는 일련의 기질이 필요하며, 신학의 경우는 특히 그렇다. 신학적 삶과 비전 간의 친화성이 요구되며, 그 비전의 진술이 곧 신학 연구이기 때문이다. 여기서 우리는 일반적인 지적 덕목이 아니라 신학 연구에서 특별히 중요한 덕목만을 논할 것이다.

지식과 하나님과 세상에 대한 사랑

우리는 신학이 이해를 위한 탐구라고 주장했다. 따라서 **지식에 대한 사랑**은 신학 연구에서 빠질 수 없다. 그러나 어떤 종류의 지식인가? 누군가는 세상의 경이로움에 경탄할 수도 있고 그것의 몇몇 측면이―혹은 심지어 그 전체가 어떻게 작동하는지―이해하려는 열망에 사로잡힐 수 있다. 그런 이들은 자연과학을 택하는 것이 좋다. 누군가는 세상의 어떤 측면이 오작동하는 것에 마음이 쓰일 수 있고, 따라서 어떻게 문제를 고칠 수 있는지 알아내기를 열망할 수 있다. 그런 이들은 예를 들어 공학을 택하면 좋을 것이다. 그러나 신학자가 되기 위해서는 모든 피조물의 번영하는 삶에 초점을 맞추고 있으며 하나님과 세상의 관계 전 영역을 포괄하는 지식을 사랑해야 하며, 따라서 그러한 지식은 실용적 지혜부터 과학을 거쳐 형이상학에 이르는 범위를 아우른다.

아우구스티누스와 토마스 아퀴나스 같은 신학자들은 "모든 인식적 가치가 동등하게 창조되지는 않았음"을 확신하면서,[56] 도덕적이고 비도덕적인 종류의 지식, 진정한 배움과 무익한 호기심을 구별했다.[57] 그 둘은 구별하

---

[56] Roberts and Wood, *Intellectual Virtues*, p. 156.
[57] Augustine, *Confessions* 10.35. Thomas Aquinas, *Summa Theologiae* II-II.166 and II-

기 위해서는 분별력이 요구된다. 지식에 대한 신학자의 선호 역시 충분히 넓어야겠지만 동시에 안목을 갖추어야 한다. 그들은 하나님과 세상의 관계에 관해 가질 만한 가치가 있는 종류의 지식을 사랑하고 구할 것이다.[58]

어떤 종류의 신학적 지식이 가질 만한 가치가 있는지 분별하는 주된 방법은 그것이 **하나님과 세상을 향한 바른 사랑의 실행**인지, 즉 그것이 세상 안에서 행하시는 하나님의 선교에 도움이 되는지 묻는 것이다. 당연히 신학자들은 지식 자체를 위한 지식을 열망할 것이다. 다시 말해, 단지 그것을 소유하는 것이 본질적 선이라고 주장할 수 있다. 그러나 신학적 지식은 도구적 선이기도 하다. 바울의 표현을 사용하자면, 그 목적은 '세우는' 것이다(고후 12:19를 보라. 참조. 고전 8:1). 신학자는 세상을 하나님의 집으로 변화시키시는 하나님의 장대한 계획에 그들이 참여하는 방법으로서 지식을 추구한다.

신학자들 스스로도 지식에서 유익을 얻지만, 이는 그들이 단지 참된 삶을 살기 위한 더 좋은 자원을 가지기 때문만은 아니다. 자신의 일을 해 나가는 과정에서, 신학자는 명성, 권력, 부도 어느 정도 얻을 수 있다. 그러나 훌륭한 신학자는 문화적이거나 금전적인 자산을 연구의 주된 목적으로 삼지 않는다. 그들이 명성을 얻을 수도 있다. 그러나 예전에 '거물급 사도들'이 그랬던 것처럼(고후 10-12장을 보라) 자신과 자신의 연구를 내세워 명성을 얻고자 분투하지 않아야 한다. 권력을 행사할 수도 있다. 그러나 자아도취적으로 스스로를 높이거나 자신의 사고방식에 순종하도록 사람들을 조종하기 위해 (수사적으로든 지적으로든 제도적으로든) 권력을 추구해서는

---

[58] II.167.
예를 들어, 하나의 핀 끝에서 얼마나 많은 천사가 춤출 수 있는지 알아내기 위해 노력하는 것은 무익한 호기심인 반면 어떤 동시대 지식인의 사유의 한 측면이 신앙과 어떻게 관련되는지 밝히는 것은 진정한 배움이다 하고 명백하게 말할 수는 없다.

안 된다(고전 1:17-2:16을 보라). 보수를 받는 것은 적절하다(고전 9:1-18을 보라). 그러나 부유해지는 것을 목적으로 삼는 '장사꾼'이 되어서는 안 된다(고후 2:17). 덕이 있는 신학자는 자신의 작은 왕국을 세우는 주인이 아니라 하나님의 집을 세우는 하나님의 청지기로서 일한다(고전 3:9을 보라).

대화 상대자에 대한 사랑

사랑이 지적 기질로 가장 빈번하게 나타나는 것은 '사랑의 해석학'이라는 표현에서다. 이 표현은 '의심의 해석학', 곧 폴 리쾨르(Paul Ricoeur)가 위대한 "의심의 대가"인 마르크스, 니체, 프로이트에게 귀속시켰던 해석 유형과 대조를 이룬다. 본문의 의미를 복구하고자 애쓰는 대신, 그들은 본문 뒤에서 표명되지 않은 채 가려져 있는 동기(마르크스의 경우 계급의 이해관계, 니체의 경우 원한감정, 프로이트의 경우 욕구)를 해독하기 위해 겉으로 드러난 표면적 의미를 파헤친다.[59] 그러나 아마도 의심의 해석학의 대안이 실제로 **사랑**의 해석학은 아닐 것이다. 마치 바른 해석을 위해 **본문에게 너그럽기라도** 해야 하는 것처럼 말이다.[60] 본문의 의미를 복구하는 것은 사랑을 포함하지만, 여기서 말하는 사랑의 종류는 우리가 지적 기질 가운데 처음 언급했던 진리에 대한 사랑 혹은 지식에 대한 갈망이다.

지식에 대한 사랑(첫 번째 기질)과 하나님과 세상에 대한 사랑(두 번째 기질)에 덧붙여, 신학 연구에 결정적으로 중요한 사랑이 하나 더 있다. 바로 **지적 대화 상대자에 대한 사랑**, 특히 반대자에 대한 사랑이다.[61] 신학자들

---

59   Paul Ricoeur, *Freud and Philosophy: An Essay on Interpretation*, trans. Denis Savage (New Haven: Yale University Press, 1970), pp. 32-35를 보라. 『해석에 대하여』(인간사랑).
60   리쾨르 자신에게 의심의 해석학의 대안은 믿음의 해석학이다. *Freud and Philosophy*, pp. 28-32를 보라.
61   동일한 의견은 Roberts and Wood, *Intellectual Virtues*, pp. 73-75.

은 특정 평판을 가진 학자들이다. 수 세기도 더 된 문구 '오디움 테올로기쿰'(odium theologicum) — 신학적 증오 — 은 이를 잘 포착한다. 가장 뛰어난 종교개혁 신학자 가운데 한 명인 필리프 멜란히톤(Philip Melanchthon)은 동료 신학자들의 괴롭힘과 분노에서 자유로울 수 있다는 것을 죽음의 유익으로 생각할 정도였다![62] 앞에서 지적한 것처럼, 하나님과 우리 삶의 근본적 방향성에 관한 의견의 불일치는 단순히 이성에 호소하는 것만으로 해결될 수 없기 때문에, 신학 논쟁은 동의하지 않는 이들을 향한 독설을 퍼붓는 공격과 노골적인 핍박으로 쉽게 변질된다. 문화적·경제적·정치적으로 중요한 가치가 달려 있을 때에는 특히 그렇다. 원수를 사랑하는 것은 기독교 신앙의 핵심적인 윤리적 신념이다. 다시 말해, 자신의 연구를 그리스도인의 삶의 한 양식으로 보는 신학자라면 자신의 지적 '원수'를 사랑해야 한다. 그들을 인간으로서 존중해야 하고, 심지어 그들과의 우정을 추구해야 하며, 개인적 말다툼이 그들과의 훌륭하고 생산적인 논쟁을 앗아 가도록 해서는 안 된다.

용기

신학자는 언제나 사회적 권력의 장 안에서 일한다. 어느 정도는 모든 지식이 권력이고, 모든 학문 영역에서의 지식 탐구는 특정 형태의 권력을 위한 투쟁이라고 할 수도 있다. 신학은 하나님의 집에 관한 것이며 따라서 궁극적 관심의 대상인 하나님에 관한 것이고, 우리 분투의 방향을 설정하는 참된 삶에 관한 것이기도 하다. 사람들은 하나님과 참된 삶에 관한 주장을 대할 때 특정 은하계에 별이 몇 개 있는지에 대한 주장을 대할 때와

---

62 George Wilson, *Philip Melanchthon: 1497-1560* (London: Religious Tract Society, 1897), p. 146.

는 다른 태도를 취한다.⁶³ 무엇이 인간 삶의 방향을 결정해야 하는가에 관한 주장에 가까이 갈수록 신학자는 저항이나 심지어 강력한 반대를 받기 쉬워진다. 그런데 그들 연구의 중심에 바로 그러한 주장들이 있기에, 신학자는 불가피하게 사회적으로 교차 압력을 받는 공간 안에서 살아야 하며, 그 안에서 명성과 생계에 대한 위협을 받거나 그들의 목숨까지도 위태로워지는 너무 많은 상황을 경험할 수 있다. 학계의 어떤 구석에서는, 단순히 참된 삶에 대한 진리 주장을 하는 것 자체가 저항에 부딪힌다. 수많은 다양한 상황에서, "하나님의 말씀을 혼잡하게" 하고(고후 4:2) 사람들이 듣기 원하는 것으로—혹은 신학자 **스스로**가 듣기 원하는 것으로—말씀을 돌려 말하고 싶은 유혹이 강력할 수 있다.⁶⁴

신학자가 되기 위해서는 **용기가**,⁶⁵ 자신이 주장하는 바를 위해 기꺼이 고난을 받을 수 있는 태도가 필요하다. 고난은 첫 번째 언약의 선지자들(눅 11:47-48), 두 번째 언약의 사도들(행 5:41), 그리고 예수 그리스도 자신의(벧전 2:21) 운명이었다. 고난은 모든 그리스도인의 운명일 가능성이 높다. 마르틴 루터는 그리스도인의 삶을 "믿음, 사랑, **거룩한 십자가**"로 요약했다.⁶⁶ 신학자 역시 자신의 일을 잘한다면 마땅히 고난을 예상해야 하고 따라서 용기가 필요하다.

---

63   후자의 경우에는 권력이 존재하지 않는다고 말하는 것은 아니다. 예를 들면, 오랫동안 설탕 산업은 그 주된 생산물의 효과에 관한 지식으로 간주되는 것을 조종해 왔다. Anahad O'Connor, "How the Sugar Industry Shifted Blame to Fat", *New York Times*, September 12, 2016, http://www.nytimes.com/2016/09/13/well/eat/how-the-sugar-industry-shifted-blame-to-fat.html.

64   그런 식으로 말씀을 돌려 말하는 것은 개별 신학자에게만 국한되지 않으며 신학의 역사 안에서 만연하고 오래 지속된 운동의 일부로 존재해 왔다. 그중 가장 잘 알려진 예에는 종교의 자유 부정, 반유대식 성경 독해, 노예제 관행을 뒷받침하는 독해가 포함된다.

65   시장 경제 안이라는 문맥에서 이루어지는 신학 교육에서 신학자에게 필요한 용기에 관해서는 Day, "Modern Capitalism and Its Discontents"를 보라.

66   Martin Luther, "Sermons on the First Epistle of St. Peter", in *Luther's Works* (St. Louis: Concordia, 1967), 30: p. 143(강조는 저자의 것).

감사와 겸손

신학자에게 자신의 중요성에 대한 오만한 인식은 부적절하다. 첫째, 그들의 주된 임무는 그들 자신의 반대 방향을 가리키는 것이다. 칼 바르트는 기독교 신학자들이 마티아스 그뤼네발트(Matthias Grünewald)의 그림에 나오는 세례 요한의 역할을 한다고 생각했다. 그림에서 세례 요한은 십자가 옆에 서서 한 손에는 펼쳐진 히브리 성경을 들고 다른 손의 손가락으로는 십자가에 못 박히신 그리스도를 가리키고 있다.[67] 신학자는 지적 기량이나 불필요한 상상력, 화려한 수사가 아니라 삶의 방식으로, 또한 그것을 가장 먼저 구현한 분에게로 관심을 이끌어야 한다. 자신의 힘과 지혜를 부풀리는 것은 신학자들이 진술하고자 하는 삶의 본질적 특징이 되는 종류의 힘과 지혜, 즉 십자가에 못 박히신 그리스도의 연약함의 형태를 취한 힘과 그분이 취하신 어리석음의 형태를 취한 지혜를 손상시킨다(고전 1:17-25을 보라).

둘째, 신학자가 진술하고 권하고자 하는 삶의 방식에서 본질적인 것은, 신학자의 삶과 연구를 포함하여 존재하는 모든 것이 하나님의 선물이라는 확신이다. 올바른 반응은 **감사와 겸손**일 것이다. 바울은 고린도 교인이 자신을 인상적인 그의 동료 아볼로와 비교해 사도로서의 그의 가치에 대해 벌이던 논쟁에 개입하여 "네게 있는 것 중에 받지 아니한 것이 무엇이냐?"라고 수사학적으로 묻는다. 이어서 "네가 받았은즉 어찌하여 받지 아니한 것 같이 자랑하느냐?"라고 묻는다(고전 4:7). 바울은 동일한 고린도 교인들에게 약간의 과장을 섞어 자신에 대해 이렇게 말한다. "내가 아무것도 아니냐"(고후 12:11). 이 고백은 자신의 순전한 무가치함이나 상대적 열등

---

67 예를 들면 Karl Barth, *Church Dogmatics* I/2, ed. G. W. Bromiley and T. F. Torrance (Edinburgh: T&T Clark, 1956), p. 125를 보라.

함에 대한 자기비하적 인정이 아니라 자신의 능력의 원천(성령)과 자신이 하는 일의 목적(그리스도를 가리키는 것)에 대한 확신에 찬 인식이었다. 바로 이것이 신학적 겸손이다.

확고함과 거기에 곁들인 부드러움

로버트 로버츠(Robert Roberts)와 W. 제이 우드(Jay Wood)는 우리가 '인식적 가치'를 '견지하는' 자세의 성격을 지칭하기 위해,[68] 혹은 신학자의 경우 기독교적 신념과 그에 대한 특정 진술을 '견지하는' 자세의 성격을 지칭하기 위해 '확고함'(firmness)이라는 단어를 쓴다. 신학자가 모든 인식적 가치를 동일한 강도의 확고함으로 붙들 필요는 없다. 예를 들면, '말씀이 육신이 되었다'라는 주장은 '죄는 선의 결핍이다'라는 주장보다 더욱 확고하게 견지되어야 한다. 그러나 일반적으로 우리는 모든 신학적 주장을 지나치게 확고하게 견지하는 자세(교리적 경직성)와 지나치게 가볍게 견지하는 자세(경망함) 중간 어디쯤인가에 있어야 한다고 주장할 수 있다.

확고함의 정도는 세 가지 이유로 필요하다. 첫째, "우리의 지식은 반드시 이전에 형성된 믿음, 이해, 경험을 기초로 한다"는 것은 지적 삶의 일반적 특징이다.[69] 어떤 믿음을 확고하게 견지하지 않는다면 새 믿음을 형성하거나 우리가 이미 견지하고 있는 것을 더 깊이 이해하는 일이 손상되거나 방해받는다.[70] 둘째, 신학자는 특정 삶의 방식 안에서 그 삶의 방식을 고찰

---

68 Roberts and Wood, *Intellectual Virtues*, p. 184.
69 Roberts and Wood, *Intellectual Virtues*, p. 216.
70 과학자가 (그들의 패러다임은커녕) 그들의 가설을 너무 빨리 포기하면 안 된다는 것은 이미 잘 확립된 입장이다. 연구 프로그램은 과학자가 그 이론이 설명할 수 없는 중요한 이례들에 대한 설명을 내놓지 못하는 경우에도 생산적일 수 있다. Imre Lakatos, "Falsification and the Methodology of Scientific Research Programmes", in *Criticism and the Growth of Knowledge: Proceedings of the International Colloquium in the Philosophy of Science, London, 1965*, vol. 4, ed. Imre Lakatos and Alan Musgrave (Cambridge: Cambridge

하고자 애쓴다. 기독교적 믿음을 확고하게 견지하지 않은 채 기독교 신앙을 계속 살아 내기는 어렵다. 셋째, 이는 앞의 이유와 관련되어 있는데, 신학자가 진술하려는 것은 인간 실존의 진리, 곧 그들의 궁극적 사랑과 신뢰의 대상, 그들이 '살아서나 죽어서나' 의지할 수 있는 것에 관한 것이다.[71] 근본적인 믿음을 너무 가볍게 붙드는 것은 삶에서 필수인 기본적 신뢰를 약화시킬 것이다.

동시에, 확고함이 경직성으로 변질되어서도 안 된다. 첫째, 경직성은 신학의 본질적 임무인 믿음에 대한 정직한 비판적 검토를 방해할 것이다. 믿음을 견지하는 자세가 내려놓을 수 없을 만큼 경직되어 있다면, 비판적 검토는 아예 시작조차 할 수 없을 것이다. 비판적 검토를 시작한다면 어느 지점에서는 그러한 경직된 태도를 차단할 필요가 있다. 신학자의 임무가 진정한 진리 탐구에 관한 문제가 되려면 개인의 믿음이 수정될 수 있는 가능성이 (극단적인 경우까지도) 열려 있어야 하는데, 경직된 태도가 차단되지 않는다면 신앙 포기는커녕 믿음의 수정 가능성이 존재할 수 없기 때문이다. 둘째, 이게 더 중요한데, 경직성은 하나님의 본성이나 그리스도의 본성 같은 기독교의 핵심적 믿음이 드러내는 특징과 어울리지 않는다. 앞에서도 말했듯, 그러한 믿음은 근본적으로 **예기적**이다. 말하자면 그것에 대한 우리의 이해는 완전히 적절한 것에 언제나 못 미치고 언제나 수정이 필요하다. 경직성은 참되지 못한 것을 초래할 위험이 있다. 책임감 있게 신학적 진리를 견지하는 유일한 방법은 부드러움을 곁들인 확고함이다.

University Press, 1970), pp. 91-196. 『현대과학철학 논쟁』(아르케).
[71] 이 표현은 하이델베르크 요리문답(Heidelberg Catechism, 1563)의 첫 번째 질문 "살아서나 죽어서나 당신의 유일한 위로는 무엇입니까?"를 되울린다.

신실함

앞서 지적했듯, 신학자는 세상이 하나님의 집이 되는 목표에 이를 수 있도록 그것을 준비시키는 거대한 기획을 위해 일하며, 예수 그리스도, 즉 우리와 함께하시는 하나님이 그 집의 모델, 설계자, 건축자이심을 아는 가운데서 그 일을 한다. 모든 방언과 민족으로부터, 역사의 모든 시대로부터 나온 셀 수 없이 많은 무리의 집이 될 그 세상은 또한 신학자들의 집이기도 하기에 그 모습에는 물론 그들의 개인적 운명도 일부 걸려 있다. 그러나 신학자는 그들 자신의 저택을 디자인하거나 거기에 가기 위한 길의 지도를 그리고 있는 것이 아니다. 신학자의 일은 그들 개인이나 집단의 이익을 확장시키는 아이디어를 내놓는 것이 아니다. 신학자는 하나님 집의 청지기다. 청지기의 가장 중요한 요건은 신실함이다(고전 4:1-2).

그러나 신학 연구와 관련해 신실함이란 무엇인가? 우리가 받은 것을 굳게 잡는 것은 필수지만, 신실하다는 것은 단순히 그러는 게 아니다(고전 15:2). 단순히 굳게 잡는 것은 어쩌면 실패에 대한 두려움 때문에 땅에 구멍을 파서 보물을 묻어 놓는 것과 같을 수 있다(마 25:18). 우리가 전해 받은 것의 내용 자체가 바로 **살아 있는 신앙**—역동적이고 조절 가능한 삶의 방식—이기 때문에, 이에 신실하다는 것은 오히려 성도들에게 일단 전해진 신앙을 분명하게 진술하고 비판적으로 검토하며 다시금 새롭게 권하는 것, 그럼으로써 그 신앙이 시간의 흐름 안에서 '살아' 있도록 돕는 것을 뜻한다. 신학자의 신실함은 멈춰 있지 않고 역동적이어야 하고, 단순히 복제하지 않고 즉흥적으로 연주하는 것이어야 한다.

6장
번영하는 삶의 비전

기독교 신학자들이 우리의 요청을 귀담아듣고 번영하는 삶의—**참된** 삶의—비전을 분명히 밝히는 일을 시작한다면 어떤 종류의 비전들이 나오게 될까? 그런 일이 실제로 일어나는 것을 보기 위해 너무 오래 기다리지 않아도 되기를 바란다. 이번 마지막 장에서는 번영하는 삶의 기독교적 비전에 대한 우리 자신의 진술을 제시하고자 한다. 이것은 완전히 발전시킨 번영하는 삶의 신학이라기보다는 그러한 삶을 대략 보여 주는 개요이며, 우리는 성경 저자 중 한 명인 사도 바울의 글에 기초하여 이를 분별하고 재구성할 것이다.

3장에서 우리는 번영하는 삶의 신학을 발전시키기 위한 하나의 포괄적 비유로 '하나님의 집'—혹은 하나님이 거하시는 곳—이라는 표현을 사용하기를 제안했다. 이 비유는 에덴동산과 출애굽의 목표를 도시와 성전이 합쳐진 '새 예루살렘'과 연결함으로써 성경의 첫 번째 책과 마지막 책을 하나로 묶는다. 또한 처음과 마지막 사이의 그 중간 여정에서도 이 비유는 계속 등장하는데, 특히 예수님을 하나님이 거하시는 곳으로 이해하는 것, 그리스도를 따르는 개인과 교회 두 경우 모두 '성령이 거하시는 성전'으로 설명하는 데서 가장 뚜렷하게 드러난다.

앞에서 지적한 것처럼, 성경에는 다른 비유들도 나온다. 신약성경에서 **하나님 나라**보다 더 중요한 비유는 없다. '집'과 '나라'라는 비유는 의심할 여지 없이 완전히 다른 강조점을 갖지만, 우리는 이 두 단어가 동일한 실재를, 곧 사랑이신 하나님과 그분이 거하시고 그분의 성품을 반영하는 세상 간의 역동적인 관계로서의 번영하는 삶을 표현하는 다른 비유들이라고 주장한다. 하나님 나라 비유는 공관복음에 기록된 예수님의 설교에서 중심적이었고, 언급 횟수가 줄어드는 신약의 다른 부분에서도 여전히 중요하다. 목회서신에서는 하나님을 왕으로 찬양한다. 히브리서와 야고보서에서는 우리가 나라를 유업으로 받으리라고 주장한다. 요한계시록에서는 완성된 하나님의 통치를 선포한다. 그동안 성서학자들이 바울이 추구한 주된 취지를 들여다보는 렌즈로 '하나님 나라'를 사용하는 경우는 그다지 흔치 않았다. 이것이 바로 여기서 우리가 하려는 작업이다. 부분적으로 그 이유는, 자주 무시되기는 했지만, 번영하는 삶의 질문에 대해 기독교 전통에서 제시했던 가장 초기의 답이 바로 하나님 나라이기 때문이다.

하나님 나라의 형식과 내용

예수님의 설교에서, 번영하는 삶에 대한 질문의 답은 '하나님 나라'였다. 이는 의외의 응답이다. 예수님은 우리에게 '더 풍성하고 의미 있는 삶을 살기 위한 여섯 가지 방법' 같은 노하우를 알려 주기 위해 오시지 않았다. 단순히 도덕적 충고를 하시지도 않았다. 주변의 세상으로부터 내면의 삶을 어떻게 보호할지에 대해 조언하시지도 않았다. 그분은 하나님 나라를 선포하시고 구체적으로 보여 주신다. 그렇다면 그리스도인에게 번영하는 삶의 문제는 조언과 조정의 문제가 아니다. 번영은 거짓된 삶 사이에서 참된 삶의 변혁적 현존을 요구하며, 이는 거짓된 세상 한가운데서 참된 세상이 존재하게 되기를, 즉 세상이 사랑이신 하나님의 선물로서 그 선함을 상기하고 회복하며 처음으로 온전히 구현하기를 요구한다.

예수님이 선포하신 하나님 나라가 드러내듯, 참된 삶의 문제에 관한 기독교적 답변은 그 **형식**과 **내용** 모두 고유하다. 기독교는 세계의 다른 거대 종교들처럼 단순히 실재를 '두 세계'로 이해하는 여러 버전 가운데 하나를 제공하지 않는다. 단순히 세상사를 초월하는, 따라서 그러한 세상사의 규범이 되는 번영의 비전이 있는 것도 아니다. 오히려 기독교 신앙은 초월적 영역의 특징과 그것이 세속 영역과 어떻게 연결되는지에 대한 구체적 설명, 곧 하나님 및 그분과 세상과의 관계에 대한 다음과 같은 특정 비전을 제공한다. (1) 세속 영역은 사랑의 하나님께 그 기원을 둔다(창조). (2) 원죄에 붙잡히게 됨으로써, 인간은 그들 자신과 그들이 사는 세상의 진정한 정체성을 부정하며 살아간다(죄).[1] (3) 그럼에도 사랑의 하나님은 세속 영역에 거하기 위해 오셨다(성육신과 구원). (4) 세속 영역은 한 분이신 참된 하나님의 도시이자 종말론적 미래 안에 속한 것들의 완전한 실현인 '새 예루살렘'이라는 궁극의 지향점을 갖는다(완성). 하나로 모으면, 이 주장들은 번영하는 삶에 대한 기독교적 설명에 기독교 고유의 긴장을 특징으로 하는 복합적 형식을 부여한다. (시초론적이고 종말론적인 형식, 창조와 완성 둘 다에서) 온전히 번영하는 삶의 규범적 비전은 우리가 지상의 삶을 살아가는 동안 우리의 환경, 행위, 정서를 제한하는 다양한 부적합 상태와 긴장을

---

1 '원죄'(Sin)를 대문자로 쓴 것은 바울의 해석대로 세상에 폭정을 행하는 우주적 권세를 묘사하기 위함이다. 소문자로 쓴 '죄'(sin)는 인간의 악행을 의미하며, 악행으로부터 이 권세가 모습을 드러내고, 악행을 통해 이 권세가 대리 행사된다. Matthew Croasmun, *The Emergence of Sin: The Cosmic Tyrant in Romans* (New York: Oxford University Press, 2017), p. 192n1을 보라.

이룬다.² 기독교의 번역 신학이 이 긴장을 특징으로 하는 복합적 형식을 바르게 갖추지 못하면 결국 실제의 세상 본질이나 온전히 번역하는 삶의 비전의 선함에 충실하지 못하게 된다.

바울과 함께하는 신학

지금부터 개략적으로 살펴볼 번역하는 삶의 비전은 바울에 대한 단순한 석의 이상이다. 바울 서신은 신학 논문이라기보다 소통을 위한 도구였고, 따라서 바울의 신학을 다룰 때 우리는 그러한 쌍방의 교환에서 일단 우리가 접근할 수 있는 한쪽의 입장에서 그의 신학을 함께 관통하는 식으로 접근해야 한다. 그러한 접근을 위해서는 그 서신들의 계기가 되었던 논쟁 너머까지 살펴보는 것이 필요하다. 우리가 식별해야 할 바울 신학의 근간이 되는 주장들은 바울 자신에게나 바울과 그의 편지 수신자 양쪽 모두에게 너무 기본적이어서 이미 전제되어 있고 따라서 굳이 언급되는 경우가 드물거나 간접적으로만 언급되는 경우가 많기 때문이다.³ 이런 종류

---

2   우리는 다분히 의도적으로 '환경'(circumstances) 대신에 '상태'(conditions, 혹은 조건)라는 단어를 사용했는데, 이로써 단순히 삶의 '환경적' 측면을 넘어서는 일련의 우주적 요인이나 제약을 가리키는 것을 의도했다. 특별히 신약성경 저자들의 묵시록적 세계관 안에서는 시초론적·죄악론적·구원론적·종말론적 상태가 한 사람의 환경만큼이나 그 사람의 행위(agency)도 형성한다. [예를 들면, 에른스트 케제만(Ernst Käsemann)이 *Commentary on Romans*, trans. G. W. Bromiley (Grand Rapids: Eerdmans, 1991), p. 150에서 주되심 아래 있는 인류를 설명한 내용을 고려해 보라. 『로마서』(한국신학연구소).] 또한 행위와 환경에 대해 사실인 것은 정서에 대해서도 똑같이 사실이다.
    우리가 이러한 상태의 '적합성'이나 '부적합성'에 관심을 기울이는 것은, 이러한 다른 일련의 상태들이 단순히 다른 버전의 번역하는 삶을 끌어내는 것은 아님을 가리키기 위해서다. 종말론적 상태 — 충만하게 완성된 새 창조 — 는 완전한 번역에 가장 '적합한' 상태이며, 번역 자체를 구성하는 한 부분이다. 그리고 바로 이 비전이 다른 비전들의 규범이 된다. 현재 (적합한) 종말론적 상태가 현재 안으로 침투해 들어오고 종말론적 완성을 향해 그것을 이끌고 있기에 이 규범화는 번역에 대한 '객관적' 차원을 지닌다. 그러나 신약성경 저자들이 중요하게 관심을 두는 '아직'이 남아 있다.
3   James Dunn, *The Theology of Paul the Apostle* (Grand Rapids: Eerdmans, 1998), p. 17. 『바울신학』(CH북스).

의 전제들 가운데는 바울의 설교 내용이나⁴ 바울과 그의 대화 상대자들이 공유하던 신학적 동기들(impulses)이 포함될 수 있다. 창조에 대한 바울의 해석이 바로 이 두 번째 경우에 해당하는데, 허다한 그의 독자가 그의 창조 해석을 이미 공유하고 있었다. 일부는 창조에 대한 유대교의 해석에 따랐기 때문이고, 일부는 창조에 대한 스토아주의적 상식 같은 것을 받아들였기 때문이다.⁵ 둘 중 어느 경우든, 바울과 그의 대화 상대자들에게 하나님이 우주를 창조하셨고 바로 이 사실이 우리와 세상의 모든 상호 작용을 떠받치고 있다는 생각은 충분히 명백했고, 따라서 그들은 그 생각을 **변론**하기보다 그에 **근거**하여 논할 수 있었다(예를 들어 롬 1:20-25).

그러나 또한 여기서 우리는, 바울이 그의 대화 상대자들이 던지는 다양한 질문과 논쟁거리를 다룰 때 근거 삼아 그들에게 표명했던 그 신학을 재구성한다는 의미에서의 '바울 신학'을 시도하고 있는 것도 아니다. 그 대신 우리는 **우리의** 질문을 중심으로 바울 신학에 대한 지금 시대의 자기의식적 독해를 제공하고자 한다. 우리가 여기서 하려는 작업은 바울**의** 역사 속 신학이 아니라 바울**과 함께하는** 지금 시대의 신학이다.⁶ 우리에게는 번영하는 삶에 대한 질문이 있으며, 그 질문은 우리만의 특정 형식을 가지며, 이는 선하게 인도되고 형통하며 마땅하다고 느끼는 참된 삶이란 어때야 하는가를 묻는 삼중의 질문이다. 이 관심이 우리의 바울 연구를 추동하고 우리가 바울을 읽는 방식을 형성하리란 것은 의심할 여지가 없다. 이 문제는 바울 신학에서 외부 요인이 아니다. 예를 들어, 알랭 바디우(Alain

---

4   바울의 설교 내용 재구성은, 예를 들어 Richard B. Hays, *The Faith of Jesus Christ: The Narrative Substructure of Galations 3:1-4:11* (Grand Rapids: Eerdmans, 2002)을 보라. 『예수 그리스도의 믿음』(에클레시아북스).
5   Dunn, *Theology of Paul*, p. 38.
6   이 점에서 우리의 방식은 데일 마틴(Dale Martin)이 *Biblical Truths* (New Haven: Yale University Press, 2017), p. 5에서 옹호한 접근 방식과 대략 일치한다.

Badiou)가 보편주의에 제기되는 아주 현대적인 질문이 실제로 바울의 사고에서 핵심적이었음을 발견한 것처럼,⁷ 우리는 바울의 관심이 언제나 예수 그리스도 안에서 드러난 하나님의 자기 계시에 비춘 참된 삶의 문제였음을 보게 될 것이다.

우리는 먼저 바울의 묵시적 틀과 그가 그것을 자신의 목회 신학 안에서 활용하는 방식과 대화하면서 **형식**의 문제에 천착할 것이다. 이 부분에서 우리가 다룰 문제는 이것이다. 좋은 삶에 대한 모든 기독교적 비전에 (시초론적, 죄악론적, 구원론적, 혹은 종말론적으로) 수반되는 다양한 체계적 긴장은, 마지막 날 온전히 번영하는 삶에 대한 바울의 비전이 그가 교회에 권면하는 삶의 방식을 규정하는 방식을 어떻게 형성하는가? 두 번째로, 로마서 14:17에서 바울이 정의하는 하나님 나라는 그에게 좋은 삶의 **내용**이 무엇이었는지에 대한 우리의 설명을 확고하게 뒷받침해 줄 것이다. 우리는 하나님 나라에 대한 바울의 삼중 정의("성령 안에서 누리는 의와 평화와 기쁨", 새번역)가 우리가 주장하는 좋은 삶의 체험적 삼중 구조(1장을 보라)에 비추어 생산적으로 읽힐 수 있다고 제안한다. 의(혹은 정의)는 선하게 인도되는 삶의 본질이다. 평화는 형통한 삶의 본질이다. 기쁨은 마땅하다고 느끼는 삶의 본질이다.

하나님 나라의 형식: 삶의 도래 구조

바울의 묵시주의가 번영에 대한 그의 비전을 형성하는 방식을 분석하려면, 그가 '텔레이오스(*teleios*)'라는 한 단어를 '완벽한' 혹은 '성숙한'이라는

---

7   Alain Badiou, *Saint Paul: The Foundation of Universalism*, trans. Ray Brassier (Stanford, CA: Stanford University Press, 1997). 『사도 바울』(새물결).

두 가지 의미로 사용하는 것에 지속적으로 주의를 기울이면 된다. 이 하나의 단어는 완성된 실재('완벽한' 것 혹은 '온전한' 것)[8]와 그러한 종말론적 소망 **안으로** 들어가며 그것의 부분적 실현에 의해 힘을 얻는 삶('성숙한' 것) 둘 다를 묘사하다. 즉, 텔레이오스는 각 경우마다 용어의 강도가 다르기는 하지만 궁극적 번영과 준궁극적 번영 양쪽 모두를 묘사한다. 새 창조는 '온전한'(to teleion) 것의 도래(advent)이며, 보통 말하는 부분적인 것(to ek merous)의 끝이다(고전 13:10[9]). 이 장차 올 실재를 바르게 지향하는 삶은 '성숙하다'(다시 텔레이오스; 고전 2:6; 14:20; 빌 3:15를 보라). 텔레이오스의 서로 맞물려 있는 두 의미를 함께 취할 때, 좋은 삶에 대한 바울의 비전은 우리가 '도래 구조'라 부를 수 있는 형식을 갖게 된다. 현재의 상태 아래에서는 완전한 실현이 불가능하더라도, 충만하게 완성된 삶은 지금의 삶에 규범을 제공하고 예기적으로 이 삶 안에서 부분적으로 실현되면서 이 세상 안으로 침투하고 있다.

두 세트의 상태

교회는 텔레이오스를 분별할 수 있는 공동체로, 즉 온전히 번영하는 삶의 비전을 분별할 수 있는 공동체로 규정되며, 이 공동체는 성령의 능력 안에서와 인도하심 아래서, 부분적으로는 부적합한 조건 아래에서도 각 지체들이 삶을 즉흥 연주할 수 있다.[10] 그러나 특히 고린도전서에서 분명하게

---

8 이런 의미에서, *teleios* 언어는 만물의 종말론적 목적(*telos*)과 어원상 관련성이 있다(고전 10:11; 15:24).
9 여기서 동사는 이 구절의 문맥이 종말론적 변형임을 분명하게 한다. 온전한 것이 '오고'(comes, *elthē*,) 부분적인 것은 '폐할 것이다'(will come to an end, *katargēthēsetai*). 다른 곳처럼 여기서도 *Katargeō*는 시대 변화를 나타낼 때 사용하는 바울의 기술적 언어이며 이 문맥에서 *erchomai*(come)에 이 가치를 부여한다.
10 예를 들어 로마서 12:2; 고린도전서 14:20; 빌립보서 3:15을 보라.

나타나는 것처럼, '성숙함'의 한 측면은 정확하게 텔레이오스가 갖는 이 두 의미 간의 차이를 분별할 수 있는 능력, 그리하여 과대 실현된 종말론이나 과소 실현된 종말론 모두를 피할 수 있는 능력이다.

핵심은 우리가 각각 적합한 상태와 부적합한 상태를 포함하는 두 세트의 상태 아래 살아가고 있음을 인식하는 것이다. 첫 번째 세트의 상태는 창조와 완성을 구분하는 것과 연결되어 있다. 우리가 살고 있는 창조세계는 사랑이신 하나님이 주신 선한 선물—더 나아가, 하나님이 거하기로 작정하신 장소(고전 15:28)—이기 때문에(고전 10:25-26[11]) 우리가 살아가는 이 세상의 현재 상태는 진정으로 번영하는 삶에 적합하다. 볼 수 있는 눈만 있다면 말 그대로 모든 좋은 것이 "반짝거린다."[12] 하나님이 세상을 창조하셨다. 따라서 성숙한 것이 가능하다. 그러나 처음부터 창조세계는 장차 더 온전한 완성—우리 앞에 놓여 있는 최종적 완성—을 지향하고 있었던 만큼(고전 15:20-29), 현재의 상태는 어느 정도는 온전히 번영하는 삶에 부적합하다. 하나님은 세상의 완성을 아직 이루지 않으셨고, 따라서 완벽한 것, 온전한 것은 불가능하다.

두 번째 세트의 적합하고 부적합한 상태는 **타락한** 창조세계와 완성 간의 구분과 관련된다. 우리가 경험하는 세상은 어떤 의미에서 원죄에 종속되어 있기 때문에(예를 들어 롬 5:21; 6:6, 16-23; 7:25; 8:21), 현재의 상태는 진정으로 번영하는 삶에 더욱 부적합하다. 죄 때문에, 완벽한 것은 불가능하다. 그러나 그리스도의 삶 안에서 세상으로 침투해 들어오신 하나님의 '아

11　"무릇 시장에서 파는 것은 양심을 위하여 묻지 말고 먹으라. 이는 '땅과 거기 충만한 것이 주의 것'임이라." 시편 24:1을 인용하여 창조세계의 선한 것들을 하나님에게서 온 선물로 누릴 수 있음을 뒷받침하면서, 바울은 종종 그렇듯 그의 창조 교리를 **변론**하기보다 그것에 근거하여 주장을 펼친다.

12　Miroslav Volf, *Flourishing: Why We Need Religion in a Globalized World* (New Haven: Yale University Press, 2015), pp. 204-205.

	적합	부적합
당신과 당신의 세계는…	창조됨	아직 완성되지 않음
	완성을 향해 나아감	타락함

표 6.1 번영하는 삶을 위한 적합한 상태와 부적합한 상태. 이 세대와 장차 올 세대가 겹쳐 있는 상태에서 살아가는 모든 이의 삶이 얻는 상태다.

드벤투스(*adventus*, 오심)는 이미 시작된 하나님 나라의 도래며, 그런 의미에서 우리는 말세를 만난 이들인 만큼(고전 10:11) 현재의 상태는 진정으로 번영하는 삶에 적합하다. 그리스도께서 세상에 들어오고 계시기 때문에, 성숙한 것은 가능하다.

텔레이오스는 (1) 원죄의 반대 지점이며 동시에 (2) 하나님과의 완성된 관계라는 창조세계의 지향점을 묘사한다. 죄-구속의 하위 줄거리 안에서, 텔레이오스는 죄의 지배에서 풀려났고 선을 행하는 것이 가능함을 묘사한다('성숙한' 의미로서의 텔레이오스; 예를 들어 고전 2:6). 창조-완성의 주요 줄거리 안에서, 텔레이오스는 완성된 것, 그리고/또는 완성으로 나아가고 있는 것을 묘사한다(여기서 완성은 '완벽한' 혹은 '온전한' 의미로서의 텔레이오스다. 예를 들어 고전 13:10).

바울 서신에서는 보통 이 두 종류의 부적합한 상태가 섞여 있다. 바울의 언어는 긴장 관계를 이루는 이 네 개의 축을 서로 구별하기보다 '이 세대'와 '장차 올 세대' 사이의 괴리를 좇는다. 이 도식 안에서는 두 종류의 부적합한 상태 모두가 '이 세대'를 규정한다. 그 결과, 창조되었으나 아직 완성되지 않은 육체의 본성과 죄의 실재 둘 모두를, 다면적 가치를 가진 하나의 단어 '사르크스'(*sarx*, 육신)로 포착할 수 있다. 사르크스는 이 세대에 존재하는 종류의 육체, 부패가 가능하기에 그 본성상 하나님 나라를 유산으로 받을 수 없는 육체를 묘사한다.[13] '육신 안에서' 사는 삶은, 심지어 이론상 죄와 상관없이 비극적 성격을 지닌다.[14] 구조적인 부패 가능성과 죄에 따라오는 사실 **둘 모두**의 결과로서, 이 세대에서 육신의 몸은 우주적으로 원죄의 지배에 종속되어 있고 그 자체로 원죄의 몸을 이루는 구성원이다.[15] 따라서 바울에게 '사르키코스'(sarkikos)는 두 세트의 '부적합한' 상태, 즉 우리가 성령의 능력 안에서 참된 삶을 즉흥 연주할 때 처하는 두 상태 모두를 포착할 수 있다. 바울의 글에서 사르키코스[와 그에 상응하는 정신심리학적 용어인 '프쉬키코스'(psychikos)]가 '프뉴마티코스'(pneumatikos, '영적인')와 그토록 자주 대조되는 것은 바로 이런 이유에서다.[16] 두 세대가 겹쳐 있는 시간 동안 '영적' 삶이란, 거짓되고 쇠퇴해 가는 '육신적' 삶 안으로 침투해 들어오는 참되며 궁극적으로 지속되는 종말론적 삶이다.

---

13   육신이 하나님 나라를 유산으로 받을 수 없는 불가능성에 관해서는 고린도전서 15:50을 보라. 던은 '약하고 부패 가능하다'는 것이 sarx에 대한 바울의 양면성의 핵심을 잡아낸다고 주장한다(Theology of Paul, p. 70). 우리는 이 두 범주가 원죄의 지배에 따라오는 상태와 구별되는, 단지 아직 완성되지 않은 부적합한 상태에 대한 가능한 내용 역시 거의 포착한다는 데 주목하겠다.
14   고린도후서 4:7에서 몸을 '질그릇'에 비유한 것은 세상에서의 삶이 깨지기 쉬움을 말하는 것이다.
15   원죄라는 집합적 몸의 구성원이라는 점에 관해서는 로마서 6:6과 Matthew Croasmun, *The Emergency of Sin: The Cosmic Tyrant in Romans* (New York: Oxford University Press, 2017), pp. 111-125를 보라. 육신에 대한 원죄의 우주적 지배는 바울이 교회를 향해 원죄의 지배에서 해방된 성숙한 유형의 번영을 받아들이라고 초청할 때, 어떤 면에서는 사실과 반대되게 그들은 "육신에 있지 않다고"(롬 8:9) 주장해야 하는 이유다. 유사한 이유로, 바울은 "혈과 육"이 완성된 하나님 나라의 완전한 삶을 유산으로 받을 수 없다고 주장한다(고전 15:50). 육신에 속한 만큼, 그들은 원죄에 종속되어 있다. 원죄로부터의 해방은 육신으로부터의 해방을 요구하며, 이는 오직 우리가 뒤에서 설명하는 '마치…하지 않은 자처럼'의 자세라는 종류를 통해서만 실현될 수 있다.
16   특히 고린도전서 15:45-46을 보라. 이 구절은 바울에게 pneuma('영')는 장차 올 세대의 삶(그리스도, 마지막 아담, 생명을 주는 영)을 특징짓는 반면 psychē('혼')는 완성과는 별개인 이 세대의 창조물(창 2:7에 나오는 맨 처음의 오염되지 않은, 그러나 완성되지 않은 아담의 본성)임을 분명히 보여 준다.

부분적으로 실현된 종말론

이러한 상태로 인해, 번영하는 삶은 종말 이쪽 편에서는 결코 완전히 실현될 수 없는 삶 **안으로** 진입하는 것을 말한다. 정말로, 고린도전서에서 논하는 것은 대체로 텔레이오스의 이 두 의미가 어떻게 서로 연결되는지에 관한 것이다. 즉, 이 삶에서 성숙하다는 것은 마지막 완성의 때에 올 완벽하거나 온전한 것과 어떤 상관이 있느냐는 것이다. 과대 실현된 종말론은 현재의 삶의 조건(예를 들면, ① 우리의 의지와 인식을, 따라서 우리의 행위적 번영을 제약하는 죄의 지배, ② 창조된 육체의 부패 가능한 본성)에 맞지 않는 방식으로 완벽한 것을 이루려고 시도한다. 우리 삶 **일부** 상태의 '부적합성'을 인식하는 것은 바울이 말하는 진정한 성숙의 필수 요건이다. 두 시대가 중복된 시간 안에서 살아가는 삶은 완성된 삶 **안으로** 들어가도록 창의적으로 즉흥 연주되어야 한다.[17] 더 잘 표현하면, 이 세상에 들어오고 있으며 우리를 그 완성을 향해 앞으로 끌어당기는 종말론적 삶의 양상에 참여함을 통해 즉흥 연주되어야 한다.

우리는 이것을 바울의 설교에서 볼 수 있다. 예를 들어 갈라디아서 3:28의 바울의 세례 표어가 고린도에서 받아들여진 방식과 이에 대한 바울의 반응을 보라. 갈라디아서 3:28은 "그리스도 예수 안에서" 완성된 번영하는 삶의 선명한 그림을 그린다. "더 이상 유대인도 그리스인도 없으며, 종도 자유인도 없으며, '남자와 여자'도 없다."[18] 표면적으로, 그리고 묵시록적 열심에 발맞추어, 이 표어는 일련의 현재 시제의 실재를 알린다. 따라서 바울이 세례를 행한 고린도 교회에서[19] 그의 항변에도 불구하고 문화

---

17   우리가 완성된 번영하는 삶 **안으로** 들어가는 창의적인 즉흥 연주라고 부르는 것에 대한 바울의 논의는 고린도전서 7:29-31; 9:19-23을 보라.
18   저자 사역.
19   고린도전서 1:14-16에서 바울은 고린도 교회에서 몇몇 사람에게 세례를 주었음을 인정한다.

적 범주, 계급 구분, 성별 차이를 둘러싸고 많은 혼란이 있었던 것은 이해할 만하다.[20] 혼란이 일어난 것은, 아무리 교회 구성원들이 '그리스도 예수 안에서' 하나가 되어도, 즉 아무리 그들이 유대인과 그리스인의 평등, 종과 자유인의 평등, 심지어 성별 차이의 종말론적 소멸에 헌신되어 있더라도 '이 세상'은 여전히 남아 있기 때문이다. 교회의 삶이 보여 주는 해방의 패턴과 상관없이 신분과 계급의 차이를 담은 문화적 표지는 여전히 사회적 현실이고, 육체는 여전히 남아 가부장적 틀에 따라 성별, 젠더, 가치가 정해진다. '이 세상'은 변화될 수 있지만—정말로 세례를 통해 새로운 창조세계가 옛것 가운데 오고 있지만[21]—아직은 완성되지 않은 모습에 의해 정해진 한계 내에 있는 것이다.

바울은 고린도전서 4:8에서 '강한' 사람들의 잘못이 무엇인지 분명히 밝힌다. "너희가 이미 배가 불렀도다! 이미 부자가 되었도다! 우리를 제쳐 놓고 통치하는도다![22] 우리도 너희와 함께 통치할 수 있도록, 너희가 참으로 통치하기를 원하노라"(저자 사역). 여기서 바울이 비판하는 **내용**은 뒤에서 번영에 대한 바울의 비전의 내용에 대해 말할 때 살펴볼 것이다. 다만 여기서 그의 비판의 **형식**은 분명하다. 문제는 과대 실현된 '이미'다. 정말로 그들은 언젠가 통치하겠지만,[23] **아직은 아니다**. 스스로에 대해 이 측면의 텔레이오스('완전한')를 온전히 실현했다고 여기는 것은 현재의 상태 아

---

20 문화적 범주와 관련된 혼란은 고린도전서 8:1-8, 계급 구분과 관련된 혼란은 고린도전서 1-2장, 성별 차이와 관련된 혼란은 고린도전서 5:1을 보라.
21 "그런즉 누구든지 그리스도 안에 있으면 새로운 피조물이라. 이전 것은 지나갔으니 보라, 새 것이 되었도다"(고후 5:17).
22 여기서 동사의 부정과거(aorist) 시제—우리는 로마서 5:17과의 상관성을 이끌어 내기 위해 현재 시제로 "통치하는도다"라고 번역했다—는 '강한' 사람들의 문제가 하나님이 세상과 맺으시는 관계의 서사적 구조에서 자신들의 위치를 '일시적으로' 잘못 인식한 것임을 한층 더 강조한다. 그들은 자신들이 이미 왕이 되었다고 믿지만, 사실은 **생명 안에서 통치할** 것이다(롬 5:17, 저자 사역).
23 완성된 하나님 나라에서 그들이 통치하리라는 약속은 로마서 5:17에 있다.

래에서 그 비전을 살아 내는 일에 실패할 수밖에 없음을 의미한다. 이 실패는 '강한' 고린도 교인들이 아직 텔레이오스('성숙한')를 이루지 못했음을 보여 주는 반어적 표지다. 과대 실현된 종말론은 우리가 살아가는 삶의 조건을 잘못 이해할 뿐 아니라 (거짓된 것의 조건 아래에서도 여전히 **가능한**) 참된 삶을 우리 자신의 삶속에서 과연 얼마만큼 실현했는가와 관련해 오만함을 드러낸다.

그러나 바울의 교회가 가지고 있던 종말론적 이해와 관련해 그의 염려는 과대 실현만이 아니었다. 과소 실현은 적어도 과대 실현된 종말론이 배양하는 우리 자신의 삶에 대한 오만한 무지만큼이나 큰 위협일 뿐 아니라, 종종 그러한 오만한 무지가 낳는 반어적 결과이기도 하다. 그리고 과소 실현 역시 고린도 교회를 위협하고 있다. 이 세상의 지혜와 권력 구조는 여전히 교회 안에서 지배력을 행사하고, 따라서 지위에 대한 논쟁이 많다(고전 3장; 4:8-10). 고린도의 그리스도인들은 여전히 서로 소송하여, "성도가 세상을 판단할" 미래를 지향하는 삶을 사는 데 실패하고 있었다(6:1-2). 무엇보다 바울의 마음을 어지럽혔던 것은, 그들이 "다 그리스도 예수 안에서 하나"라고 말하는 갈라디아서의 세례 표어의 정수이기도 한 그리스도 안에서의 연합을 극도로 과소 실현하고 있었다는 점이다(갈 3:28). 번영하는 삶의 비전을 과소 실현된 종말론과 함께 채택하는 경우, 종말 이쪽 편에서 성취하기를 기대할 수 있는 온전히 완성된 번영의 비전에 대한 기준이 낮아지고 결국 그것은 이러한 실패를 정당화하는 부적절한 근거로 사용된다.

성령이 이끄시는 즉흥 연주

그렇다면 우리는 어떻게 해야 하는가? 바울은 과대 실현된 종말론에 굴복하는 것도, 그가 그의 교회들로 하여금 지향하게 했던 종말론적 번영의 비전을 포기하는 것도 기뻐하지 않는다. 그의 반응은 고린도 교인들을 창의적인—성령이 이끄시는 분별력 있고 지혜로운—즉흥 연주의 실천으로 초청하는 것이다. 이는 곧, 부적합한 상태와 그 결과를 향해 '마치…하지 않은 자처럼'의 자세로 살아가는 것을 말한다. "이 후부터 아내 있는 자들은 없는 자같이 하며 우는 자들은 울지 않는 자같이 하며 기쁜 자들은 기쁘지 않은 자같이 하며 매매하는 자들은 없는 자같이 하며 세상 물건을 쓰는 자들은 다 쓰지 못하는 자같이 하라"(고전 7:29-31). 그 이유는 다음과 같은 종말론적 근거에 기인한다. "이 세상의 외형[schēma]은 지나감이니라"(7:31).[24] '마치…하지 않은 자처럼' 사는 것은 두 시대가 중복된 시간을 살아가는 현실을 고려한다는 의미다. '곧 지나가겠지만 그럼에도 아직 이곳에 존재하는' 이 부적합한 상태("이 세상의 외형")와 그것에 의해 야기되는 대립에 비추어,[25] 고린도 교인들은 적지 않은 긴장의 문맥 안에서 그들의 삶을 즉흥 연주해야 한다. 이 즉흥 연주를 불러오는 것은 (예를 들어 갈 3:28에서 표현된 것과 같은) 온전히 완성된 번영하는 삶의 비전이지만(정말로, 완성된 비전은 실재의 지향점이다), 또한 우리는 세상의 부적합한 상태와 그러한 상태가 번영하는 삶을 지속적으로 위협하는 방식에도 관심을 기울여야 한다. 바울은 이 즉흥 연주의 본이 되는데, 그는 갈라디아서의 "유대인도 그리스인도 없으며, 종도 자유인도 없다"는(갈 3:28, 저자 사역) 세례의 공식이 선언하는 대로 급진적으로 상대화된 다양한 정체성을 옷 입고 살아간다. 더 이상 이러한 정체성의 구분이 성립되지 않는 세상을 **향하여**, 그

---

24   이 "외형"(schēma)의 사라짐은 로마서 12:2에서도 고려되고 있는 바다. 거기서 이 세상을 본받지 않고(syschēmatizesthe) 그 대신 변화를 받는 것(metamorphousthe)은 선하고 기뻐할 만하고 온전한 것(teleion)을 분별할 수 있기 위한 전제 조건이다.
25   현재 세대의 부적합한 상태가 불러오는 반대는 예를 들어 고린도전서 2:6-8을 보라.

러나 근본적으로 그런 것들에 의해 조직된 세상 **안에서** 살면서, 바울은 복음을 위해 다양한 정체성을 취하기도 하고 내려놓기도 한다. 그는 자유인이지만 자신을 종으로 만든다. 복음을 위해 때로는 유대의 율법 아래 있는 사람처럼, 때로는 율법이 없는 사람처럼 산다. 더 이상 '율법' 아래 있지는 않지만, '그리스도의 율법' 아래 있다는 자신의 상황에 대한 진리를 인식한 채로 말이다. 성령이 이끄시는 지혜로운 즉흥 연주의 흐름 안에서 바울은 "여러 사람에게 여러 모습"이 된다(고전 9:19-23).

이 즉흥 연주는 니체 식의 의미에서 자유롭지 않지만,[26] 그것과는 달리 목표, 즉 완성된 번영하는 삶을 위해 분투한다. 비록 이 목표의 완전한 진술은 불가능할지라도, 지금 여기에서의 삶은 그리스도 안에서 성령에 의해 이 목표를 향해 분투할 때 참된 삶이 될 수 있다.[27] 바울이 사용하는 전형적인 이미지는 경주하는 사람이다.[28] 종말론적 긴장에 비추어 정직하게

---

[26] Friedrich Nietzsche, *The Gay Science: With a Prelude in Rhymes and an Appendix of Songs*, trans. Walter Kaufmann (New York: Random House, 1974), §124, p. 180. "우리는 그 땅을 떠났고 배에 올랐다. 우리는 우리 뒤에 놓인 다리를 불태웠다.…너의 옆에는 대양이 있다.…너는 그것이 무한하다는 것을, 그리고 무한함보다 더 멋진 것은 없다는 것을 깨달을 것이다."

[27] 완성된 번영하는 삶을 완벽하게 묘사하는 것의 불가능성에 관해서는, 예를 들어 고린도전서 2:9을 보라. 그럼에도 이 궁극적 지향점의 중심성은 바울의 언어에 대한 우리의 독해를 조르조 아감벤(Giorgio Agamben)이 "…아닌 것처럼"을 다루는 방식과 구별해 준다. *The Time That Remains: A Commentary on the Letter to the Romans*, trans. Patricia Daily (Stanford, CA: Stanford University Press, 2005), pp. 19-43. 『남겨진 시간』(코나투스). 지금쯤이면 우리의 독해와 아감벤의 독해 간의 구분이 친숙할 것이다. 아감벤의 독해는 긍정적 내용의 진술을 피하고자 매우 노력하면서, "…아닌 것처럼"이 다양한 제약에서 자유로울 수 있는 유일한 기회라고 본다. 아감벤의 독해는 바울을 오직 부정을 옹호하는 것으로 제시하는 반면, 우리는 바울의 부정이 그의 글에서 다양한 강조점—교회(롬 14:19), 전도(고전 9:23), 연합(갈 3:28)—을 갖는 침투 중인 번영하는 삶을 긍정하기 위한 것이라고 주장한다. 이 번영하는 삶이야말로 바울이 다양한 이 세상의 좋은 것들을 '사용'하는 것의 목표다.

또한 아감벤은 고린도전서 7:29-31의 문법을 잘못 이해하는데, 근본적으로 *hōs mē*를 *hōs ou*로 잘못 읽었고, 그에 따라 바울의 요점의 실체를 잘못 이해한다. *mē*의 사용 안에 들어 있는 반사실적 조건의 암시는 독자에게 세상의 현재 형태의 지속되는 실재를 상기시킨다. 설사 그것이 지나가는 것일지라도 말이다. 그리스도인은 세상이 사실은 그대로일지라도 **마치 다른 것처럼** 자신의 삶을 창의력 있게 즉흥 연주한다.

[28] 고린도전서 9:24; 갈라디아서 2:2; 5:7; 빌립보서 2:16을 보라.

산다는 것은, 이 생애에서는 이 목표에 도달하는 것이 불가능하지만("내가 이미 얻었다 함도 아니요 온전히 이루었다 함도 아니라") 우리가 성령의 능력 안에서 창의적인 즉흥 연주를 통해 지향하고 심지어 분투하는 목적이 바로 그 목표임을("오직 내가 그리스도 예수께 잡힌 바 된 그것을 잡으려고 달려가노라") 깨닫는 것이다(빌 3:12).

창조된 선함과 개시된 종말

장차 올 시대의 동이 이미 텃다는 사실이 우리가 번영하는 삶의 충만함을 일부분 경험할 수 있는 가능성—그리고 그것을 실현할 책임—의 유일한 이유는 아니다. 우리가 오직 사르크스로—즉 원생적 상태의 취약함을 지니며 언제나 죄의 타락성을 통해 왜곡되어 있는 것으로—인식하는 창조의 선함은, 그럼에도 여전히 번영하는 삶의 가능성의 기초가 된다.[29] 세상은 종말론적 완성 안에서 하나님을 '위하여' 존재할 뿐 아니라 그에게서 나고 그로 말미암아 존재한다(롬 11:36). 이런 이유로 바울은 "무엇이든지 그 자체로 부정한 것은 없다고" 확신하며(롬 14:14, 새번역), 시편 기자를 따라 "땅과 거기에 충만한 것이 주의 것"이라고 단언한다(고전 10:26). 이 삶에서 나타나는 좋은 삶의 여러 모양—딸기의 달콤함이나 아기의 웃음소리—은 단지 이러한 하나님의 선하심이 창조세계 안에서 우리에게 전해진 결과다. 바울이 주장하듯, 하나님의 능력과 본성은 창조세계 안에 분명히 드러나 있고, 그에 대한 올바른 인간의 반응은 영광을 돌리고 감사하는 것이다.[30]

---

29 제임스 던은 창조에 관해 바울이 상대적으로 침묵하는 것이, 그에게 창조의 근본적 선함이 중요하지 않기 때문이 아니라 오히려 "창조주로서 하나님의 역할이 바울의 신학에서는 근본적으로 당연하게 받아들여지는 것"이기 때문이라고 설득력 있게 주장한다. Dunn, *Theology of Paul*, p. 38.

30 하나님의 본성과 능력의 현현으로서의 창조세계에 관해서는 로마서 1:20을 보라. 감사가 합당한 인간의 반응이라는 점에 관해서는 로마서 1:21; 데살로니가전서 5:18을 보라.

성찬을 통해 하나님 나라의 상징적 세계 안으로 명시적으로 끌어올려졌든 아니든 먹고 마시는 모든 것이, 또한 하나님의 창조세계 안에서 행해지는 모든 행위가 하나님의 영광을 드러낼 수 있는 기회다.[31] 해방을 간절히 기다리는 세상은 단순히 '코스모스'(*kosmos*)가 아니라 '크티시스'(*ktisis*), 즉 단순히 세상이 아니라 창조세계다.[32] 창조의 선함과 개시된 종말의 성취 두 가지가 **함께** 참된 삶에 형태를 부여하고 우리에게 이를 살아 낼 책임을 부여한다.

이러한 일련의 (시초론적·죄악론적·구원론적·종말론적) 긴장 안에 놓인 채로 성령 안에서 그리스도를 따라가는 우리는, 앞을 향해 전진하도록 우리를 부르는 충만히 번영하는 삶 안으로 들어가는 삶을 살아간다. 그렇게 살기 위해 우리는 세상을 바르게 이해해야 한다. 첫째, 우리는 세상이 하나님에 의해 선하게 창조되었음을 이해해야 하며, 이는 물질적 가치가 단지 사물이 아니라 사랑의 하나님으로부터 온 관계요 선물이며 모든 사람에게 평등하게 주어졌다는 의미다. 둘째, 세상이 죄에 의해 뒤틀려 있음을 이해해야 하며, 그리하여 세상이 얼마나 깨어져 있는지, 특히 불경한 권세가 세상을 어떻게 왜곡시켰고 창조의 합당한 우선권을 명백하게 침해하면서 이러한 왜곡을 '자연스러운' 것의 자리에 올려놓는지 인식해야 한다. 셋째, 세상을 예수 그리스도의 인격 안에서 하나님이 거하시는 장소로 이해해야 하며, 만물의 구속이 불완전하나마 현재도 진행되고 있음을 볼 수 있어야 한다. 마지막으로, 세상의 정해진 운명은 종말론적 완성임을 이해해야 하며, 따라서 세상을 소망 안에서 바라보되 동시에 세상은 아직 언젠

---

31   "그런즉 너희가 먹든지 마시든지 무엇을 하든지 다 하나님의 영광을 위하여 하라"(고전 10:31).
32   로마서 8:19-23.

가 이루어질 그 모습이 아니라는 냉철한 인식을 가져야 한다.

이 긴장을 인식하는 것은 충만한 번영의 비전을 포기하지 않으면서도 그에 대한 어떤 제한을 기꺼이 받아들이는 것을 가능하게 한다. 예를 들면, 가난을 제자도의 대가로 받아들이는 것이다. 우리는 가난 자체를 이상화하거나 다른 이들의 가난에 무관심하지―혹은 설상가상으로, 번영을 위한 충분한 자원이 부족한 상황이 결코 사람들을 위한 하나님의 최선이 아님을 인식하는 능력을 잃어버리지―않으면서도 가난을 받아들일 수 있다. 이러한 인식은 다른 이들의 고난 완화를 위한 노력을 더 이상 하지 않을 정도로 고난 자체를 이상화하지 않으면서도 고난을 받아들일 수 있는 길을 지시해 준다. 애통을 우리의 선으로 왜곡시키지 않으면서도 다른 이들과 함께 애통할 수 있는 길을 지시해 준다. 우리가 애통해야 한다는 사실을 한탄하면서도, 기쁨을 갈망하면서, 심지어 어떤 의미에서는 '언제나 기뻐하면서' 애통할 수 있게 해 준다. 요컨대, 이 긴장에 대한 인식은 세상의 깨어짐에 관여하는 비용이 우리로 하여금 온전히 관여하는 것을 포기하게 만들거나 처음 그러한 비용을 받아들이게 만들었던 선의 본질을 헷갈리지 않게, 혹은 우리를 번영하는 삶으로 초청하시고 **부르시는** 하나님의 선하심을 헷갈리지 않게 해 준다.

하나님 나라의 내용

지금까지 우리는 번영에 대한 기독교적 비전의 **형식**, 그 비전이 존재하는 공간인 일련의 긴장에 대해 살펴보았다. 그러나 하나님 나라의 **내용**, 곧 이러한 긴장 안에서 존재하게 되는 삶의 특징은 무엇인가? 사도 바울은 로마서 14:17에서 하나님 나라의 내용을 이렇게 묘사한다. "하나님의 나라는 먹는 일과 마시는 일이 아니라, 성령 안에서 누리는 의와 평화와 기쁨입니다"(새번역). 이 구절은 교회 구성원의 음식 규정에 관한 공동체의 논쟁 가운데서 나오기는 했지만, 이 규정의 어휘 선택이나 내용은 논쟁적 문맥과는 별개다. 그 어휘와 내용은 바울이 당면 문제를 판단하기 위해 끌어올 수 있는 참된 삶에 대한 기독교적 비전을 간결하게 요약한 것이다.[33]

우리는 "의와 평화와 기쁨"이—그리고 "성령 안에 있는"이 각 요소가—이번 장을 시작했던 세 질문에 대한 답을 제공한다고 제안한다. 선하게 인도되는 삶을 산다는 것은 무엇을 의미하는가? 의롭다는 것이다. 형통한 삶을 산다는 것은 무엇을 의미하는가? 평화롭다는 것이다. 마땅하다고 느끼는 삶을 산다는 것은 무엇을 의미하는가? 기쁨으로 가득하다는 것이다. 여기서 우리는 바울이 쓴 성경 본문에 보다 광범위하게 접근하면서 세 요소를 각각 살펴볼 것이다. 우리의 목적은 일차적으로 그 본문의 역사적 의미를 캐내려는 게 아니라 우리의 상황 안에서 우리의 질문들을 가지고 바울과 함께 신학적으로 사고하는 것이다. 이 세 측면 각각에서 번영하는 삶이란 어떤 모습으로 드러나는가? 이 셋은 어떻게 연결되는가? 우리가 지금 여기서 이 셋을 실현하기 위해 분투할 때, 번영의 기독교적 비전의 도래 구조는 각각에 어떤 영향을 끼치는가?

선하게 인도되는 삶

우선, 우리가 '의'나 '정의'로 다양하게 표현할 '디카이오쉬네'(*dikaiosynē*)

---

[33] 아퀴나스는 이 구절이 정확하게 그러한 정의를 제공하는 것으로, 또한 바울의 묵시주의와 동일한 종류의 긴장 안에 놓여 있는 것으로 본다. 아퀴나스는 바울이 하나님 나라를 정의하면서 인간의 선의 실체를 정확하게 밝힌다고 말한다. "세 가지는…이 생애에서는 불완전하게 소유하지만, 성도들이 그들을 위해 하나님이 예비하신 나라를 갖게 될 때에는 완벽하게 소유하게 될 것이다"(*In ad Rom*. C.14 L.2, 1128).

가 있다.³⁴ 바울 해석의 역사에서 디카이오쉬네의 의미에 대한 논쟁이 있었다고 말하는 것은 아주 절제된 표현이다.³⁵ 하지만 이 때문에 명백한 사실을 볼 수 없는 것은 아니다. 바울에게 디카이오쉬네는 **언약적 신실함**에 관한 것이다. 일차적으로, 특별히 로마서에서 디카이오쉬네는 창조세계에 대한 하나님의 의로운 통치 안에서 하나님이 언약에 대해 신실하심을 가리킨다.³⁶ 그러나 어원인 '디카이오스'(dikaios)는 우리로서는 할 수 없는 의로운 행위(dikaiōma)를 결정적으로 행하시는 예수님을 지칭할 수도 있다.³⁷ 이것은 단지 법적 허구가 아니라 "육신을 따르지 않고 그 영을 따라 행하는 우리에게 율법의 요구가 이루어지게"되는(롬 8:4) 실제적 가능성을 발생시

---

34 현대 영어에서 '의'(righteousness)는 거의 어떤 **명시적 의미**도 갖지 않는 경향이 있으며—기독교 신학 외부에서는 아무도 이 단어를 사용하지 않을 것이다—바울이 dikaiosynē를 사용한 의미의 정반대인 '자기 의'라는 **함축 의미**를 담고 있다. 긍정적인 면은, 이는 우리가 '의'라는 단어를 어느 정도 우리가 원하는 어떤 의미로든 사용할 수 있다는 의미다. 그리고 '옳은'(right)이라는 단어와 어원이 같다는 이점이 있다. 현대 영어에서 '정의'(justice)는 바울이 dikaiosynē를 사용했던 의미의 작은 하위 집합을 정확하게 표시하는 경향이 있다. 우리는 어쩔 수 없이 '정의'를 **공평함**과 관련해 생각할 수밖에 없고 이 의미에 우리를 제한한다(아퀴나스조차 이것 때문에 샛길로 빠졌던 것 같다. Summa Theologiae II-II.58.11를 보라). 어떤 집단에서, '정의'라는 단어는 dikaiosynē의 이 제한적 의미에 바울이 결코 의도하지 않았을 어떤 것을 추가하기도 한다. 바로 **응징**의 의미다. dikaiosynē를 번역하기 위해 '정의'라는 단어를 쓸 때 우리는 이러한 경향을 거부할 필요가 있을 것이다.
35 이전 세대의 성서학자들에게 dikaiosynē는 바울에게 오직 한 가지 의미, 곧 하나님이 "그리스도 안에서 인간을 위해 행하신 주권적이고 은혜로우며 결정적인 개입"[Theological Dictionary of the New Testament, vol. 2, ed. Gerhard Kittel, trans. G. W. Bromiley (Grand Rapids: Eerdmans, 1964), p. 203]이라는 의미의 용어였고, 신약의 나머지에서는 상당히 다른 의미, 즉 "하나님 앞에서 삶의 청렴함을 위해, 하나님의 뜻에 따르고 그분을 기쁘시게 하는 사람의 올바른 행위"라는 의미였다(Kittel, Theological Dictionary, 2: p. 198). 지금 논쟁을 벌일 공간은 없지만, 바울에 대한 새 관점이 이 혼란에서 우리를 구해 주었음을 언급하는 것으로도 충분하다. E. P. 샌더스(Sanders)가 설명하듯, "구원의 본질로서의 의는 법정적 개념이 아니다.…구원 자체는 무죄 선고라는 법정적 개념이 아니라 그리스도 예수 안에서의 생명으로 구상되기 때문이다." "Patterns of Religions in Paul and Rabbinic Judaism: A Holistic Method of Comparison", Harvard Theological Review 66, no. 4 (October 1973): p. 470n46.
36 예를 들어 로마서 1:17; 3:5, 21-26을 보라.
37 로마서 5:18에서 dikaiōma는 의롭게 됨(justification)과 생명으로 이어지는 그리스도의 '의로운 행위'(just act)다.

킴으로써, 율법이 할 수 없는 것을 성취하는 순종의 행위다. 즉, 바울이 우리와 관련해 디카이오쉬네에 대해 말할 때, 그는 물론 우리의 의의 **결핍**을 지칭할 뿐만 아니라 의롭거나 정의로운 삶의 방식에 대한 이상을 지칭하기도 한다.[38]

따라서 의는 언약에 대한 충실함이다.[39] 그리고 모든 것이 의로울 때는 하나님의 백성이 그리스도의 신실하심에 참여함을 통해 하나님의 신실하심이 하나님의 백성에게 맞추어지고 하나님의 백성의 신실함이 하나님께 맞추어질 것이다. 그러나 이것은 여전히 형식에 관한 것이다. **물론**, 정의는 율법에 대한 순종을 통한 언약에 대한 충실함이다. 그러나 언약의 내용이 무엇인가? 우리가 순종해야 하는 율법의 본질은 무엇인가? 바울에게 그 답은 명명백백하다. 언약의 내용은 사랑의 법에 대한 순종이다.[40] 그렇다면, 로마서 14:17의 세 요소(의, 평화, 기쁨)와 갈라디아서 5:22에서 가장 먼저 나오는 성령의 열매, 즉 **사랑, 기쁨, 평화** 사이에는 병행 관계가 성립한다. 바울에게 온 율법의 요약은 사랑의 중심성임을 고려할 때—이는 정의의 내용을 자기를 내주는 자비로운 행위의 양상으로 규정한다—우리는 하나님 나라를 "성령 안에서 누리는 **사랑**과 평화와 기쁨"으로 쉽게—어쩌면 더욱 정확하게—정의할 수도 있다. 번영의 행위적 측면은 번영하는 삶을 **사랑**의 삶으로 규정한다. 바로 이것이 선한 삶을 산다는, 하나님 나라에서 **성령 안에서 의롭다** 혹은 **성령 안에서 정의롭다**는 것이 의미하는 바다.

---

38 따라서 케제만이 "의는 의로운 행동이 아니라…하나님의 능력이다"라고 말한 것은 너무 멀리 간 것이다(*Commentary on Romans*, p. 377). 의는 둘 다 의미한다.
39 이 진술은 인간의 의와 하나님의 의에 모두 적용된다. 던에 따르면, "왜 하나님의 의가 그분의 백성에 대한 하나님의 **신실하심**으로 이해될 수 있는지는 동일하게 명백해야 한다. 그분의 의는 단순히, 이스라엘이 스스로 실패했음에도 그들을 구출, 구원, 신원하는 이스라엘의 하나님으로서의 언약적 의무를 성취하시는 것이었기 때문이다." *Theology of Paul*, p. 342.
40 로마서 13:10; 갈라디아서 5:14.

사랑이 단지 선하게 인도되는 삶에 대한 기독교적 해석의 소재 서술에만 해당하는 것은 아니다. 사랑은 현재의 부적합한 상태 아래에서 번영하는 삶이 실현될 때 그러한 삶의 세 측면 모두에서 우위를 갖는다. 사랑은 부적합한 상태 아래에서도 조금도 부족함 없이 똑같은 **사랑**이라고 말할 수 있는 반면 평화와 기쁨에 대해서는 그렇게 말할 수 없기 때문이다. 부적합한 상태에서, 우리는 진정으로 **평화롭다**고 묘사할 수 없는 상황을 만날 것이다. 부적합한 상태에서, 진정한 감정적 반응이 언제나 **기쁨**일 수는 없고 그렇지도 않을 것이다. 그러나 부적합한 상태에서조차, 우리는 현실적으로는 그렇지 않을지라도 적어도 원칙적으로는 언제나 사랑 안에서 행동할 수 있다. 종종 독특한 모양을 취할 수는 있겠지만, 사랑은 지금 여기서 온전히 표현되고 실현될 수 있다. 즉, 그리스도인은 "언제나 그리고 오직 사랑하라"라고 말해야 한다. 우리는 "언제나 그리고 오직 기뻐하라"라고 말해서는 **안 된다**. 그리스도인은 **언제나** 기뻐해야 하고, 바울도 빌립보서 4:4에서 그렇게 말한다. 그러나 좋은 삶에 대한 바울의 비전 안에서 보면, 우리는 언제나 기뻐하는 동안에도 우는 사람들과 함께 울어야 한다(롬 12:15). 그리스도인은 언제나 그리고 오직 평화 가운데 있기를 기대해서는 안 된다. 우리는 "언제나 그리고 오직 평화를 **이루라**"라고 말할 수는 있지만, 이는 오직 바로 그것이 평화가 결핍된 곳에서 사랑이 하는 일이기 때문이다. 지금 시대의 부적합한 상태 안에서 번영하는 삶이 실현될 때 사랑은 언제나 우위를 갖는다.

이 사랑의 삶은 창조의 가장 중요한 핵심이다. 바울은 성도를 "하나님을 사랑하는 자"(롬 8:28)라고 기쁘게 묘사하지만, 그보다 훨씬 결정적인 것은 그리스도의 삶, 죽음, 부활에서 가장 강력하게 드러난, 그럼에도 창조세계 전체에 골고루 스며들어 있는 하나님의 능동적 사랑의 이미지다(8:39).

그렇다면 이웃 사랑의 계명이 '거룩한' 것은(7:12), 부분적으로 그 계명이 존재 자체가 사랑이시며 따라서 그 모든 행하심이 사랑의 표현인 거룩하신 하나님이 선하게 창조하신 세상의 본성에 부합하기 때문이다. 그러나 우리 삶의 충만함은 장차 올 완성된 하나님 나라 안에서 결정적으로 우리를 기다리고 있다.

온전히 완성된 삶 역시 사랑의 삶이다. 바울이 고린도전서 13장에서 공들여 주장하는 것처럼, 사랑은 이 시대와 장차 올 시대가 공유한다. 즉, 종말론적으로 유지된다. 바울이 고린도전서 15:35-57에서 설명하는 육체의 연속성과 함께, 사랑의 연속성은 장차 올 세상이 다른 어떤 세상이 아니라 변화된 이 세상임을 드러낸다. 사랑은 이 시대가 다음 시대로 이행되는 것을, 미성숙한 창조세계가 하나님의 집으로서의 성숙한 완성으로 이행되는 것을 뒷받침한다. 이 충만함 안에서, 능동적 차원의 완성 안에서, 번영하는 인간의 삶은 자비롭게 주어지고 감사함으로 받아들인 사랑의 보편적 실천, 로마서 5:17에서 말하는 하나님의 통치에 참여하는 것으로, 생명을 주는 사랑 안에서 작동한다. 사랑의 통치는 함께 통치하는 것이고 (롬 5:17의 *basileusousin*은 복수형이다), 상호 의존적 행위자들이 이루어 내는 가장 높은 차원의 진정한 협력과 어우러짐이며, 그 특징은 마음과 생각의 연합이다.[41] 이 효과적이고 비경쟁적인 사랑의 통치는 (1) 원죄가 인간의 행위 안에 가져온 무력함을 치유하고[42] (2) 창조되었으나 아직 완성되지 않은 유한성 안에서 근본적으로 경쟁적인 행위의 본성을 극복한다. 온전히 완성된 사랑의 삶은 그 뜻에 따라 선을 발생시키는데, 이 선은 창조세계의

---

41   이 연합에 대해서는, 예를 들어 고린도전서 1:10; 빌립보서 2:2을 보라.
42   죄가 가져온 행위의 무력함의 절정이 바로 로마서 7:18이다. "원함은 내게 있으나 선을 행하는 것은 없노라."

일부분만이 아니라 창조세계 전체를 위해 유익하다. 온전히 실현된 하나님 나라에서, 선하게 인도되는 삶은 함께 통치하는 사랑이 가져오는 번영이다.

그러나 완성된 하나님 나라에서 우리가 살게 될 삶은 지금 여기서 가능하지 않다. 오히려 우리가 부름받은 참된 삶─죄와 부패 가능성이라는 현재의 상태 아래에서 번영하는 삶─이 사랑의 삶인데, 이때의 사랑은 종종 고난받는 사랑이다. 분명히 하자면, 예기적으로 번영하는 삶의 모든 사랑이 고난받는 사랑은 아닐 것이다. 창조세계의 적합한 상태는, 이 세상 역시 사랑이 표현되는 어떤 행위에 대해서는 호의적일 것이고 따라서 그러한 사랑의 표현을 기쁘게 받아들일 것임을 의미한다. 또한 이 세상의 모든 고난이 사랑의 결과는 아니다. 이 생애에서 받는 고난은 죄악─우리 자신의 것이든 다른 이들의 것이든─으로 인한 것일 때가 많고, 그중 많은 경우는 우리의 연약함과 시간성에 기인한다. 예기적으로 번영하는 삶이란 부분적으로 장차 오게 될 삶을 아직 그에 적합하지 않은 세상에서 살아가는 것이기에, 종종 고난받는 사랑을 그 특징으로 한다. 완성된 번영의 행위의 특징이 완벽한 호혜, 협력, 목표 일치라면, 준궁극적 번영의 행위는 사랑을 위해 이러한 협력과 일치를 목표로 삼으면서도[43] 여전히 이 생애의 부적합한 상태 안에서는 사랑이 반대에 부딪히리라는 것을 인식한 채로 살아간다. 전형적으로 이 반대는 "영광의 주를 십자가에 못 박은" "이 세대의 통치자들"에게서 온다(고전 2:8). 이 통치자들에게는─또한 그리스도 안에서 아무것도 아니게 되겠지만 아직은 그렇지 않은 지배 구조에서는─참된 삶이 거짓처럼 보일 수 있다. 하나님의 능력─십자가의 말씀─이 어

---

[43] 예를 들어 로마서 14:19; 고린도전서 8:1; 고린도후서 12:19을 보라.

리석게 보일 것이다(1:18). 그러나 십자가는 자기를 내주는 가장 뛰어난 사랑의 효과적 행위였다. 그것은 아무 소용없는 일처럼 보였다(하지만 볼 눈이 없는 이들에게만 그랬을 뿐이었다). 유사하게, 예수님의 발자국을 따라가는 이들은 이 생애에서 자신들의 '통치'가 우스꽝스럽게(comically) 비효과적으로 보이리란 것을 예상해야 하지만, 동시에 십자가에서의 그리스도의 '통치'는 우주적으로(cosmically) 효과적임을 확신해야 한다. 그들의 사랑은 종종 고난받는 사랑일 것이다.

사랑의 법에 따라 걷고자 하는 노력은 "이 세대의 통치자들"의 반대에 마주할 뿐 아니라 자아의 반대에도 마주한다. 죄는 우리의 행위 능력을 타락시키고 약하게 만들어 죄를 짓게 하고 선을 행하지 못하게 하는데, 가장 극단적인 경우 그러한 우리의 행위 능력을 좌절시킨다(롬 7:15). 로마서 7장에서 바울이 묘사하는 고충은 사랑의 삶을 살고자 노력하는 그리스도인들에게 낯설지 않다. 우리는 우리 자신을 언제나 '시물 유스투스 에트 페카토르'(simul justus et peccator, 의로운 동시에 죄인)로 인식한다.[44] 그 결과 예기적 사랑의 삶은 언제나 정의를 위해 분투하지만, 그럼에도 또한 죄인인 스스로의 상태를 자각하며 살아간다. 이는 예기적으로 번영하는 삶은 '힘'에 대한—가장 먼저는 그 스스로의 힘에 대한—의심을 그 특징으로 하리란 것을 의미한다. 죄인으로서 사랑의 삶 **안으로** 들어간다는 것은,

---

[44] 여기서 우리는 로마서 7장이 두 시대가 중복된 시간을 살아가는 신도의 삶을 묘사하는 것으로 해석하는 제임스 던의 입장을 따른다[*Romans 1-8*, Word Biblical Commentary 38A (Grand Rapids: Zondervan, 1988), p. 377]. 바울이 묘사하는 것은 보편적 인간의 상태다. 우리는 스탠리 스토워가 고대 세계의 메데아(Medea) 이야기를 들려주는 여러 방식을 비교하는 것이, 편지의 수신자가 보편적으로 이방인이라는 점이 아니라 바울이 묘사하는 상황이 보편적인 인간의 곤경으로 이해되었으리라는 것을 증명한다고 본다. Stanley Stowers, *A Rereading of Romans: Justice, Jews, and Gentiles* (New Haven: Yale University Press, 1994), pp. 270-272. simul justus et peccator에 대해서는 Martin Luther, *Lectures on Galatians*, in *Luther's Works* (St. Louis: Concordia, 1963), 26: p. 232를 보라.

우리가 얻고자 분투하는 삶을 아직 "붙들지" 못했음을—우리가 아직 "완벽해지지" 않았음을—늘 인식하면서 살아가지만, 또한 오히려 모든 상황 가운데서 사랑의 하나님에 의해 "붙들리기를" 구하고 우리를 통해 그 사랑을 살아 내고자 애쓴다는 의미다(빌 3:12).[45]

이 내적이고 외적인 저항은 예기적으로 번영하는 삶에서 오직 사랑의 우위를 더욱 공고히 한다. 사랑의 **실상**—그 선함과 중심성—은 종말론적 이행의 **연속성**을 드러내는 반면, 사랑의 **형태**는 **불연속성**을 드러낸다. 완성된 하나님 나라에서는 사랑이 다스리지만, 중간 시기에 사랑은 종종 고난받는다. 이것이 십자가의 메시지가 이 세상에서는 어리석은 이유다(고전 1:18). 이 시대와 장차 올 시대 간의 양립 불가능한 차이는 사랑의 형태뿐만 아니라 그에 대한 오인에서도 중요성을 지닌다. 그 결과, 두 시대가 중복된 시간에서 사랑의 길이란, 사실은 하나님의 강함이자 지혜인 십자가의 소위 약함과 어리석음을 기꺼이 받아들이는 것을 의미한다.[46]

형통한 삶

선하게 인도되는 삶을 어떻게 규정할 것인가에 대한 바울의 답이 사랑의 의로움이라면, 번영하는 삶의 환경적 측면에 대한 그의 답은 평화다. 바울의 글에서 '평화'란 어떤 내적 성향을 기술하는 것이 분명하지만,[47] 이 용

---

45 저자 사역.
46 고린도후서에서 보듯, 성령의 인도하심에 따른 바울의 지혜로운 사회문화적 정체성의 즉흥 연주 역시 이 오인에서 자유롭지 못하다. "여러 사람에게 여러 모습"이 된 그는(고전 9:22) 속이는 자와 무명한 자라는 평판을 얻었다(고후 6:8-9). "약한 자"가 된 그는(고전 9:22) 이제 죽은 자, 징계를 받는 자, 근심하는 자, 가난한 자, 아무것도 없는 자처럼 보인다(고후 6:9-10). 이 모든 것은 영적으로 분별하는 사람들이 볼 수 있는 현실과 극명한 대비를 이룬다. 사실 바울과 그의 동포는 참되고, 유명하고, 살아 있고, 죽임을 당하지 않고, 기뻐하고, 부요하고, 모든 것을 가졌다(고후 6:8-10).
47 예를 들어 로마서 15:13. 여기서 평화는 **기쁨**과 함께 나타난다.

어가 전반적으로 보다 객관적인 질을 포함한다는 것 역시 동일하게 분명하다. 즉, '에이레네'(*eirēnē*)는 세상의 상태, 모든 것이 바로잡힌 세상을 묘사한다.[48] 로마서 14:17의 주변 문맥은 여기서 '평화'의 의미가 정확하게 번영의 환경—특히 올바른 관계—에 관한 것임을 암시한다.[49] 정말로, 형통한 삶에 대한 바울의 비전 중심에는 일련의 평화로운 관계—하나님과의, 그리고 하나님과의 관계를 기초로 하는 다른 이들 및 창조된 세상과의 관계—가 있다.[50]

---

48 **평화**의 객관적 질에 관해서는 스탠리 포터(Stanley Porter)가 "Peace, Reconciliation", in *Dictionary of Paul and His Letters*, ed. Gerald F. Hawthorne and Ralph P. Martin (Downers Grove, IL: IVP Academic, 1993), p. 695에서 정의한 내용이 전형적이다. 바울의 관심사가 갖는 우주적 범위는 고린도전서 15장과 로마서 8장에서 가장 두드러지게 나타난다. 바울의 *eirēnē* 개념이, 그에게 가장 큰 영향력을 끼쳤을 히브리어 *shalom* 개념에 영향을 받았을 것이라고 가정한다면, 바울이 이 용어를 사용하는 많은 경우, 특히 로마서 14:17의 정의는 상당히 광범위한 일련의 환경과 연결되어 있음을 알게 된다. 그래서 제임스 던은 이렇게 말한다. "여기서[바울에게서] 평화는 전쟁 종식이라는 헬라적 개념이나 단순히 영적인 개념(내적 평온함)으로 제한되지 않는다. 평화는 분명히 조화로운 사회와 공동체의 안녕을 포함하는 '안녕'을 그 기본 사상으로 하는 훨씬 더 풍요로운 히브리어 *shalom* 개념을 포함한다." Dunn, *Theology of Paul*, p. 387.

바울이 자신은 무엇을 가지든 자족하는 능력(빌 4:12)이 있다고 고백한 것을 가지고, 바울에게 번영하는 삶은 환경과 상관없음을 의미한다고 반론을 펼칠 수도 있다. 그리고 정말로 바울을 엄격하게 스토아주의적으로 읽는다면 정확하게 이런 결론에 이른다. 그러나 적어도 두 가지의 중요한 요인이 이런 식의 바울 읽기를 가로막는다. 첫째, 바울은 창조세계와 그 안에 모든 것의 선함을 확신하며(고전 10:26), (뒤에서 나오는 것처럼) 그가 물질적 재화의 분배 문제에 자주 관심을 드러내는 방식은 물질적 환경이 중요함을 시사한다. 둘째, 아마도 이게 더 중요할 텐데, 바울은 물질세계의 해방을 포함하여 삶의 환경의 종말론적 변화를 기대한다. 아들을 선물로 주신 것처럼, 우리는 하나님이 우리에게 '모든 것'을 주시리라고 기대할 수 있다. 바울의 자기통제(*autarkeia*) 옹호는 물질적 환경에 대한 스토아주의적 폄하가 아니라 오히려 두 시대가 겹쳐 있는 시간을 살아가는 전략이다. 사랑의 의로운 길이 반대를 불러오는 세상에서 나쁜 환경은—진정 유감스럽지만—불가피하고, 심지어 사랑의 길에 대한 순종의 표지일 때도 있으며, 따라서 기쁨의 이유이기도 한다. 자기통제가 바람직하게 되는 것은 오직 이러한 특별한 조건을 감안할 때다.

49 로마서 12:18은 듣는 이들에게 "모든 사람과 더불어 화목하라[*meta pantōn anthrōpōn eirēneuontes*]"고 요청하면서 관계적 정세를 가장 전면에 내세운다. 번영하는 삶에 대한 우리의 정의 두 절 뒤인 로마서 14:19에서도 유사하게 바람직한 정세를 의미내기 위해 "화평"이라는 단어를 사용한다. "우리는 서로 화평[*eirēnēs*]을 도모하는 일…에 힘을 씁시다"(새번역).

50 예를 들어 하나님과의 관계는 로마서 5:1, 다른 사람들과의 관계는 로마서 14:19, 창조세계와의 관계는 로마서 8:22을 보라.

이러한 관계 중 죄의 흔적이 없는 것은 없다. "유대인이나 헬라인이나 다 죄 아래에 있으며", 그 결과 "평강의 길을 알지 못한다"(롬 3:9, 17). 그러나 의롭게 하시는 하나님의 자비로운 역사—하나님의 정의의 길에 참여하라는 초대—는 "하나님과 화평을 누리는" 새롭게 회복된 관계를 가능하게 한다(롬 5:1). 이러한 하나님과의 바른 관계는, 만물의 완성과 완성에 이르는 과정 둘 다에서 번영하는 삶의 기초를 제공한다.

바울의 묵시론적 틀에서 그의 종말론적 시각을 먼저 살펴보면, 완성된 하나님 나라는 **온 세상이 하나님과 평화를 이룬** 것이다. 바로 그것이 형통한 삶이 의미하는 바의 성취다. 근본적인 종말의 환경은 하나님의 통치이며, 그분은 멀리 떨어진 우주의 폭군이 아닌 친밀한 아버지로서 다스리신다.[51] 하나님의 종말론적 통치는 임재의 통치다. 마침내 하나님 나라가 온전히 임할 때, 하나님은 "만유의 주로서 만유 안에 계실" 것이다(고전 15:28). 창조세계는 하나님의 임재로 가득 채워지고, 세상은 하나님의 집이 될 것이다.

하나님과의 관계에서 회복된 평화는 다른 종류의 관계들을 바로잡는다. 온전히 번영하는 삶에서 하나님과의 평화는 **다른 이들과의 평화와 창조세계 전체와의 평화**를 가져온다. 인간사의 평화는 교회에서 시작된다. (두 시대 사이의 시간에서 적절하게 실현되어야 할) 궁극적으로 완성된 비전은 인종, 계급, 성별 간의 분열을 포괄하는 그리스도 안에서의 놀라운 연합에 관한 것이다(갈 3:28). 바울은 이 연합을 말하기 위해 다양한 이미지—주로 그리스도의 몸과 입양된 하나님의 가족—를 사용하지만, 하나로 모아 놓으면 이 이미지들은 결국 다양성 안에서의 연합과 서로 간의 친밀함과

---

51 하나님의 통치는 예를 들어 고린도전서 15:24-28을 보라. 아버지이신 하나님과의 친밀한 관계는 로마서 8:15을 보라.

하나님과의 친밀함을 강조한다.[52] 하나님의 가족에서 시작된 것은 창조세계 전체로 확장되고, 창조세계의 완성된 미래는 하나님의 자녀들의 미래와 연결되어 있다(롬 8:18-25). 타락한 세상은 인간이 창조세계로부터 독립되어 있다는 환상을 투사한다면, 바울의 비전에서 종말에 있을 변화가 아우르는 우주적 범위는 온전히 번영하는 인간의 삶이 창조세계 전체의 번영과 분리될 수 없다고 주장한다. 마지막 때에는 교회 안에서 처음 태어난 평화가 모든 창조세계를 끌어안을 것이다.

예기적으로 번영하는 삶에서 **하나님과의 관계**가 올바를 때, 우리의 환경을 변화시키는 하나님 나라의 평화가 침투해 들어온다. 따라서 깨어진 공동체의 예기적 상연 안에서, 결코 완전하지 않으며 (종종 우리 자신인) 하나님의 원수의 공격에 끄떡없는 것도 아니지만 그럼에도 평화를 경험하는 것은 가능하다. 하나님 나라의 도래 안에서 우리는 그 나라의 평화를 미리 맛볼 수 있으며, 이는 무엇보다 완성된 하나님 나라의 토대가 되는 하나님과의 친밀함을 보증하는 담보이신 성령의 임재 안에서 가능하다.[53] 이 하나님의 임재는 기적의 표징과 이적을 통해 우리의 환경을 직접 변화시킬 수 있다(예를 들어 롬 15:19). 바울에게 그러한 표징과 이적은 함께 전해지는 설교 내용에 인식적 정당성을 제공하는 역할도 종종 하지만(예를 들어 고전 2:4-5; 갈 3:5; 살전 1:5), 예수님의 사역에서 드러났던 것처럼 무엇보다도 해로운 환경을 제거하시는 하나님의 은혜와 목적의 표현이다.

예기적인 참된 삶은 동일하게 **인간관계**의 변화라는 특징도 드러낸다. 그 변화는 억압된 자들의 해방(고전 7:22; 몬 16절), 주변부로 확장되는 존귀함(고전 12:23-24), (그룹 간, 개인 간의) 화해와 이에 수반되는 열매, 곧 그리스

52　'그리스도의 몸'은 로마서 12장과 고린도전서 12장, 하나님의 가족은 로마서 8장을 보라.
53　담보 혹은 보증(헬라어로는 *arrabōn*)으로서의 성령은 고린도후서 1:22; 5:5을 보라.

도의 몸 안에서의 연합을 말한다. 화해는 아마도 현재의 상태 아래에서 번영하는 삶의 중심 특징일 것이다(고전 5:18-20). 예기적으로 번영하는 삶에서 평화의 표지는 서로 진정으로 화해를 이루고 조화롭게 살아가는, 교회에서 함께 예배하며 공적 삶에서는 공동선을 추구하는 개인과 인간 집단이어야 한다.[54]

창조세계와의 관계가 변화하는 것과 하나님이 창조세계를 통해 우리에게 제공하시는 **물질적 가치**와의 관계가 변화하는 것 역시 예기적 번영의 특징이다. "땅과 거기에 충만한 것이 주의 것"이기 때문에(고전 10:26), 바울에게 물질적 가치는 중요하다. 그리고 물질 공급은 선한 일이기 때문에, 바울은 그 공평한 분배에 관심을 둔다.[55] 바울이 말하듯, 가난한 자들을 기억하는 일은 예루살렘 공의회에서 내린 결정의 중심 항목이자(갈 2:10) 바울이 유대의 율법을 이웃 사랑으로 요약할 때의 핵심 요소이며 그가 예루살렘의 가난한 자들을 위해 연보를 모으는 일의 토대다.[56] 그렇기는 하지

---

54 그 반대도 마찬가지로 참이다. 바울에게 화해의 결핍은 고린도 교인들이 여전히 "육신에 속한" 사람들로 살고 있다는—완성에 이르지 못한 창조세계와, 또한 죄와 이중으로 맞아떨어지고 있다는—증거다(고전 3:3).

55 예를 들어 고린도후서 8:13-15. L. L. 웰본(Welborn)은 *Review of Biblical Literature*(2012)에 실린, 브루스 롱네커(Bruce Longenecker)의 *Remember the Poor: Paul, Poverty, and the Greco-Roman Worlds*에 대한 서평에서, 바울의 관심에서 공평함이 중심이라는 점—그리고 바울에 대한 이 시대의 신학적 해석에서 그러한 사실이 갖는 중요성—을 설득력 있게 주장한다. 공평함에 대한 이러한 관심은 두 시대 사이의 시간을 살아가는 삶의 특징이다. 죄가 물질적 번영을 경쟁적 선으로 만들었기 때문에(종말론적 비전과 달리 이 세상에서의 번영의 일부분은 다른 이들의 희생으로 이루어진다), 거짓된 것의 조건 아래에서 살아 내는 참된 삶에서의 **평화** 추구는 특별히 불평등 문제에 주의를 기울여야 한다. 우리 자신에게 내릴 심판을 먹고 마시지 않으려면(고전 11:29), 물질적 재화의 중요성에 대한 인식은 '없는 자'가 부끄러움을 당하는 것을 인식할 수 있도록 우리의 눈을 훈련시켜야 하고(고전 11:22) 공평한 평화를 위해 행동할 수 있도록 우리에게 용기를 북돋워 주어야 한다.

56 바울에게 이러한 연보를 모으는 일이 시대의 전환에서 어떤 역할을 하는지[이방 나라의 재산은 시온으로 들어온다(사 60:5). 결국, 롬 15:27은 연보를 모으는 일에는 단순한 자선이라는 관심 이상이 있음을 지시하는 것으로 보인다] 보지 못하는 것은 부주의한 일이겠지만, 또한 우리는 이 구절이 유대의 율법에서 중요한 부분—가난한 이들을 돌보는 것—과 일치하며 바울이 이방인들을 위해 율법을 **이웃 사랑** 안에서 요약할 때 바로 이 점이 그 중심에 있음을 인식해야 한다.

만, 설령 환경적 차원일지라도 번영하는 삶이 물질적 가치로 **환원될 수** 있다고 생각하기 시작하면 우리는 창조세계와 잘못된 관계를 맺게 된다. 바로 이것이 로마서 14:17에서 "하나님의 나라는 먹는 것과 마시는 것이 아니요"라는 바울의 주장이 갖는 심오한 의미다. 물론 이 단언은 우상에 제물로 바친 고기와 관련하여 당면한 목회적 질문에 대한 답이다. 그러나 하나님 나라가 먹는 것과 마시는 것이 아니라는 진술은 또한 삶의 모든 것을 오직 환경으로—그런 뒤 심지어 환경의 작은 하부 영역에 대한 편협한 이해로—축소하는 경쟁하는 번영의 비전을 거부하는 것이기도 하다. 바울은 세상이 이러한 비전을 중심으로 살아가는 사람들로, 곧 "그들의 신은 배"로(빌 3:19) 그저 자신들의 식욕만을 위해 사는 이들로 가득한 것을 본다(롬 16:18). 물론 이 비전은 우리 시대에도 만연하다. 이에 대한 그리스도인의 답은 세상적 재화의 중요성을 **부정**하는 것이 아니라, 세상을 완성으로 향해 가며 새로워지고 있는 하나님의 선한 창조세계로 이해하는 통합적 비전 안에서 그러한 재화를 이해하는 것이다. 우리 가운데 임하고 있는 이 새로운 창조세계에서 먹고 마시는 것은 단지 배분을 위한 것만이 아니라 그 이상, 즉 하나님의 선물이며 하나님 나라가 현현하는 장소다. 주요한 바울의 예시는 성찬식이다. 우리가 빵의, 잔의, 우리 가운데 계시는 (그리스도의) 몸의 진정한 의미를 분별할 수 있기만 하다면 말이다.[57]

   마지막 때의 온전히 번영하는 평화는 우리의 삶이 지향하는 목표지만, 우리는 종종 이를 위해 지금 여기에서의 평화를 포기하기도 해야 한다. 사랑의 길을 고수하는 것은 종종 (종국에는 따라올) 영광[58]이 아닌 반대를 불

---

57   고린도전서 11:17-34을 보라. 고린도전서 11장의 관심은 물질적 재화의 불평등한 분배가 고린도 교회의 연합을 어떻게 해치는가에 관한 것이다.
58   아마도 장차 올 시대를 한 단어로 묘사할 때 바울이 '영광'보다 더 전형적으로 사용하는 단어는 없을 것이다. 이 용어를 쓸 때, 바울은 하나님에 반하는 권세의 통치 아래 살아가는 예

러오고, 이 반대는 예기적 삶이 완벽한 평화를 이루는 것을 불가능하게 한다. 하나님의 지혜는 세상에서 어리석게 보인다. 하나님의 능력은 약해 보인다. 사람들을 화해시키는 일은 증오와 분열의 구조로부터 이득을 얻는 이들의 반대를 불러일으킬 것이다. 물질적 재화에 대한 공평한 접근을 추구하는 것은 기존의 불평등으로부터 이익을 취하는 이들의 분노를 끌어낼 것이다. 이 세상에 대한 사랑은 분투하는 사랑이다. 예수님을 따르는 삶의 환경은 언제나 그러한 분투의 흔적을 지닐 것이다. '평화와 안보'라는 표어는 그리스도인의 것이 아니라 이방의 로마 선전가들의 것이다.[59] 바울의 습관은 자신의 사역이 불러일으킨 반대의 규모와 범위를 오히려 자랑하는 것이다. 하나님의 통치가 완전히 실현된 문맥이 아니라면, 암울한 환경은 번영의 행위의 증거가 된다(예를 들어 고후 11:23-33). 언젠가 완성된 그리스도의 나라의 영광에 동참하리라는 소망은, 평화의 하나님이 사탄을 우리 발아래에서 상하게 하시리라는(롬 16:20) 사실의 다른 한 면, 즉 우리가 그리스도의 고난에 동참하리라는(롬 8:17; 빌 3:10-11) 예상과 함께 온다.

예기적 번영의 삶이 많은 경우 평화의 삶으로 드러나지 **않는다는** 것은 그리스도인의 삶에서 사랑의 우위를 아주 분명하게 입증한다. 현재는 평화가 언제나 약속되지는 않지만(바울은 모든 상황에서 자족하는 법을 배웠다),

---

기적으로 번영하는 삶과 대조적으로 (하나님의 지배 아래 살아가기 때문에) 종말론적으로 번영하는 삶에서 사랑의 삶이 영광을 받게 되리라고 강조한다.

[59] 그러한 표어의 증거에 대한 최근의 요약은 Jeffrey A. D. Weima, "'Peace and Security' (1 Thess. 5.3): Prophetic Warning or Political Propaganda?", *New Testament Studies* 58, no. 3 (2012): pp. 331-359를 보라. 조엘 화이트는 '*pax et securitas*'가 바울의 시대만큼 초기부터 제국의 인식 가능한 표어였다는 일반적 견해에 이의를 제기한다. Joel R. White, "Peace and Security' (1 Thess. 5.3): Is It Really a Roman Slogan?", *New Testament Studies* 59, no. 3 (2013): pp. 382-395를 보라. 그러나 화이트의 수정을 받아들이더라도, 그는 여전히 이 표현에서 로마(*pax*)와 헬라(*asphaleia*, 안보)의 정치적 사고가 문화적으로 기대하는 것이 무엇인지를 본다. Joel R. White, "'Peace' and 'Security' (1 Thess. 5.3): Roman Ideology and Greek Aspiration", *New Testament Studies* 60, no. 4 (2014): pp. 499-510를 보라.

그럼에도 사랑의 명령은 언제나 유효하다. "할 수 있거든 너희로서는 모든 사람과 더불어 화목하라"(롬 12:18). 참된 삶이란 언제나 평화로운 삶은 아니지만, 언제나 평화를 위해 사는 삶이다.

마땅하다고 느끼는 삶

바울에게, 행위적 번영이 사랑의 의로움 안에 있고 환경적 번영은 평화로 특징지어진다면, 정서적 번영의 고유한 특징은 **기쁨**이다. 신약에서 기쁨이 가장 빈번하게 언급되는 곳은 다른 신약성경 문헌보다도 논쟁 없이 바울의 저작으로 인정되는 서신들이다.[60] 바울은 그의 편지에서 독자들에게 다섯 번이나 기뻐하라고 말한다(고후 13:11; 빌 2:18; 3:1; 4:4; 살전 5:16). 정말로, 바울은 자신이 기쁨을 위해 일한다고 말할 정도로 기쁨을 자기 사역의 중심에 두었다. "우리는 너희의 기쁨을 위해 함께 일하는 일꾼이라[*synergoi esmen tēs charas hymōn*]"(고후 1:24).[61] 바울에게 기쁨은 평화와 사랑에 따라온다. 기쁨은 사랑이 진정으로 평화를 이루었을 때 느끼는 감정이다.

진정한 기쁨은 바르게 기뻐할 수 있는 의도적 대상을 필요로 하며,[62] 그리스도인이 기쁨을 느끼는 최고의 '대상'—최고의 **원인**—은 하나님의 임

---

60   기쁨(*chara*)과 기뻐하다(*chairō*)의 변형은 논쟁 없이 인정되는 바울 서신(로마서, 고린도전후서, 갈라디아서, 빌립보서, 데살로니가전서, 빌레몬서)에서 46번 나오며, 이는 1,000단어당 1.95번 정도다. 바울의 저작 여부에 대한 논쟁이 있는 서신(에베소서, 골로새서, 데살로니가후서, 디모데전후서, 디도서)에서는 0.46번, 복음서 0.82번, 사도행전 0.6번, 공동 서신(야고보서, 베드로전후서, 요한1-3서, 유다서) 1.71번, 요한 문헌(요한복음, 요한1-3서) 1.31번, 히브리서 0.81번, 요한계시록 0.2번이다.
61   저자 사역.
62   여기서 우리는 Robert Roberts, *Emotions: An Essay in Aid of Moral Psychology* (New York: Cambridge University Press, 2003), p. 61를 따른다. 분명히 하자면, 우리는 로버츠가 감정에 대한 순수한 '인지주의적' 접근을 옹호한다고 해석하지 않는다. 정서는 그 이상 축소 불가능한 감정의 최소 요소다. 우리는 즐겁게 **느끼는** 것을 제외한 채 즐거워할 수 없고, 마땅히 기뻐해야 하는 것으로 **이해한** 어떤 것에 **대해** 즐거워하지 않고서 즐거워할 수도 없다.

재다. 기쁨과 관련해 표준적 명령은 '주 안에서' 기뻐하라는 것이다.[63] 가장 가까이 있는 원인이 다른 누구 혹은 다른 무언가일 때조차도, 기뻐하는 것은 "주 안에서" 일어난다.[64] 어디서나 이렇게 하나님이 기쁨의 원인이신 것은 항상 기뻐하라는 바울의 권면에 타당성을 부여한다. 그치지 않는 기쁨은 하나님의 임재에 대한 의식—그리고 적절한 반응—의, 즉 계속되는 기도와 감사의 끊임없는 배양과 연결되어 있다.[65]

하나님이 기쁨의 가장 주된 원인이신 것처럼, 바울 서신에서 가장 일반적으로 가까이 있는 기쁨의 대상은 다른 **사람들**이다. 거듭 되풀이되는 기쁨의 원인(혹은 정말로 원인으로 기대되는 것)은 사람들 간의 관계적 평화 혹은 사랑 안에서의 행위적 번영이다.[66] 바울의 고유한 표현인 "기쁨과 면류관"(빌 4:1; 살전 2:19)은 기쁨과 인간관계가 밀접하게 연결되어 있음을 포착한다. 바울의 교인들은 그들 자체로 바울의 기쁨이자 상급이다. 그들은 바울에게 주된 기쁨의 원인이고 따라서 기쁨 자체와—심지어 그가 시작한 경주를 마칠 때 상급으로 받게 될 완성된 기쁨과—동일시된다. 기쁨은 관계와 매우 자주 연결되기 때문에, 공유되는 것이 당연하다(예를 들어 롬 12:15; 고후 2:3; 빌 2:17-18).

63　빌립보서 3:1; 4:4. 참조. 데살로니가전서 3:9. '소망 안에서' 기뻐하는 것이 하나님이 기쁨의 원인이라는 것에 대한 간접적 언급을 내포한다고 본다면 관련 구절 목록은 늘어날 수 있다. 특히 로마서가 그렇다. (소망 안에서의 기쁨에 관해서는 롬 12:12; 15:13, 하나님과 관련된 소망에 관해서는 롬 5:2, 5; 8:20, 24을 보라.)
64　예를 들어 빌립보서 4:10. "내가 주 안에서 크게 기뻐함은 너희가 나를 생각하던 것이 이제 다시 싹이 남이니."
65　데살로니가전서 5:16-18에서도 마찬가지다. "항상 기뻐하라. 쉬지 말고 기도하라. 범사에 감사하라. 이것이 그리스도 예수 안에서 너희를 향하신 하나님의 뜻이니라."
66　관계적 평화가 기쁨의 근거가 되는 경우는 고린도후서 7:4, 7; 빌립보서 2:2; 4:1; 데살로니가전서 2:19-20; 3:9을 보라. 행위적 번영이 기쁨의 근거가 되는 경우는 로마서 16:19(여기서 바울은 수신자들의 순종을 기뻐한다); 고린도후서 7:9(여기서 바울은 고린도 교인들의 회개에 반응하며 기뻐한다); 빌레몬서 1:7(여기서 바울은 빌레몬의 사랑으로 큰 기쁨과 위로를 받았다고 말한다)을 보라.

마지막 완성의 때에 기쁨은 하나님의 집이 된 세상의 번영을 규정한다. 이는 완벽한 사랑과 평화의 세상이기 때문에 기쁨은 언제나 진정으로 기뻐할 대상을 갖는다. 더 나아가, 그 세상은 완벽한 사랑의 세상이기 때문에 기쁨은 온전히 완성된 사랑과 평화의 세상을 기쁨의 진정한 근거로서 언제나 바르게 이해한다. 완벽한 사랑, 완벽한 평화의 세상이 가능하게 하는 번영하는 삶은 언제나 그리고 오직 기쁨의 삶이다.

평화의 경우처럼, 예기적 번영의 삶이 언제나 그리고 **오직** 기쁨의 삶인 것은 아니다. 그리고 다시금 평화와 마찬가지로, 그것을 가로막는 것은 부분적으로 사랑의 우위다. 사랑은 진리에 닻을 내리고 있기 때문에,[67] 사랑 안에 뿌리내린 채 온전히 완성된 기쁨 **안으로** 들어가는 삶을 살아갈 때, 우리의 정서적 삶은 우리 주변의 세상에 대한 진실한 해석을 기준으로 삼는다. 예기적으로 번영하는 삶은 세상을 바르게 보고, 있는 그대로의 세상에 대해 정서적으로 존재한다. 이러한 이유로, 이 삶은 기쁨뿐만 아니라 슬픔(그리고 분노)을 특징으로 한다. **애통**은 현재의 상태에서 하나님 나라의 결정적으로 진정한 실천이며, 특히 그리스도의 몸 안에서는 더욱 그렇다. 바울에게 정서는 몸에 관한 것이기에(현대 심리학에서 새로이 나타난 것처럼!), 그리스도의 몸으로 살아가는 것은 그 몸을 이루는 각 지체들의 정서적 삶을 공유하는 것을 포함한다. 하나님의 가까우심을 바라보면서는 "항상 기뻐하라"가 원칙인 반면, 교회의 관계적 측면에서는 "즐거워하는 자들과 함께 즐거워하고 우는 자들과 함께 울라(mourn)"가 원칙이다(롬 12:15).[68]

---

67 고린도전서 13:6. "[사랑은] 불의를 기뻐하지 아니하며 진리와 함께 기뻐하고."
68 여기서 NIV를 사용한 것은 뒤에 나오는 고린도전서 7:30과 이루는 동사의 공명을 강조하기 위함이다. 고린도전서 7:30에서는 다시 *klaiō*라는 동사를 쓰며, NRSV와 NIV 모두 이를 'mourn'으로 번역한다(NIV는 롬 12:15와 고전 7:30 모두에서 *klaiō*를 'mourn'으로 번역한 반면, NRSV는 롬 12:15에서는 'weep'으로, 고전 7:30에서는 'mourn'으로 번역했다—옮긴이). 몸의 논리는 고린도전서 12:26에서도 분명하게 드러난다. "만일 한 지체가 고통을 받으

예기적 삶은 이 두 권면, 즉 하나님의 가까우심에 비추어 항상 기뻐하라는 권면과 삶을 정직하게 **느끼고** 평화롭게 살도록 부름받은 사람들과 단결하여 **느끼라는** 권면 사이에 존재한다. 바울이 형체가 사라질 세상을 향해 시선을 돌리면 그림은 훨씬 더 복잡해지고, 그는 역설적인 방식으로 말할 수밖에 없다. "우는 자들은 울지 않는 자같이 하며 기쁜 자들은 기쁘지 않은 자같이 하며"(고전 7:30).[69] 세상은 부패할 수밖에 없고 죄의 지배 아래 있기에, 정서적으로 그런 세상과 연대하는 것은 아주 위험하다.

죄의 상태 아래에서는 '기쁨'으로 통하는 많은 것이 거짓이거나 부패한다. 예를 들면, 소셜 미디어에서의 우리의 삶을 보라. 우리는 슬퍼하는 사람들에 대해 기뻐하고(트위터의 샤덴프로이데. 독일어로 손상, 피해를 뜻하는 schaden과 기쁨을 뜻하는 freude의 합성어로, 다른 사람이 처한 어려움이나 곤경을 보고 좋아하는 것을 말한다—옮긴이) 기뻐하는 사람들 때문에 슬퍼한다(페이스북이 부추기는 부러움과 '놓치는 두려움', 즉 FOMO. FOMO는 'fear of missing out'의 머리글자를 딴 말로, 주변에서 일어나고 있는 재밌는 사건이나 뉴스거리를 자신만 모르거나 놓치고 있을까 불안해하거나 두려워하는 증상이다—옮긴이). 성경적 예로는, 유다의 배신을 기뻐하면서 맞이하는 대제사장들과 성전 경비대장들(눅 22:5), 잡히신 그리스도를 기뻐하며 맞이하는 헤롯(눅 23:8)을 생각할 수 있다. 바울이 정의한 하나님 나라의 세 측면—의, 평화, 기쁨—모두 복음의 원수에 의해 패러디된다. 바리새인들은 (자기) 의를 위해 싸운다. 로마

면 모든 지체가 함께 고통을 받고 한 지체가 영광을 얻으면 모든 지체가 함께 즐거워하느니라."

69 고린도전서 7:30에서 보는 바울의 망설임을 로마서 12:15를 구성하는 동일한 몸의 논리와 연결해 읽을 수 있다. 두 경우 모두, 기본 원칙은 몸의 연합과 정서적 참여가 함께 간다는 것이다. 그러나 고린도전서 7:30에서 경계하는 위협은, 현재 형태의 세상과 친밀한 정서적 연대를 이루는 것은 결국 이 **다른 몸**과의 연합으로 이어질 수 있다는 점이다. 이 다른 몸은 이제 아무것도 아닌 것이 되어 가고 있다(롬 6:6).

인들은 '평화와 안보'의 나팔을 분다. 유대의 엘리트 통치자들은 예수님이 배신당하고 재판받고 처형당하심에 따라 가짜 기쁨을 마음껏 즐긴다. 바울이 사랑은 "불의를 기뻐하지 아니하며 진리와 함께 기뻐한다"고 주장할 때, 그는 왜곡된 기쁨의 가능성을, 그리고 기쁨이 진리의 굳건한 토대 위에 계속 세워지기 위해 사랑이 하는 역할을 알고 있다(고전 13:6).

그 위험성에도 불구하고, 감정은 그 자체로 현재 세상의 거짓된 삶 한복판에서 하나님 나라가 침투하는 지점이 될 수 있다. 공동체의 시선을 하나님께 고정함으로써, 기쁨은 **저항**의 집단적 실천이 될 수 있다. 정확하게 세상과 반대되는(contra mundi) 기쁨으로서, 기쁨은 순진한 거부가 아니라 거짓된 삶의 죄악된 상태에 대한 단호한 거부의 역할을 한다. 기쁨은 우리에게 종말론적으로 참된 삶이 보장되어 있다는 공동체적 진술이자, 이 생애에서 참된 삶이 가능할 뿐만 아니라 거짓된 것 한가운데서 그 참된 삶은 지속적으로 그러나 불순물 섞인 방식으로 나타나고 있다는 공동체적 진술이다.[70] 이 긴장 때문에 종말의 이쪽 편에서는 기쁨과 슬픔이 섞여 있다. 슬픔 가운데서도 기쁨을 위한 자리를 남겨 놓는 것처럼, 예기적 기쁨은 언제나 슬픔을 위한 자리를 남겨 놓아야 한다. 우리는 하나님 나라의 예기적 체현과 그것이 우리로 하여금 미리 맛보게 해 주는 종말론적 만찬을 기뻐할 수 있어야 한다. 그러나 번영하는 삶의 기독교적 비전의 통합주의를 고려할 때, 세상의 작은 일부분이 평화를 이룬 것에 대한 우리의 기쁨은 그러한 평화의 섬이 세상 전체의 평화로 아직 통합되지 못했다는 사실에 대한 애통함도 언제나 담고 있어야 할 것이다.

70　윌리 제임스 제닝스(Willie James Jennings)는 "Joy That Gathers", a paper presented at a consultation at Yale Center for Faith and Culture, New Haven, CT, August 21-22, 2014에서 contra mundi 기쁨의 중요성을 개략적으로 설명했다.

마지막으로, 바울은 이 생애에서 우리가 고난에도 불구하고 기뻐할 뿐만 아니라 어떤 경우에는 바로 그 고난 때문에 기뻐한다는 사실을 분명히 한다(롬 5:3-5). 현재의 상태 아래서 진정한 사랑은 반대를 불러일으킬 수밖에 없기에, 고난이 그러한 불가피한 반대를 불러온 사랑의 결과—따라서 표지—일 때, 그것은 정확하게 평화를 지향하는 사랑의 증거로서 기쁨의 근거가 된다. 그리스도의 고난에 동참하는 데서 오는 기쁨은 고난 자체를 즐기는 자학적 쾌감이 아니다. 오히려 우리를 통해 그리스도의 사랑이 삶으로 드러나는 것을 인식하는 데서 오는, 또한 그 고난이 가져오는 특유의, 그럼에도 역설적인 열매에서 받는 격려다. 고난 가운데서 누리는 이 기쁨은 장차 올 세상에서 누리게 될 더 큰 기쁨을 가리킨다. 그곳에서 현재 고난받는 사랑은 합당한 자리를 찾을 것이고, 함께 다스리는 사랑으로서 그 자체로 드러날 것이다.

선물로 받는 번영하는 삶

'성령 안에서'라는 결정적 표현을 빠뜨리지 않도록 하자. 이 표현은 바울의 정의에서 단지 기쁨뿐 아니라 세 요소 전부에 해당한다.[71] 그리고 로마서에서 바울이 좋은 삶의 세 측면 모두를 위해 성령의 중요성을 강조하는 것

---

[71] 여기서 우리가 따르는 입장은 Käsemann, *Commentary on Romans*, p. 377; Ulrich Wilckens, *Der Brief an die Römer*, vol. 3, Evangelische-katholischer Kommentar zum Neuen Testamentum 6 (Zurich: Benziger, 1978-1982), p. 92; Joseph A. Fitzmyer, *Romans: A New Translation with Introduction and Commentary*, Anchor Bible 33 (New York: Doubleday, 1993, 『앵커바이블 로마서』, 기독교문서선교회), p. 697; Douglas J. Moo, *The Epistle to the Romans*, New International Commentary on the New Testament (Grand Rapids: Eerdmans, 1996, 『NICNT 로마서』, 솔로몬), p. 857이며, 이와 반대되는 입장은 Robert Jewett, *Romans: A Commentary*, Hermeneia (Minneapolis: Fortress Press, 2007), p. 863; Theodor Zahn, *Der Brief des Paulus an die Römer*, Kommentar zum Neuen Testament 6 (Leipzig: Deichert, 1910), p. 581; Otto Michel, *Der Brief an die Römer*, 14th ed., Kritisch-exegetischer Kommentar über das Neues Testament 4 (Göttingen: Vandenhoeck & Ruprecht, 1978), p. 435다.

은 비단 이 구절에서만이 아니다. 가장 먼저, 성령은 모든 번영하는 삶의 뿌리인 하나님의 사랑의 원천이시다. "하나님의 영광에 이르게 될 소망"이 가능한 것은 "하나님께서 우리에게 주신 성령을 통하여 그의 사랑을 우리 마음속에 부어 주셨기 때문"이다(롬 5:2, 5, 새번역). 성령의 임재와 활동은 또한 종말론적 하나님 나라의 예기적 실현의 열쇠이기도 하다. 하나님의 사랑을 전달하시는 성령께서는 우리 삶 속에서 "사랑, 기쁨, 화평"의 열매를 맺으신다(갈 5:22).[72] 성령은 하나님이 약속하신 수확의 담보, 첫 열매를 가져오시는 분, 보증인으로, 미래의 현존을 담고 계시는 분이다.

기독교에서 말하는 번영하는 삶은 하나님의 행하심을 통해, 하나님의 임재 안에서 사는 삶이다. 이런 의미에서 우리는 '하나님 나라'와 '하나님의 집'이 동일한 실재의 두 측면을 표현하는 은유라고 주장한다. 하나님 나라는 하나님이 다스리시는 곳, 다스리시는 시간이며, 그러한 하나님의 통치는 세상 전체를 하나님 자신의 집으로, 따라서 진정한 인간의 집으로 적합하게 만든다. 좋은 삶의 세 측면은 각각 하나님과 세상 간의 '친밀성'을 가리킨다. 의는 오직 성령을 통해 하나님의 사랑이 우리 마음에 부어졌기 때문에 가능하다(롬 5:5). 혹은 그리스도께서 우리 안에 사시고, 그분의 거주하심을 통해 결과적으로 우리가 그리스도 '안'에 살고 **그분의** 삶에 참여하기 때문에 가능하다. 의가 단지 법적 허구가 아니라 사랑의 법을 기준 삼는 삶의 형태라고 주장할 때도, 우리는 그것이 믿는 자들의 부지런한 성취가 아니라 값없는 은혜의 **선물**임을 동일하게 주장해야 한다.[73] 인간

---

[72] 우리는 또한 동일한 이 세 가지가 요한복음의 고별 담화에서 예수님에 의해서도 약속되었으며—평화(14:27), 사랑(15:9-10), 기쁨(15:11)—이는 진리의 성령을 보내 주실 것에 대한 약속(14:17, 26; 15:26; 16:13) 사이에 샌드위치 구조로 들어가 있음에 주목한다.

[73] 로마서 5:17은 의가 선물임을 분명하게 단언한다. "한 사람의 범죄로 말미암아 사망이 그 한 사람을 통하여 왕 노릇 하였은즉 더욱 은혜와 의의 선물을 넘치게 받는 자들은 한 분 예수 그리스도를 통하여 생명 안에서 왕 노릇 하리로다." 고린도전서 6:11은 고린도 교인들이 "주

사에서의 평화와 창조세계 전체의 평화는 하나님의 자유케 하시는 행동과 임재의 실재에서 나온다. 기쁨은 무엇보다 성령의 열매이며, 이는 우리가 이 세상의 좋은 것들 안에서 기뻐할 때든 하나님 안에서 기뻐할 때든 동일하다. 번영하는 삶의 각 측면―하나님 나라의 각 차원―은 하나님에게서 온 선물이며, 단지 저 멀리 떨어진 곳에서 천국 우편으로 오는 선물이 아니라 하나님의 활동과 임재 자체와 묶여 있는 선물이다.

의, 평화, 기쁨의 상호 의존성

바울은 의, 평화, 기쁨을 차례대로 열거하지만―우리 역시 비슷한 방식으로 다루어 왔지만―이 셋은 독립적이지 않다. 오히려, 이미 우리가 보기 시작한 것과 마찬가지로 그 세 가지는 적어도 두 가지 의미에서 함께 춤추듯 순환하며(perichoretic) 상호 침투한다(interpenetrating).

첫째, 이 셋 중 어느 하나도 다른 둘 없이는 온전히 주어지지 않는다. 부패한 환경에서는 완전하게 번영하는 인간의 행위 능력을 실행하는 것―바르게 행동하는 것―이 불가능하다.[74] 설령 **죄**를 피했다고 할지라도(**불가능한 일이지만!**) 번영의 환경과 동떨어져서는 의를 실현하는 것이 불가능할 것이다. 온전히 번영하는 인간의 행위는 번영하는 행위 주체들의 세상과의

예수 그리스도의 이름과 우리 하나님의 성령 안에서…의롭다 하심을 받았다"고 설명하면서, 바울의 전형적인 방식으로 그리스도와 성령의 활동을 서로 연결시킨다. 의의 가능한 원천들을 비교하는 것은 갈라디아서의 주요 주제 중 하나지만, 아마 빌립보서 3:9의 진술이 가장 직설적인 표현일 것이다. 빌립보서 3:9에서 바울은 "내가 가진 의는 율법에서 난 것이 아니요 오직 그리스도를 믿음으로 말미암은[dia pisteōs Christou] 것이니 곧 믿음으로 하나님께로부터 난 의"라고 자신을 설명한다. pistis Christou를 NRSV처럼 '그리스도를 믿는 믿음'으로 번역하든 아니면 '그리스도의 신실하심'으로 번역하든 의가 선물이라는 점에는 차이가 없다. 어떤 경우든, 의는 우리 자신의 도덕적 노력으로 오지 않는다.

74 인종차별, 경찰 폭력, 자기방어를 정당화하는 법에서 죄가 율법을 더럽히고 죽음을 가져오도록 율법을 사용하는 방식(롬 7:11)의 예를 볼 수 있다. Croasmun, *Emergence of Sin*, pp. 127-128를 보라.

협력, 즉 진정으로 의로운 사람들과의 바른 관계를 포함하기 때문이다.[75] 기쁨과 동떨어진 채로 완전하게 번영하는 인간의 행위 능력을 실행하는 것 역시 동일하게 불가능한데, 기쁨은 우리로 하여금 사랑의 법을 사랑하게 만들기 때문이다.[76] 풍성한 기쁨은 평화를 가져오는 사랑의 행위 안에서 흘러넘친다.[77] 유사하게, 번영의 행위와 동떨어진 채 세상이 진정으로 평화를 이루는 것은 불가능하며,[78] 세상을 하나님의 선물로 인식하지 못할 때도 마찬가지다. 그러한 인식 행위는 번영의 행위에 필수 요소이며, 그러한 인식에 수반되는 감사의 마음 역시 번영의 감정에 똑같이 필수적이다. 더 나아가, 우리가 가장 바라는 상황 중 하나는, 어떤 의미에서 기쁨의 상태에 있는 환경, 공동체, 세계다. 모든 좋은 것으로 채워져 있지만 기쁨이 빠져 있다면 그것은 아직 완전한 평화를 이루지 못한 세상일 것이다. 그리고 마지막으로, 정의와 평화와 동떨어진 채 진정한 기쁨을 누리는 것은 불가능하다. 앞서 지적한 것처럼, 우리가 원인이든 다른 이들이 원인이든 불의가 존재할 때 기뻐하는 것은 가능하지만 이는 부패한 기쁨이다. 이와 유사하게 이웃의 비참한 상황을 일부러 무시하면서 기뻐하는 것이 가능하지만 이는 이기적이고 무관심한 기쁨이다. 반면, 애통할 만한 상황 앞에서

---

75 "악한 동무들은 선한 행실을 더럽히나니"라고 말할 때(고전 15:33), 바울은 역으로 이를 주장하고 있다.
76 아퀴나스 역시 *Id ad Rom*. C.14 L.2, 1128에서 동일하게 주장한다. "기쁨은 정의의 사역이 성취되어야 하는 방식을 지칭해야 한다. 철학자가 윤리학 1권에서 말한 것처럼 사람은 단지 정의의 행위에서 기쁨을 취하지 않는 존재가 아니기 때문이다. 따라서 시편에서는 이렇게 말한다. 기쁨으로 여호와를 섬겨라."
   바울 서신에서는, 빌립보서 3:1을 들어 보자면, "주 안에서 기뻐하라"는 명령은 편지에서 이 뒤에 이어지는 윤리적 가르침을 제공하는 부분에 대한 주제문 기능을 한다. 바르게 사는 것의 핵심은 '육체 안에서' 살기보다는 주 안에서 기뻐하는 것이다.
77 예를 들면, 마케도니아 교회와 관련해, "환난의 많은 시련 가운데서 그들의 넘치는 기쁨과 극심한 가난이 그들의 풍성한 연보를 넘치도록 하게 하였느니라"(고후 8:2).
78 Aquinas, *In ad Rom*. C.14 L.2, 1128에서도 동일하게 말한다. "평화는 정의의 효과를 지칭한다."

도 진정한 기쁨을 배양하고, 정확하게 불의에 저항하는 한 방식으로서 세상과 반대로(contra mundi) 기뻐하는 것이 가능하지만, 이러한 기쁨은 언제나 "밝은 슬픔"이라는 특징을 지니며,[79] 완성된 하나님 나라의 기쁨을 향한 소망 안에서 그 자체 너머의 무언가를 가리킨다. 완전히 실현된 기쁨은 사랑이 낳은 참된 평화의 정서적 열매다.

둘째, 세 조건 자체―사랑, 평화, 기쁨(여기서 우리는 바울이 갈라디아서에서 기꺼이 그랬던 것처럼 대체한다)―는 상호 순환하는 관계를 보여 주며, 각각 다른 둘의 범위와 중복되는 이차적이고 삼차적인 의미를 갖는다. 따라서 사랑은 번영의 행위와 상관이 있지만, 바울은 이 단어를 새로운 세상 전체가 세워지는 토대를 위해 사용할 수 있다.[80] 좀 더 드물게는, 사랑이라는 개념이 어떤 정서적 상태, 즉 바울이 빌립보서 4:1에서 "사모하는"과 동격으로 사용한 종류의 사랑을 의미할 수도 있다.[81] 유사하게, 평화는 일차적으로 상황을 의미하는 단어지만, 주로 마음과 정신과 관련 있는 어떤 내적 상태―느낌―를 묘사할 수도 있다.[82] 더 드물게는, 평화가 잠재적인 **행위의** 측면도 포함한다는 것을 우리에게 일깨우기 위해 바울은 "화평하게 [eirēneuontes] 지내십시오"(롬 12:18, 새번역)라고 말하기도 한다. 마지막으로, 우리가 **느끼는** 기쁨은 기뻐하라는 명령이 나오는 많은 구절에서처럼

---

[79] Alexander Schmemann, *The Journals of Father Alexander Schmemann, 1973-1983*, trans. Julianna Schmemann (Crestwood, NY: St. Vladimir's Seminary Press, 2000), p. 137.

[80] 예를 들어 로마서 8:35, 39; 고린도전서 13장을 보라.

[81] 어떤 정서적 태도가 올바른 행동을 유발하는 방식에 대해 말한 아퀴나스를 생각할 수도 있다. 정말로, **사랑**이 번영하는 삶의 행위적 측면의 내용을 규정한다고 본다면, 적어도 현대 영어에서는 이 삼차적인 정서적 의미가 아주 두드러질 것이다. 어떤 방식으로든 감정적으로 움직이지 않고 누군가를 **사랑**하는 것을―*agapē*가 언제나 보유하는 활동적 의미에서조차―온전히 상상하기는 힘들다.

[82] 예를 들어 빌립보서 4:7. "그리하면 모든 지각에 뛰어난 하나님의 평강이 그리스도 예수 안에서 너희 마음과 생각을 지키시리라."

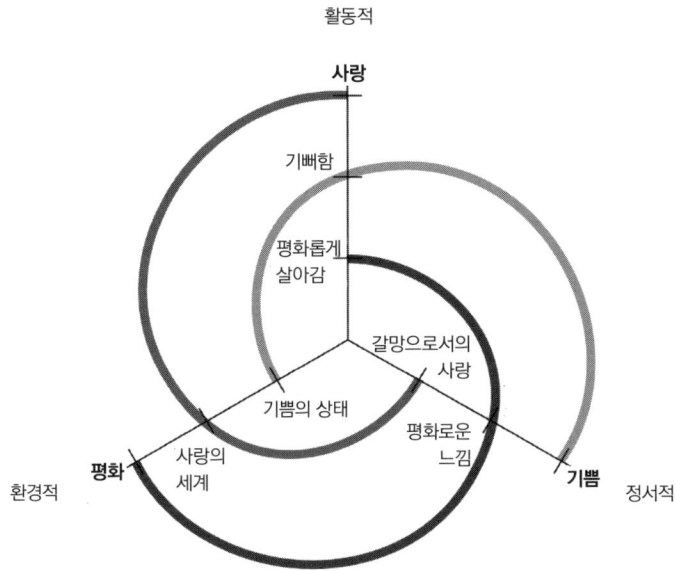

그림 6.1 사랑, 평화, 기쁨의 페리코레시스

우리가 선택하는 어떤 행동이 될 수 있으며, 그렇기에 '주님 안에' 있는 지속적인 상태, 믿는 자들이 언제나 돌아갈 수 있는 상태가 될 수 있다(예를 들어 빌 4:4; 살전 5:16).

비전을 진술하고, 분별하며, 권하라

책을 마무리하는 이번 장에서 우리는 사도 바울과 함께 신학적으로 사고함으로써 번영하는 삶의 비전을 개략적으로 제시했다. 공관복음이나 요한 문헌 중 하나를 살펴볼 수도 있었을 것이고, 그랬다면 결과는 약간 달랐을 것이다. 성경의 한 저자에 근거하든 성경 전체에 근거하든, 그러한 번영의 비전은 번영하는 삶을 향한 한 걸음이기는 해도 번영하는 삶의 신학의 완성판은 아니다. 번영하는 삶의 신학은 과거 교회의 위대한 신학자들의 연구가 다루던 범위와 동일한, 하나님의 본성에서 장차 올 세상의 성격에 이르기까지 기독교적 신념이 포괄하는 전체 범위를 훨씬 더 종합적으로 다루는 것이 필요하다. 바울과 함께 번영하는 삶에 대해 신학적으로 살펴본 우리의 작업이, 성서학자와 종교 역사학자로부터 구조상의 신학자와 실제 신학자 및 그 중간에 있는 모든 이가 번영하는 삶의 비전을 명확히 진술하고 분별하며 권하는 것을 그들 연구의 주된 목적으로 삼도록 자극할 수 있기를 바란다. 심지어 그러한 비전이 그들의 연구의 주된 초점이 아닐 때조차도 그럴 수 있기를 바란다.

위르겐 몰트만은 (1994년에) 미국종교학회에서 신학의 본질에 관한 기조연설을 하면서 이렇게 말했다. "신학이 다루는 문제는 오직 한 가지, 즉 하나님이라고 말하는 것은, 단순하지만 참입니다. 우리는 하나님을 위한 신학자들입니다. 하나님은 우리의 존엄이십니다. 하나님은 우리의 고뇌이십니다. 하나님은 우리의 소망이십니다."[83] 그러나 우리가 하나님을 위한 신학자이기는 해도, 하나님의 유익을 위한 신학자는 아니다. 하나님은 신학을 필요로 하지 않으신다. 신학이 필요한 존재가 있다면 바로 인간이다. 세상의 생명을 위한, **참된** 삶을 위한 신학자들이 되자.

---

83 Jürgen Moltmann, *Theology and the Future of the Modern World* (Pittsburgh: ATS, 1995), p. 1.

감사의 글

이 책의 핵심 발상이 뚜렷해진 것은 미로슬라브가 앤서니 크론먼의 책 『교육의 종말』[1]을 읽은 뒤 현재 신학의 위기를 초래한 주요 원인이 고등 교육 전반에도 광범위하게 퍼져 있는 병폐임을 깨달았을 때였다. 그 병폐란 참되고 진정으로 번영하는 삶의 문제가 구조적으로 주변으로 밀려나고 있다는 것이다. 2012년 5월, 맥도널드 아가페 재단(McDonald Agape Foundation) 후원으로 옥스퍼드 대학교에서 열린 "기독교와 대학의 번영"이라는 학회에서 미로슬라브는 그러한 생각을 "살 가치가 있는 삶: 기독교 신앙과 인문학의 위기"라는 제목을 붙인 강연을 통해 최초로 표명했다.[2] 책 자체는 2015년 2월 루이빌 연구소(Louisville Institute) 신학 교육자의 소명 프로그램(Vocation of the Theological Educator program)의 박사 및 박사 후 연구원 겨울 세미나 강연을 위해 미로슬라브가 개략적 형식의 선언문

---

1   Anthony Kronman, *Education's End: Why Our Colleges and Universities Have Given Up on the Meaning of Life* (New Haven: Yale University Press, 2007).

2   Miroslav Volf, "Life Worth Living: The Christian Faith and the Crisis of the Humanities", presented at the McDonald Centre conference on Christianity and the Flourishing of Universities, Oxford, UK, May 24-25, 2012, http://faith.yale.edu/sites/default/files/life_worth_living-volf.pdf.

을 준비하면서 시작되었다. 한 달 후인 2015년 3월, 그는 예일 신앙과문화연구소(Yale Center for Faith and Culture)의 연구원 소모임에서, 당시 모두 박사 과정 학생이던 라이언 다르(Ryan Darr), 자나 곤와(Janna Gonwa), 라이언 매커널리린츠(Ryan McAnnally-Linz)와 이 강연에 대해 토론했다. 이 두 그룹의 젊은 신학자들이 나의 제안에 비판과 긍정 둘 다를 포함한 첫 번째 반응을 해 준 이들이었고, 내가 신학의 갱신에 관한 대략의 개요를 완성할 수 있도록 추동해 주었다.

존 템플턴 재단(John Templeton Foundation)은 예일 신앙과문화연구소에서 추진한 기쁨의 신학과 좋은 삶에 관한 3년짜리 기획을 관대하게 후원해 주었고, 이를 통해 우리는 수많은 신학자(또한 비신학자!)와 모일 수 있었고, 그 과정에서 비판적 피드백을 받을 수 있었다. 2015년 10월, 신학과 종교학 하위 분과의 전문가들인 바바라 할렌슬레이븐(Barbara Hallensleben), 윌리 제임스 제닝스(Willie James Jennings), 조지 마즈던(George Marsden), 타일러 로버츠(Tyler Roberts), 케이시 스트린(Casey Strine), 귀도 베르가우벤(Guido Vergauwen)은 광범위한 범위를 아우르는 우리의 제안에 대해 첫 번째 중요한 피드백을 제공했다. 2016년 2월, 미할 베스 딩클러(Michal Beth Dinkler), 에이미 휴스(Amy Hughes), 스티븐 무어(Stephen Moore), 페르난도 세고비아(Fernando Segovia), 프랜시스 왓슨(Francis Watson)은 성서학과 고대 기독교 연구와 관련해 우리의 제안에 대한 생각을 날카롭게 다듬어 주었다.

2016년 4월, 저스틴 크리스프(Justin Crisp), 케리 데이(Keri Day), 애덤 에이텔(Adam Eitel), 에릭 그레고리(Eric Gregory), 베다니 조이 킴(Bethany Joy Kim)은 신학자의 연구와 삶을 맞추는 문제에서 우리가 생각을 발전시키는 것을 도와주었다. 예일의 박사 과정 학생이자 5년 이상 예일 신앙과

문화연구소에서 연구원으로 재직한 저스틴은 이 시대의 신학에서 영성과 신학의 관계를 다루는 글을 준비하고 있었다. 그의 입장은 우리의 생각과 아주 많이 공명했고, 뛰어난 사상가이자 사제인 그는 이 책에서 신학자의 삶과 신학 연구의 관계를 다루는 장을 공저하게 되었다. 공저와 더불어, 그는 연구원으로서 성실하게 도왔고 광범위한 주제에 대한 요약문을 제공하기도 했는데, 초기 원고를 읽었던 많은 이가 단연 선호한 핀 끝에서 춤추는 천사에 관한 문제의 신학적 중요성을 다룬 각주를 작성하는데 절대적으로 기여한 내용도 그 요약문에 포함되어 있다. 2016년 6월, 피터 부테네프(Peter Boutenoff), 루크 브레서튼(Luke Bretherton), 케이티 그라임스(Katie Grimes), 앨런 미틀맨(Alan Mittleman), 캐서린 손더레거(Katherine Sonderegger), 그레이엄 탐린(Graham Tomlin)은 우리가 다원주의 문맥에서 이러한 종류의 기독교 신학을 할 때 받게 되는 도전과 씨름하도록 도와주었다.

기관 외부에서 이 탁월한 학자들과의 모임을 갖는 사이에, 우리는 또한 책의 본문을 발전시키는 데 초점을 둔 여러 차례의 학술 발표회를 열었고, 예일 내의 신학, 종교철학, 윤리학, 성서학, 고대 기독교 연구 교수진과 박사 과정 학생들로부터 초기 원고에 대한 값진 피드백을 받는 행운을 누렸다. 특히 애덤 에이텔은 중요한 대화 상대자였다. 이 책의 많은 부분을 관통하는 토마스 아퀴나스와의 대화는 그의 학식과 이 책의 발상에 대한 열정에 많은 부분 빚지고 있다.

또한 2015년 6월 프라이부르크 대학교에서 미로슬라브는 선언문의 개요를 제시하고 토론했으며, 2016년 10월에는 맷이 가톨릭, 개신교, 정교회, 복음주의가 초교파적으로 모여 이루어진 전체 학생들에게 그 주제에 관한 일련의 강연을 했다. 그곳의 친구들과 동료들에게도 감사를 전한다. 바바라 할렌슬레이븐과 귀도 베르가우벤은 이미 언급했듯 처음부터 이 책의 조력자였다. 발터 뒤르(Walter Dürr)는 공동 작업을 위해 지칠 줄 모르고 일했다. 그들과의 협력 관계에 감사드린다.

2017년 여름, 맷과 미로슬라브는 각각 빈야드 학자 협회(Society of Vineyard Scholars) 연례 학회에서 이후 이 책의 일부가 된 원고를 발표했고, 그 공동체의 학자들로부터 값진 조언을 얻었다. 그해 여름 후반, 신학교 협회(Association of Theological Schools) 전임 회장인 대니얼 알레셔(Daniel Aleshire)는 친절하게 신학이 직면한 '외부적 위기'에 관한 우리의 설명에 건설적 논평을 해 주었고, 이로써 우리가 미국과 캐나다의 신학 교육 상황을 보다 충분하고 정확하게 이해할 수 있도록 도와주었다. 여기엔 많은 고무적 표지에 대한 강조가 포함되어 있었고, 이는 우리의 다소 암울한 시각을 완화시켜 주었다.

2018년 2월에는 종교와 철학 전통의 비그리스도인 학자 그룹에게 6장의 내용을 발표할 기회가 있었다. 다원주의 세계에서, 좋은 삶에 관한 우리의 기독교적 구상에 지혜와 통찰력을 나누어 준 이스마일 파즈리 알라타스(Ismail Fajrie Alatas), 요나탄 브라프만(Yonatan Brafman), 로버트 에먼스(Robert Emmons), 필립 아이반호(Philip J. Ivanhoe), 제프리 홉킨스(Jeffrey Hopkins), 리처드 테일 킴(Richard Tail Kim), 카타르지나 드 라자리(Katarzyna de Lazari), 앨런 미틀맨, 앤서니 핀(Anthony Pinn), 아난타난드 람바찬(Anantanand Rambachan), 록샌 라셰디(Roxanne Rashedi), 이종복(Jongbok Yi)에게 깊이 감사드린다.

이 책에 관여하기 위해 시간과 중요한 지적 자산을 투자해 준 이 다양한 배경의 모든 학자에게, 특히 반대 의견을 내준 이들에게 무한한 감사를 드린다. 설사 그들의 조언에 따라 본문의 방향을 바꾸지 않은 경우에도, 이 책의 마지막 결과물은 그들의 이의 제기와 저항 덕분에 훨씬 더 나아질 수 있었다. 그들의 통찰력에 감사드린다. 그러나 분명히 해야 할 것은, 이 훌륭한 동료들은 여기서 우리가 말한 내용에 대해 어떠한 책임도 없다는 점이다.

집필 과정 내내, 예일 신앙과문화연구소 팀 전체는 여기서 우리가 제시한 뼈대와 씨름했고 그 안에서 연구를 진행했다. 좋은 삶의 문제에 초점을 맞추어 신학을 하는 것에 **대해** 이 책을 쓰면서 동시에 뛰어나고 신실한 동료들과 함께 바로 이런 방식으로 신학을 **하는** 것은 무척이나 즐거운 일이었다. 이런 종류의 신학은 팀으로 하는 것이 가장 바람직한데, 특별히 지난 삼 년간 매일 공동 연구자로 함께해 준 드루 콜린스(Drew Collins), 새라 파머(Sarah Farmer), 앤절라 고렐(Angela Gorrell), 라이언 매커널리린츠에게 감사드린다. 라이언은 이 책의 일종의 말 없는 공저자인데, 요즘 우리 두 저자가 무엇에 관해 글을 쓰건 그의 도움을 받고 있기 때문이다.

많은 연구생의 수고 역시 우리에게 아주 많은 도움이 되었다. 자나 곤와는 신학과 종교학의 관계, 단언과 폭력의 관계, 그 외의 다른 주제에 관해 신중하게 틀을 잡는 데 도움을 준 것을 포함하여 이 책의 기획이 쏟아낸 광범위한 연구 영역에서 방대한 양의 자료를 찾아 주었다. 네이선 조워스(Nathan Jowers)는 6장을 위한 석의 연구에서 자신의 연구 연차를 훨씬 뛰어넘는 신학적 통찰력과 석의 실력을 보여 주며 맷을 훌륭하게 도왔다. 이 원고가 '결승선을 통과'하도록 도운 라이언 램지(Ryan Ramsey)는 빡빡한 마감 일정 가운데서도 인용 문헌을 정리하고 광범위한 연구 질문의 답을 찾기 위해 지칠 줄 모르고 일해 주었다.

이 책의 제목에 대해서도 감사 인사를 드릴 게 있다. 원래 『세상의 생명을 위하여』(*For the Life of the World*, 『세상에 생명을 주는 신학』의 원제)는 50년도 더 전에 출간된(1963년) 알렉산더 슈메만(Alexander Schmemann)의 작지만 아주 특별한 책이다(한국에서는 『세상에 생명을 주는 예배』라는 제목으로 출판되었다—옮긴이). 우리가 이 책의 제목을 빌려 온 것은 슈메만이 내세우는, 세상을 하나님과의 연합의 장소로 보는 세상에 대한 성례전적 비전, 그리고 하나님을 세상으로부터의 도피처로 삼는 것이나 이미 세워 놓은 우리 자신의 계획에 따라 세상을 개선하기 위한 도구로 사용하는 것에 대한 그의 거부 둘 다를 우리의 방식으로 공유하기 때문이다.

미로슬라브: 이미 언급한 이들 외에 이 책에 기여한 두 그룹의 사람들, 곧 먼 곳 사람들과 집에 있는 사람들에게 감사의 빚을 졌다. 나는 이 책에 담긴 생각을 많은 청중 앞에서 발표했다. 가장 최근의 발표로는 시드니(Center for Public Christianity, 2015), 애틀랜타(American Academy of Religion, 2015, Emory University, 2016), 모스크바(Postgradutate School of Russian Orthodox Church, 2015), 코펜하겐(University of Copenhagen, 2016), 미니애폴리스(University of Minnesota, 2017), 보스턴(Boston College, 2017), 레이크랜드(Florida Southern College, 2017), 샌디에이고(University of San Diego, 2018), 아칸소주 콘웨이(Hendrix College, 2018), 대한민국 서울(언더우드 국제심포지엄 및 연세대학교와 장로회신학대학교 강연, 2018)이 있다. 이 다양한 대중이 내가 제시한 신학의 비전에 반응하고 그 비전에 대한 생각을 발전시키는 데 기여해 준 것에 감사드린다. 집에서는, 엄격하고 아름다운 지성을 지닌 아내 제시카는 매일 내 기쁨의 원천이다. 이 책을 집필하는 내내 그녀는 변함없이 나를 지원해 주었고, 강연을 위해 집을 떠나 있을 때나 몸은 집에 있으면서도 정신은 '이 책의 세계'에 빠져 있을 때나 나 대신 많은 역할을 감당해 주었다. 나는 이 책—내가 기여한 부분—을, 이 책의 초고가 완성되기 네 달 전에 태어난 우리 딸 미라 프랜시스에게 바친다. 놀랍게도, 즐거움과

산만함을 동시에 가져오는 이 아이의 현존이라는 실재 자체만으로 그녀는 집필 마지막 몇 개월 동안 에너지를 채워 주었다. 갓난아기 미라는 나에게 대체로 이 책이 말하고자 하는 것, 곧 생명을 주시는 하나님의 임재가 있는 환경 안에서 존재하고 번영을 이루는 삶, 보통 말하는 기쁨의 원천이 되는 삶의 상징이 되었다.

맷: 지난 12년간 나의 신학적 고향은 엘름시티 빈야드 교회였다. 신학을 하고 우리가 속한 도시의 삶을 위해 살고자 씨름해 오는 동안 이 공동체는 나에게 정말 큰 의미였다. 이 공동체의 가장 훌륭한 실천이 내가 가진 가장 뛰어난 생각보다 언제나 더 똑똑하다. 독일, 오스트리아, 스위스의 빈야드 공동체 역시 이 기획에 중요하게 기여했다. 공동체에서는 2018년 1월, 좋은 삶의 신학에 대해 강연하도록 나를 초청해 주었고, 그런 종류의 신학이 교회에서 받아들여질 때 가능한 열매가 무엇일지 엿볼 수 있게 해 주었다. 부모님은 나에게 신학에 대한 사랑을 심어 주시고 단지 빵 이상인 번영의 비전을 전해 주셨을 뿐 아니라, 매일매일 나의 일 **그리고** 가족이 동시에 번영하는 것을 가능하게 해 주고 계신다. 두 분께 다 표현할 수 없을 만큼 깊이 감사드린다. 아내 해나는 대학 1학년 시절 마가복음 성경 공부에서 만난 이후 지금까지 나의 신학적 동지였다. 나의 다른 모든 일처럼, 이 책 역시 그녀의 사랑과 후원이 없었다면 존재할 수 없었다. 나와 해나의 변함없는 기쁨이자 우리에게 세상 안의, 그리고 세상을 위한 번영하는 삶에 대한 소망을 갖게 하는 소중한 지점인 유니아 루스에게 이 책에서 내가 기여한 부분을 바친다.

이 책은 존 템플턴 재단과 맥도널드 아가페 재단의 후원으로 출판되었다. 이 책에서 제시하는 의견은 저자들의 것이며, 반드시 이 두 재단의 관점을 반영하지는 않는다.

찾아보기

가난한 자들 216-218
가치 '규범성'을 보라.
감사 182-183
강한 사람들 198-199
개인성 43-44, 140-146
거짓된 삶 19, 105-109, 116-117, 118주10, 188, 196, 199, 210, 216주55, 223
겸손 182-183
경쟁하는 특정 보편주의들 126-139. 또한 '신학: 다양성'을 보라.
고난 210-211, 218-219, 223-224
공동체 '교회'를 보라.
공평함 216-218
과학 69-75, 110, 111, 116-118, 119
교리/교의/교조 70주21, 76, 124, 128주25, 172. 또한 '교리적 경직성'을 보라.
교리적 경직성 183-184. 또한 '교리/교의/교조'를 보라.
교부 연구로서의 신학 112주31
교회 51-52, 61-63, 138-139, 141-142, 168-169
구속 86-87, 98-102, 105
권세/권력 92주9, 180-181

규범성 72-74, 75-82, 117
규범성과 서술 80
그레고리오스, 니사의(Gregory of Nyssa) 92주6
그리세, 저메인(Germain Grisez) 92주7
그리스도 '예수 그리스도'를 보라.
그리스도의 죽음 '십자가'를 보라.
근본주의 128주25
긍정 어법의 신학 121-125
기독교 71, 74-75, 134-136
  와 폭력 134-136
기본적 필요 '자원'을 보라.
기쁨 219-224, 226-229
기술로서의 신학 111, 119

논쟁 '이성'을 보라.
니체의 "말인" 47-48

대학 50-51, 71-72
대화 상대자에 대한 사랑 179-180
도덕 '규범성'을 보라.
동산 94-95, 99, 100

루터, 마르틴(Martin Luther) 98, 101-102, 171-176

마땅하다고 느끼는 삶 33-34, 219-224, 226-229
'마치…하지 않은 자처럼'의 자세 200, 201주27
마틴, 데이비드(David Martin) 134-136
멀티버시티 72주25
〈모아나〉 140주43
목사 63-64
목적과 원인 71주24
목적으로서의 자원 45-48
무조건적 사랑 137
무종교의 자유 139
문화 48, 76-77, 140-146, 160-162, 180-181
물질적 재화 '자원'을 보라.
미래 73주29

바울의 종말론 192-204
반대자에 대한 사랑 179-180
방향 재설정 '신학과 변화'를 보라.
번영하는 삶 29-37, 86-88, 103-109, 224-226
벤하비브, 세일라(Seyla Benhabib) 123주19
보수 신학 '신학: 진보주의자'를 보라.
보편성 114-115, 126-139
  과 배타성 114-116
  과 상대주의 126-127
  과 유일신주의 114-116, 136-138
  과 음악 142-145
  과 진리 116-120
보편주의의 투과 가능성 127-128
부적합한 상태 190주2, 193-196
부정신학 121-125. 또한 '비판으로서의 신학'을 보라.
비판으로서의 신학 78-82, 121-125
빵 '자원'을 보라.

사도 바울 156-160, 190-192
사랑
  신학과 101-102, 107-109, 177-180
  하나님 나라와 137, 207-212, 218-223, 228-229
사르크스 195-196
사회적 다원주의 136-139. 또한 '신학: 다양성'을 보라.
삼위일체 108주26, 130, 136-137, 146주50
새 예루살렘 '종말론적 도시'를 보라.
샤덴프로이데 222
선물로서의 삶 224-226
선택 37-42, 118주10. 또한 '행위', '자유'를 보라.
선택과 자의성 42주24, 48-49
선하게 인도되는 삶 33-34, 205-212, 226-229
성경 112주30
성령 141-142, 199-202, 212주46, 224-226
성막 95, 100
성직자 63-64
세속주의 40-42, 77-82
수단으로서의 자원 45-48
순례자로서의 신학자 163-170
슐라이어마허, 프리드리히(Friedrich Schleiermacher) 70주21
신실함 185, 206-212
신학
  견지 '신학: 확고함'을 보라.
  경쟁 131-134
  과 돈 46주31, 59-62, 82-84
  과 변화 154-162

과 성격 '신학: 친화성'을 보라.
과 행위 '신학: 친화성'을 보라.
긍정 121-125
긍정적 비전 121-125
다양성 86-88, 126-146
동형이체 163-164
목적 69, 85-91
보수주의자 75-79, 82
세분화 71-73
신뢰성 152-153
실천 '신학: 친화성'을 보라.
엄밀한 동형이체 163-164
예기법 164-167, 184
외적 위기 59-68
정의 57-58, 147-148
주제 88-91, 165-167
직업 시장 59-62, 82-84
진보주의자 77-82
진술 165-167, 171-176
청중 62-66
친화성 151, 152-162
특수성 129-131. 또한 '신학: 다양성'을 보라.
확고함 183-184
훈련 '신학교'를 보라.
신학교 59-62
　등록 60
신학서 63-65
　출판 64-67
신학자
　경제성 82-84. 또한 '신학자: 취업'을 보라.
　불완전성 164-147
　역사학자로서의 57주2, 70주21, 70주22
　자아초탈 165, 167
　취업 59-62, 82-84

실현된 종말론 197-199
십자가 105-106, 156-157, 174-176, 210-212

아퀴나스, 토마스(Thomas Aquinas) 91
언어 80주39, 171-174
역전된 예언자 역할 78
영광 174-176
예수 그리스도
　구속과 99
　보편성과 114-115, 137-138, 142-146
　신학과 102-109, 156-157
　의 특수성 131
오디움 테올로기쿰 179-180
옹호로서의 신학 111
완성 99-100, 193-204
용기 180-181
육신 195-196
윤리학 '규범성'을 보라.
율법 101주20
은혜 225-226
음악 연주 142-144
의 205-212, 225주73, 226-229
의미 42주24, 43, 48-49
의미와 무신론 47주22
이단적 당위성 39
이성 121주14, 154-157, 168-169, 177-185
이성과 기도 168-169
이슬람 131주27
인간
　불가해성 166주33
　불투명성 166주33
　충만함 '번영하는 삶'을 보라.
　통치 138-139
　평등 139

자아 154-160

자원 34-37, 45-48, 54-55, 215-218
자유 80주39, 139. 또한 '행위', '선택'을 보라.
자유와 닫힘 80주39
장르를 규정하는 연주 144
적합한 상태 190주2, 193-196
전략으로서의 신학 111
절대적 종교 130-131
정의 205-212
정치 138
종교와 유용성 116주7
종교의 자유 139
종말론적 도시 95-96, 100
종말론적 성숙함 193-194. 또한 '텔레이오스'를 보라.
좋은 삶 '번영하는 삶'을 보라.
죄
  구속과 98-102
  유형 189주1
  하나님 나라와 195-196, 211-212, 214, 223
즉흥 연주 142-146, 199-202, 212주46. 또한 '신학: 다양성'을 보라.
지식 177-179
지적 기질 177-185
지적 덕목 177-185
지적 평판 66-68

참된 삶 '번영하는 삶'을 보라.
창조
  구속과 99-100, 105
  의 목적 73주29
  종말과 73주29, 193-195, 202-204
  하나님 나라와 93-94, 213주48, 214-215, 216-217
천사 75주32

천사와 형이상학 75주32
초대형 교회 59주5
축의 변화 31-33
칭의/의롭다 하심 '구속'을 보라.

탈소속화 38-42
텔레이오스 192-204

페리코레시스 226-229
평화 212-219, 226-229

하나님
  과 성별 92주9
  과의 평화 213-216
  기쁨과 219-221
  보편성과 114-115
  사랑과 137, 178
  신학과 70, 73-74, 88-97, 165-167
하나님 나라
  관계 214-217, 220-223
  도래 192-204
  내용 188-190, 192, 204-229
  보편성과 139
  하나님의 집으로서의 92-97, 102-109, 187-188
  형식 188-190, 192-204
하나님의 집 94-97, 102-109, 187-188. 또한 '하나님 나라'를 보라.
하나님의 통치 '하나님 나라'를 보라.
해석학 179
행동주의로서의 신학 111
행위(agency) 33-34, 80주39, 205-212, 226-229. 또한 '선택', '자유'를 보라.
형통한 삶 33-34, 190주2, 193-196, 212-219, 226-229
회심 '신학과 변화'를 보라.

옮긴이 백지윤은 이화여자대학교 의류직물학과를 졸업하고, 서울대학교 미술대학원에서 미술이론을, 캐나다 리젠트 칼리지에서 기독교 문화학을 공부했다. 현재 캐나다 밴쿠버에 거주하면서, 다차원적이고 통합적인 하나님 나라 이해, 종말론적 긴장, 창조와 새 창조, 인간의 의미, 그리고 이 모든 주제가 문화와 예술과 갖는 관계 등에 관심을 가지고 번역 일을 하고 있다. 옮긴 책으로 『교회의 정치학』, 『땅에서 부르는 하늘의 노래, 시편』, 『모든 사람을 위한 신약의 기도』, 『손에 잡히는 바울』, 『알라』, 『오늘이라는 예배』, 『이것이 복음이다』, 『일과 성령』, 『컬처 케어』, 『BST 스가랴』(이상 IVP) 등이 있다.

세상에 생명을 주는 신학

초판 발행_ 2020년 11월 2일

지은이_ 미로슬라브 볼프·매슈 크로스문
옮긴이_ 백지윤
펴낸이_ 신현기

펴낸곳_ 한국기독학생회출판부
등록번호_ 제313-2001-198호(1978.6.1)
주소_ 04031 서울시 마포구 동교로 156-10
대표 전화_ (02)337-2257 팩스_ (02)337-2258
영업 전화_ (02)338-2282 팩스_ 080-915-1515
홈페이지_ http://www.ivp.co.kr 이메일_ ivp@ivp.co.kr
ISBN 978-89-328-1788-0

ⓒ 한국기독학생회출판부 2020

책값은 뒤표지에 있습니다.
무단 전재와 복제를 금합니다.